中观笔记

詹志洁 著

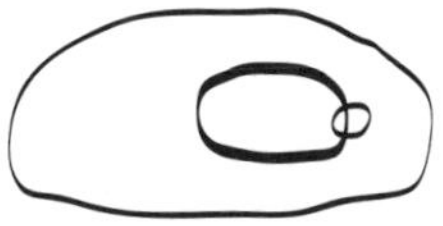

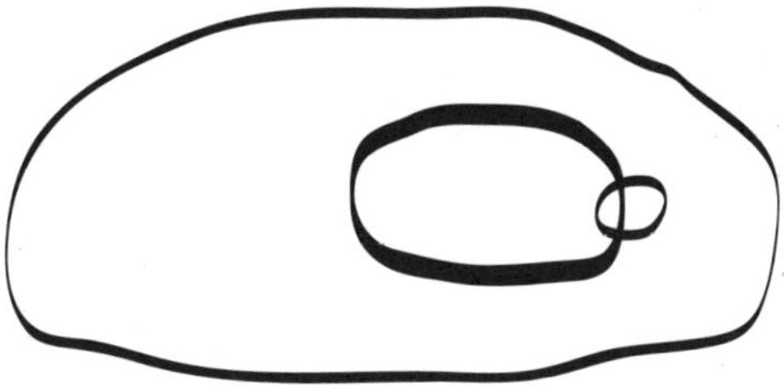

同濟大學出版社
TONGJI UNIVERSITY PRESS

自序

本书汇集了多年来结合自身工作进行经济理论学习和管理实践探究的文稿，主要涉及城乡规划建设、省域经济发展、工程项目咨询等领域相关问题，属于地区和行业的范畴，所以取名为“中观笔记”。

中观研究介于宏观与微观之间，它的价值在于填补了其间的空白。然而并不能由此就认为它是一个与宏观、微观等量齐观的独立层面，其实它的生命力正在于既不背离宏观、也不游离微观。倘若对此认识不足，对宏观和微观重视不够，就可能使中观研究陷入要么不知“森林”、要么不见“树木”的误区。上承宏观框架、加强规范演绎，下启微观基础、做好实证分析，是中观研究应当追求的境界，这正是笔者祈望抛砖引玉求教于大家的。

过去的三十多年正是我们国家大改革、大开放、大发展的重要时期。每每翻看这个时期的所记所叙、所思所想，总不免浮想于它所依从的宏大背景和豪迈进程，总不免感怀于开拓的筚路蓝缕和时代的沧桑巨变，总不免憧憬于寄托着国家、民族、个人美好希望的中国梦前景。由此也就愿意把自己粗浅的原始记忆忠实地呈现出来，或许一滴水珠确能映射出太阳的光芒。

詹志洁

二零一三年十月

目录

城乡规划与建设

新型城镇化的核心是人

（二〇一四年三月）

城镇化是现代化的必由之路，党的十八大以来中央就推进城镇化作出重大战略部署，坚持走以人为本、四化同步、优化布局、生态文明、传承文化的新型城镇化道路，推进以人为核心的新型城镇化。福建省委省政府按照中央精神，积极稳妥推进新型城镇化，着重解决好“人进城、建好城、管好城”的问题，着力树立新理念、形成新形态、把握新路径、展现新面貌，促进城乡区域协调发展。我们在学习贯彻中央和省委省政府的决策部署中，对于为什么说新型城镇化的核心是人、如何使人成为新型城镇化的核心，进行了深入思考、领会和研究，感到可以从以下三个方面来加深理解和把握。

一、人是目的

城镇化的根本目的是为了“人”，而不是为了“城”，更不是为了“地”。

（一）首要是常住人口市民化

新型城镇化的首要任务是，促进有能力在城镇稳定就业和生活的常住人口有序实现市民化，稳步提高户籍人口城镇化水平。2013年我国城镇人口有7.3亿，其中包含2亿多农民工及其家属。

农民工已经成为产业工人的主体，但是未能享受城镇居民的待遇。有序实现这部分人的市民化，一可以减少农民，减少单位耕地供养人口数量，增加农民收入；二可以使一部分农民成为工人，使农村家庭变为城市家庭；三可以补充企业用工，延续劳动力红利；四可以扩大城镇消费群体和规模（据测算，一个农民真正变成市民，收入和消费至少能提高3倍），有效拉动内需，实现城镇的集聚发展。

突出常住人口市民化这个重点，可以有针对性地解决和防止“土地城镇化”“盲目城镇化”带来的一系列问题。前者一味扩新区、建新城，不少成为无居民的空城、无产业的睡城，城镇形态和功能被割裂，土地等资源浪费严重，城市背上沉重的包袱；后者不顾条件、不讲规律，片面推动农民进城，搞“被城镇化”“被落户”“被上楼”，在城市形成新的失业人群，城市设施和服务不堪重负，加重了“城市病”。因而在新型城镇化进程中必须突出首要任务，有序推进有愿望、有能力、有条件的常住人口市民化，做到本人能融入、城市能接纳、过程可调节、结果可预期。

《国家新型城镇化规划（2014—2020年）》明确，实施差别化落户政策，以两个“合法稳定”（就业和住所）为前置条件，全面放开建制镇和小城市落户限制，有序放开中型城市（50万～100万人）落户限制，合理放开大城市（100万～300万人）落户限制，合理确定大城市（300万～500万人）落户条件，严格控制特大城市（500万人以上）人口规模。国务院确定，今后一个时期，着重解决好现有“三个1亿人”问题，即促进约1亿农业转移人口落户城镇，改造约1亿人居住的城镇棚户区和城中村，引导约 1 亿人在中西部地区就近城镇化，这为各地分类指导、有序推进农业转移人口市民化提供了重要依据。

（二）本质是人的现代化

现代化的本质是人的现代化，城镇化必须真正使农民变为市民并不断提高素质，切实提高城镇人口素质和居民生活质量，实现人的自由全面发展。城市作为高密度的物质和精神聚集体，是人类文明的核心区域、文化发展的前沿地带。一般的说，城市可以使人更快地接触到新理念，更多地拥有先进产品，更深地介入现代生活。正是基于城市对人类生活和文明进步的重要作用，2010 年上海世博会的主题被确定为“城市，让生活更美好”。

据统计，现阶段我国 2.7 亿农民工中，70% 的人只有初中以下文化程度，70% 没有接受过正规职业培训。因此在城镇化的过程中，必须高度重视城市在市民教化方面的巨大作用，使每位市民特别是新市民在融入城市的过程中，获得城市文明的教益，提高职业技能和文化素质。同时让城市文明成果传导到农村，惠及广大农民，促进新型农民的培育和农村新风的弘扬。

（三）关键是城乡公共服务均等化

进不进城必须充分尊重农民意愿，让他们自愿选择，做到进得了、过得好。不论农民是在农村还是在城市，该提供的公共服务都要切实提供，该保障的权益都要切实保障，必须逐步实现城镇基本公共服务常住人口全覆盖，着力推进城乡基本公共服务均等化。从社会发展规律和趋势看，城乡并存将是一个长期、常态的发展格局。城与乡就像太极的两仪，既彼此对立、相互矛盾，又互为条件、相互转化。城离不开乡，乡离不开城。城是乡的出路，乡是城的寄托。

早在19世纪末，英国就提出了“田园城市”的理论，其基本思想就是“把积极的城市生活的一切优点同乡村的美丽和一切福利结合在一起”（霍华德，1898年）。这一理论在一百多年的城乡建设实践中日益得到验证，逐步形成了共识，特别是一些国家和地区在“田园城市”理论的引导下，创造出了“环状城市带”（荷兰兰斯塔德地区）和“环状城市”（新加坡）的发展模式，值得我们重视和学习。这种模式是由若干城市组成城市圈来共建共享生态“绿心”，其中包括生态保护区、中央集水区、自然风景区，发挥城市圈的生态之肺、之肾、之血脉的重要作用，从而实现了城与乡的有机融合和功能互补。

福建有23个设市城市，其经济总量占全省的90%以上，其中有15个城市分布在环状交通线上，通过外福铁路、鹰厦铁路（龙厦高速铁路）、沈海高速公路（沿海高速铁路）连成了一个城市圈。随着三明至泉州、永泰至永定等内线高速公路的建设，这个大城市圈还可以一分为二、一分为三、一分为四……分割为若干中小城市圈。我们可以借鉴“田园城市”理念和“绿心”模式，一方面开展圈上城市的生态联动建设和环境协同保护，另一方面加强圈内广袤地区的开发控制和生态建设，扩大森林，保护田地，涵养水源，维持湿地，净化流域，打造环状城市的绿色腹地，使之成为城市的“后花园”“菜篮子”“净化器”，进而实现城乡统筹、工农并进、作息协调、天人和谐。

二、人是标准

城镇化的质量高不高、城乡建设得好不好，衡量的标准是人。

（一）看人口承载力

1. 空间承载力

既要注重单个城市的有效承载，又要注重城镇体系的综合承载。重点拓展城市群这个新型城镇化的主体形态，发挥城市群高效集聚、分工协作、梯度组合、统筹协调的积极作用，打造创新高地、产业基地、门户枢纽、新增长极。特别要合理利用平地、坡地、林地、山地、山峦、岸线、河流、湖泊、海域等国土空间，科学安排生活、生产、生态空间。

2. 资源承载力

既要强化资源对经济的支撑，又要强化资源对民生的支撑。特别要加强水资源、土地资源、矿产资源、能源的供求平衡，推行减量化、资源化、再利用等绿色生产和循环经济模式，推行绿色建筑和绿色生活方式。

3. 设施承载力

既要完善区域基础设施，又要提升城市市政公用设施。特别要加强机动化建设，加快发展轨道交通，优先发展公共交通，改善慢行交通条件，引导小汽车交通有序发展，确保大通道顺畅、微循环通透。

（二）看人居舒适度

1. 自然环境舒适度

强化环境容量底线、生态保护红线、城市开发边界的控制，提高大气、水和森林等质量，让人更好地顺应自然、亲近自然、享受自然。

2. 居住条件舒适度

提高城乡规划、设计、建设、管理水平，构建多元化的住房供应体系和政府主导的住房保障体系，创造视觉优美、功能齐备、秩序井然、品味独具的宜人环境，让人住得平安、住得健康、住得舒服。

3. 从业发展舒适度

要合理布局产业，改善劳动力吸纳能力和结构，加强职业培训和收入调节，让人能够顺利择业、就业、创业。

4. 社交融合舒适度

加快发展社会事业和社会保障，大力建设完整社区，形成城镇主体，完善治理体系，让人有更强的归属感、认同感、幸福感。

（三）看人文多样性

一方水土养一方人，谁不说俺家乡好。城乡建设得好不好，在全域的层面要看是否展现出地域的文化形态和人文版图，摆脱“千城一面”的弊端；在各个城市的层面要看是否凸显了当地的地域风貌、文化脉络、历史记忆、精神特质，克服“大拆大建”的通病。如果说“建筑是凝固的音乐”，那么民居就是凝固的方言。这一点在传统民居风格鲜明同时又方言众多的福建省可以得到确切的印证，无论是福州的坊巷建筑、闽南的四合中庭，还是闽西的方圆土楼、闽北的古村落，无不是其所依存的闽都文化、妈祖文化、闽南文化、客家文化、海丝文化、朱子文化等的形象写照。

1. 坚持人文多样性必须突出内在协调

古罗马的维特鲁威在《建筑十书》中提出评判建筑好坏的实用、坚固、美观三原则，一直为世人所奉行和推崇。随着社会发展和科技进步，现代建筑在做到实用和坚固上已经有了先进可靠的技术条件和办法，惟有如何做到美观、什么才是美观，仍见仁见智、莫衷一是。这在很大程度上还是因为文化的不同，包括有没有文化和有什么样的文化。

从建筑审美的规律看，美观应包含两个要素。第一个要素是创新，照搬照抄、东施效颦、依样画葫芦的东西总是难以产生令人信服的美感，建筑的创新既包括技术创新、材料创新，也包括理念创新、艺术创新。美的东西需要创新，但不是有了创新就美。这就需要美观的第二个要素：协调。创新是骏马，协调是缰绳。建筑的协调，一是外在协调，即建筑自身、建筑与环境、建筑与建筑、单体与群体等的协调，包括体量、轮廓、尺度、比例、形态、色彩、装饰、功能等的协调；二是内在协调，即建筑与地域特点、历史传承、文化根基、民俗民风的协调，这种协调是灵魂的相通、气息的相投、本质的相符。这种内在协调在如今的城乡建设中尤为薄弱，我们经常看到一些建筑设计者仅仅浮光掠影地了解一些很表面的东西就进行设计，往往没能打到地域文化的点上，形象地说是“笛子没有吹在眼上”，结果要么水土不服，要么形似神不是。

雨果说“建筑是石头写成的历史”。它承载着人们的记忆，必须站在历史发展的维度瞻前顾后、里应外合，呼应一方水土一方人的昨天、塑造一方水土一方人的今天、启示一方水土一方人的明天。

我们看福州的三坊七巷建筑，白墙灰瓦、马鞍山墙、厅堂廊进、漏花门窗、天井假山、亭台楼榭，建筑风格严谨、对称、内敛、雅致，体现了福州人知书守礼、藏而不露、进退有据、平和宽容的人文特质。再看闽南建筑，红砖红瓦、马背燕尾、雕梁饰壁、大厝骑楼，建筑风格实用、张扬、厚重、精巧，体现了闽南人我行我素、敢拼会赢、既讲实际又讲名气的人文特质。只有真实反映一个地方人文底蕴、真正具有文化品位的建筑，才能落地生根、历久弥新。

20 世纪 30 年代建筑大师林徽因、梁思成曾独创性地提出“建筑意”学说，指出“建筑意”就如同“诗意”“画意”一样，将建筑赋予人的感情，引起人的“性灵融汇”和“神智感触”，从而产生穿越时空的生命力和魅力。前些年大家对北京长安街上的国家大剧院建筑有很多议论。客观地说，“巨蛋”的造型与首都的气质、长安街的风貌还是协调的。北京既是千年古都，更是开放的国际大都市，传统文化与现代文化交互、本土文化与外来文化融合应该是它的题中应有之义。“巨蛋”这样现代风格的建筑，坐落在长安街上，内涵上与现代多元的首都气质可以吻合，外形上与庄严壮丽的人民大会堂、古老雄伟的天安门、端正稳重的新华门可以匹配和呼应，随着时间的推移，相信接受和认同的人会逐渐多起来。

再看我们身边的案例，福州西湖宾馆组团可以说是“螺蛳壳里做道场”的佳作，较迟建设的福建会堂，有机地融入了那么一处狭窄的地块，与宾馆连为一体，与大酒店和西湖风景比较搭配，外观平顺，联系简捷，功能齐备；而五一广场组团就显得有些凌乱，南面取自闽西土楼圆筒造形的福建大剧院由于体量和尺度限制并没有显出特色，北面的观礼台建筑几乎遮蔽了于山，西面的香格里拉酒店和东面的正大百货大楼都自成一体，整个广场形不成围合感。如果做好了，这些项目都可以打造成城市的新地标。

2. 坚持人文多样性必须有强大的内心力量和充裕的营造空间

到过欧洲的人常会感叹，人家的建筑物特别是标志性古建筑往往源远流长，比如巴黎圣母院，工期 180 年，至今已用了近 800 年；科隆大教堂，工期 600 年，至今已用了 100 多年；梵蒂冈圣彼得大教堂，工期 120 年，至今已用了近 400 年，真正体现了“百年大计”。反观中国的古建筑，能历经百年而留存于世的屈指可数，很难得的是在福州竟有一座千年建筑，即建于 964 年的华林寺，它是长江以南尚存的历史最悠久的木构建筑。而与此形成巨大反差的是，绝大部分古建筑的寿命并不长，而且直到今天，即便现代建筑仍然如此。住建部仇保兴副部长在 2010 年召开的第六届国际绿色建筑与建筑节能大会上说，中国的建筑平均寿命大约在 25 ～ 30 年，而发达国家像英国的建筑平均寿命达到 132 年，美国的建筑平均寿命也达到 74 年。

很多人把中西方古建筑寿命的差距，归因于木材和石材的不同资源禀赋以及对木结构和石结构的不同偏好，其实深层次的原因还在于，在漫长的封建社会历史里，西方一直是“神权”社会，人们往往带着对“神”的信仰做建筑，由于“神”是没有寿命期限的，能工巧匠可以有足够的虔诚和耐心长年累月地进行精雕细琢。

比较典型的例子是梵蒂冈圣彼得大教堂那个著名的大圆顶，它的建造就经过了百年历程，最先是1506年由伯拉孟特设计，做了8年后他去世了，由拉斐尔接手；拉斐尔迫于教会的压力修改设计，削弱了大圆顶的造型，他做了6年后也去世了，由71岁高龄的米开朗琪罗接手，他力排众议坚持突出大圆顶设计，并亲自做了18年直到89岁去世。这时大圆顶的底座已经完成，后人根据米开朗琪罗生前留下的木制模型又经过26年努力，大圆顶才大功告成，可谓“百年筑顶”。

再有一个例子是世界建筑史上工期最长的建筑——科隆大教堂，它与法国巴黎圣母院、梵蒂冈圣彼得大教堂并称为欧洲三大宗教建筑，1248年8月15日动工，1880年10月15日竣工，工期跨越近7个世纪，长达632年。对此散文家余秋雨曾感叹道:“六百多年造下来，风格居然完全统一。哥特式建筑的挺展、俏丽、轻盈，到这里变成了拔地的冷峰、触天的石林，黑压压地推垒出一种固执而雄伟的民族精神。这种无言的秘语，不废弃、不忘却、不走样，经久如一，真不容易。”据说20世纪二战后期盟军大规模轰炸德国，整个科隆城几乎被夷为平地，唯有科隆大教堂完好无损地屹立在一片废墟之中，原来是盟军飞行员从空中看到这座精美绝伦的双塔大教堂，实在不忍心投下炸弹，为世人留下了这份宝贵的历史文化遗产。

反观同样是封建社会的古代近代中国，一直是“君权”社会，人们做建筑是对皇帝或权贵负责，由于皇帝和权贵是有寿命期限的，建筑物必须在其有生之年完工呈现，容不得能工巧匠们慢工出细活，也就不求经久永恒。在这种情况下，木结构建筑由于其相较于石结构建筑更便于制作施工，可以大幅度提高效率、缩短工期，便成为营造方式的上选，当然容易毁于火灾、水灾、虫灾等各种灾害也就成为其不可避免的宿命。中外建筑发展史说明，做好建筑不仅需要能力和资源，还离不开文化和制度。

在当代中国广大建筑业者已成为服务人民和社会、努力实现自身自由全面发展的劳动者和建设者，不断深化的改革开放为人们释放创造热情、奉献聪明才智提供了宽广舞台和有利条件。只要我们进一步增强文化自觉和自信，有虔诚的价值坚守、淡定的人文情怀、独立的科学理性、旷达的包容精神，是能够打造出无愧于民族、历史和时代的百年建筑、千年建筑来的。

3. 坚持人文多样性必须善于“守旧”和“留白”

我们在城乡建设中应当既善于创新，又善于守旧；既懂得着墨，又懂得留白。尤其是“守旧”和“留白”，并不像人们想象得那么简单，在现代社会它已然成为一个需要很高文化素养和营造技巧的难题。所谓“守旧”，就是要守护传统、延续文脉，做好包括古城古镇古村古建筑在内的历史文化遗产的甄别、保护、挖掘、利用工作。像三坊七巷的保护性开发，应该说总体是成功的，不足的是“守旧”还不够，当时若能够再多留下一些古屋古墙古木古井，或许就可以更好地体现“整旧如故，以存其真”。传统，其实就是那种你一时会淡忘它，而它却会一生伴随你、滋养你的东西。

中国首位普利兹克建筑奖获得者王澍曾说过：“中国要变成有文化魅力的创新型国家，需要的动力就包括历史文化的记忆，这是产生自主创新灵感的土壤。城市的文化价值不是简单的‘先进’‘落后’之比较，而应该是‘文化之差异’。面对越来越迅猛的城市化热潮，保卫我们城市的传统，已经到了无论怎么说都不为过的地步了。”他本人就是一位擅长用现代技艺为我们留住历史记忆的大师。

所谓“留白”，就是在建设中留出自然空间和原生态环境，给人一些独处冥想、自由自在的余地。“留白”体现了中国文化中“顺天应物、天人和谐”的自然观，和“守静致虚、道法自然”的道家精神。建筑大师贝聿铭有句名言：“让光线来做设计”，强调的就是建筑对自然的尊重和借重。说到底，人类建筑还是不如自然天成。有的时候有些地方，什么都别做就是最好的建设。有山有水的自然风光、稻田麦浪青纱帐的田园景色，永远是人们挥之不去的乡愁和润物无声的慰藉。有学者说得好，乡愁是对生命源头的眺望和对文化母体的挂念，有乡愁在，香火就会旺盛，历史就能传承。近年武夷山旅游有了一个主题词叫“放下”，意思是说，来到武夷山，一切都可以放下了，不用再紧绷着、牵挂着、硬扛着。著名建筑师巴拉干曾说过：“宁静是解除痛苦和恐惧真正伟大的良药，无论奢华还是简陋，建筑师的职责是使宁静成为家中的常客。”我们不能都等去了风景名胜区才“放下”，居住的城市、社区、住宅就要有“宁静”这位常客。就福州来说，过去有不少这样的地方，比如现在广达路上世贸楼盘的那个地方，过去就是一片有榕树、浮萍、蝉噪、蛙鸣的池塘。还有鼓山脚下的鳝溪、洪山桥头的金山寺、闽侯白沙的橄榄林等，都是让人感到清新、宁静、怡然的好去处，的确可以让人养眼、养神、养心，遗憾的是这样的地方现在越来越少了。古人云："智者乐水，仁者乐山”“非淡泊无以明志，非宁静无以致远”。一方水土一定要有自然的空间和原生态的环境，才能养育好一方人。

（四）看人耗集约化

城乡建设必须坚持节地、节水、节能、节材的原则，努力实现可持续发展。长期以来许多城市重新城开发、轻旧城改造，城市经济增长依靠土地等资源的大量投入，城市发展呈现“摊大饼”式的盲目无序扩张，资源浪费严重。根据国土资源部2010年提供的数字，全国城镇人均用地达133平方米，大大超出国家人均100平方米的标准，也远远高于发达国家人均82.4平方米和发展中国家人均83.3平方米的水平。为此，国土资源部2014年3月进一步提出要求，除生活用地及公共基础设施用地外，原则上不再安排城市人口500万以上特大城市中心城区新增建设用地；全国人均城市建设用地指标将严格控制在100平方米以内。在城乡建设中必须切实强化资源的集约节约利用，加强规划控制，合理调整容积率等技术标准，严格划定城市开发边界和生态保护红线；推进产业转型升级，盘活资源存量，降低资源消耗；加快资源税改革，扩大征收范围，全面实行有偿使用制度，运用市场机制提高资源配置效率。

三、人是主体

以人为核心的新型城镇化，需要人们共同努力。既需要领导者懂行善断、慧眼用人的推力，又需要专家和高手巧思妙解、精工细作的鼎力，更需要全社会凝聚共识、广泛参与的合力。

（一）建设靠人

2014年3月国务院印发了《关于支持福建省深入实施生态省战略加快生态文明先行示范区建设的若干意见》，明确把城乡人居环境建设示范区作为战略定位之一，提出坚持走以人为本、绿色低碳的新型城镇化道路的要求。我们要广泛组织动员各方面力量，贯彻落实国务院的《若干意见》，认真实施好省委省政府确定的宜居环境建设行动。以城乡环境综合整治“点线面”攻坚计划为平台，推动“点”从城乡社区向城镇“三边三节点”（山边、路边、水边，城市中心节点、市民活动节点、交通枢纽节点）、棚户区和美丽乡村拓展，“线”从公路铁路沿线、绿道向市政道路管线拓展，“面”从小流域向“六江两溪”流域、旅游景区拓展，加快形成连线成片的规模效应。争取用5年时间，全省打造若干条10公里以上特色景观廊道，创建一批宜居环境建设示范市县，全面改善我省城乡环境面貌。

（二）保护靠人

重点是历史文化名城名镇名村名街保护。要不断提高全社会的保护意识，引导当地居民有效保护历史遗迹和传统风貌，切实保持村镇肌理和基本格局。正确处理保护与发展的关系，完善保护建设规划，在保护的前提下修缮历史建筑，协调整体景观。开展环境综合整治建设，配建给排水和污水处理等基础设施，提升停车场等旅游设施，改善道路交通。综合整治环境卫生，完善垃圾处理设施，确保环境整洁干净。建立健全长效管护机制，做到历史建筑保护、基础设施维护、环境卫生管护常态化。

（三）管理靠人

城乡人居环境“三分建、七分管”。从 2014 年开始，福建省全面开展违法占地违法建设综合治理专项行动，提出对新增“两违”实行零容忍、做到零增长。全省各地突出“四重点”，即重点治理违法占用耕地、影响公共安全和重点项目建设、严重影响城乡规划、交通干线两侧的违建；实施“六先拆”，即党员干部的违建、安全隐患大的违建、影响“三边三节点”的违建、顶风突击的新违建、妨碍重点项目建设的违建、社会影响恶劣的违建先行拆除。在开展“两违”治理的同时，要以城乡规划为指导，加快保障性住房建设、棚户区和“三旧”改造，改进个人建房审批和服务，做到疏堵结合。通过“两违”治理，进一步促进城乡规划建设管理，提高城乡居民的文明素质，推动城乡人居环境的共建共管共治共享。

小城镇改革建设的实践与探索

（二〇一三年八月）

党的十八大报告提出，坚持走中国特色新型工业化、信息化、城镇化、农业现代化道路，推动信息化和工业化深度融合、工业化和城镇化良性互动、城镇化和农业现代化相互协调，促进工业化、信息化、城镇化、农业现代化同步发展。习近平总书记指出，城镇化是我国现代化建设的历史任务，也是扩大内需的最大潜力所在。他强调，要围绕提高城镇化质量，因势利导、趋利避害，积极引导城镇化健康发展；要构建科学合理的城市格局，大中小城市和小城镇、城市群要科学布局；要把有序推进农业转移人口市民化作为重要任务抓实抓好；要把生态文明理念和原则全面融入城镇化全过程。这些重要论述为我们明确了工作任务和重点，阐明了中国特色城镇化道路的方向。

进入新的历史发展阶段，全国上下正在为实现“两个一百年”的目标和中华民族伟大复兴的“中国梦”而努力奋斗，推进城镇化健康发展不仅关系经济结构战略性调整，更是关系亿万城乡居民的安居乐业和幸福生活。中国特色的城镇化进程，既是全面建成小康社会的组成部分，也是中国老百姓实现“中国梦”梦想成真的过程。我们要按照中央的部署，积极稳妥地推进以人为核心的新型城镇化，围绕推动城镇化转型发展，以人口城镇化为核心，以城市群为主体形态，以综合承载能力为支撑，以体制机制创新为保障，特别要深入研究如何重组和转移特大城市部分过度集中功能，提高中小城市对人口的吸引能力，使农村富余劳动力在大中小城市均衡分布、有序流动，走以人为本、集约高效、绿色智能、“四化”同步的中国特色新型城镇化道路，全面提高城镇化质量。

诺贝尔经济学奖得主约瑟夫·斯蒂格利茨（Joseph Eugene Stiglitz）曾经提出，21 世纪影响世界的两件大事：一是中国的城镇化；二是美国的高科技。中国的城镇化之所以是影响世界的一件大事，是因为它不仅可以极大地释放中国国内需求的潜力，促进经济结构战略性调整，更重要的是促进大量农业转移人口向城镇集聚，改变人口分布结构。

在这个过程中有一个显而易见的道理，中国的城镇化不可能也不应当把几亿农民都迁徙到北京、上海、广州这样的特大城市来，也不能搬到苏州、杭州、福州、厦门这样的大城市来，甚至不可能搬到更小一些的中心城市去，应当也只能通过科学布局城市群、大中小城市和小城镇，构建与我国国情相符合的城市空间格局，分层次、分地域提高产业和人口的集聚能力。相对于大城市，中小城市和小城镇具有人口市民化更可及、发展规模更经济、地域文化特色更直观、城与生态的互动更密切、城与乡的统筹兼顾更直接等特点和优势。2013 年 6 月 26 日国家发改委主任徐绍史向全国人大常委会作关于城镇化建设工作情况的报告时，提出促进城镇化健康发展的四大战略重点：一是有序推进农业转移人口市民化；二是优化城市化布局和形态；三是提高城市可持续发挥能力；四是推动城乡发展一体化。其中特别指出，在发挥中心城市辐射带动作用基础上，强化中小城市和小城镇的产业功能、服务功能和居住功能，把有条件的东部地区中心镇、中西部地区县城和重要边境口岸逐步发展成为中小城市。多年来福建省在推进小城镇改革和建设、提高小城镇产业和人口集聚能力方面，进行了持续和系统的探索实践，取得了积极成效，积累了有益经验，也深化了人们对小城镇发展及其在新型城镇化中作用的认识。

一、福建省小城镇发展的基本情况

我们讲的小城镇，指的是除设市城市以外的县城和建制镇。应当看到，与农村相比，小城镇是大中小城市之尾，处在城市向农村序列的中下环节，是一种以非农人口和非农产业为主体、交织了小部分农业人口和农产业的城区；与城市相比，小城镇是农村之首，在地域、人口、经济、文化、环境等方面密切联系农村，是对一定范围内的村庄起集聚和引导作用的中心区。我国对于小城镇地位与作用的认识，经历了一个不断深化的过程。1953 年提出“城市太大了不好，要多搞小城镇”；1980 年确定“控制大城市规模，合理发展小城市，积极发展小城镇”；1990 年修改为“严格控制大城市规模，合理发展中等和小城市”；2002 年以后调整为“大、中、小城市和小城镇协调发展”。总的看，随着城镇化的推进和发展观的转变，中国越来越重视发挥小城镇联结城乡、辐射农村、服务农民、传承文化和巩固基层政权的重要作用。

福建全省土地总面积 12.4 万平方公里，海域面积 13.6 万平方公里，至 2012 年末常住人口 3 748 万人。全省有 9 个设区市和 1 个平潭综合实验区、85 个县（市、区）、1 104 个乡（镇、街道），其中建制镇609个。改革开放以前，由于计划经济体制、对台前沿军事备战等因素的制约，与全省落后于全国经济水平相对应，福建省仅内地山区鹰厦铁路沿线的工业城镇得到缓慢发展，而沿海城镇建设基本处于停滞状态，城镇化率一直徘徊在13%左右，比全国平均水平17.9%（1978年数据）低了四五个百分点。改革开放以来，随着农村工业化和城乡基础设施建设的推进，福建省城镇化发展进入快车道，形成以福州、厦门为中心，区域城市为次中心，县级城市为骨干，小城镇为基础的四级城镇体系，至2012年末全省城镇化率达到59.6%，比全国平均水平52.6%高出7个百分点。小城镇作为“城之尾、村之首”，是区域经济发展中星罗棋布的重要单元，是城镇体系中基层基础的重要层面，对推进城镇化、统筹城乡发展和构建新型城乡关系具有不可替代的重要作用。福建的小城镇发展有如下特点：

（一）发展加快

改革开放之初福建城镇人口仅336万人，至2012年末发展到2 233.8万人，30多年间增加了1 897.8万人，人口规模翻了6倍多；建制镇从68个增加到609个，全省常住人口的20%左右居住在建制镇。近年来随着全省城镇化以每年1.5%左右的速度推进，小城镇建设和发展明显提速，有效促进城镇承载力进一步增强，城镇密集区、密集带加快成形。

（二）设施改善

福建省各地小城镇坚持以规划为依据，大力推进道路交通、市政公用和防灾减灾等基础设施建设，加快形成发展的硬条件。到2012年，全省建制镇的用水普及率达到87.64%，污水处理率达到 21.45%，生活垃圾处理率达到 93.5%，燃气普及率达到 79.39%，人均道路面积达到 15.71 平方米，人均公园绿地面积达到 8.61 平方米，建成区绿化覆盖率达到 24.24%。同时，全省积极开展城乡综合整治、家园清洁行动、美丽乡村建设，小城镇人居环境得到改善。

（三）服务延伸

各级政府加大城乡社会事业投入，推进中小学校布局与城镇发展同步规划、同步建设，实现县域义务教育初步均衡发展，每个乡镇至少有 1 所公办幼儿园；完善以县级医院为龙头、乡镇卫生院为骨干、村卫生所为基础的农村医疗服务网络，每个乡镇都有 1 所达标卫生院，每个卫生院有 4 名以上全科医生；加强乡镇综合文化站建设，开展信息共享的公益性文化服务，小城镇公共服务能力逐步提高。

（四）产业支撑

福建省的小城镇发展，比较重视利用地理区位、环境条件和资源优势，培育支柱产业，主打“一镇一品”或“一镇多业”，形成各具特色农业大镇、工业强镇、商贸重镇、旅游旺镇、文化名镇。

（1）农业大镇。主要发展现代农业、设施农业、精致农业，生产茶叶、水果、食用菌、花卉、蔬菜、烟叶等名特优新农产品，创出了较高的知名度和市场占有率。比如仙游县度尾镇，由利农公司通过土地流转建设钢架大棚蔬菜基地，引进国外水肥一体化先进设备，年产瓜果蔬菜 3 万吨、产值 1 亿元，畅销省内外市场。

（2）工业强镇。主要通过扶持民营企业、壮大乡镇企业、引进外资企业，形成小城镇支柱产业。最典型的是泉州晋江，安海镇有“恒安”，陈埭镇有“安踏”，金井镇有“七匹狼”，英林镇有“劲霸”等等，都是知名品牌企业。

(3) 商贸重镇。主要依托区位、交通和营商传统等优势，成为现代物流中心、商业中心和交通运输集散地。包括福州长乐市金峰镇、福清市龙田镇，厦门翔安区马巷镇，泉州南安市洪濑镇、石狮市灵秀镇，龙岩市新罗区龙门镇，南平武夷山市星村镇等，都有效地实现靠商活镇、以商兴镇。

(4) 旅游旺镇。主要发挥自然和人文资源优势，创建特色旅游景区。像莆田市湄洲镇、永定县湖坑镇等16个镇村，被列入国家级、省级特色景观旅游名镇名村。

(5) 文化名镇。主要传承和弘扬历史文化、地域文化、民俗文化，形成独具特色、底蕴深厚的集镇文化品位。目前全省已有上杭县古田镇、邵武市和平镇、永泰县嵩口镇等85个镇村获得国家级、省级历史文化名镇名村称号。

事实说明，产业兴，小城镇才能兴；经济强，小城镇才能强。虽然福建省小城镇建设取得了积极成效，面貌发生了历史性的变化，但作为现代化建设的一项长期战略性任务和城镇化进程的一项复杂的系统工程，小城镇改革发展还任重道远。

当前，小城镇主要面临以下三个方面的突出问题：

一是功能不强。经济体量偏小，产业支撑偏弱，基础设施和公用服务标准偏低，集镇吸引力和承载力不足，集聚和辐射效应不强。

二是要素不足。首先投资来源不多，融资渠道不畅，小城镇建设严重缺乏资金；其次现行建设用地指标主要用于城市和县城，集体土地流转方式难以根本突破，小城镇建设面临用地瓶颈制约；再有环境、条件待遇的局限，小城镇难以吸引和留住专业人才，这些都影响了小城镇建设。

三是体制不活。小城镇行政管理层级较低，项目审批、建设许可、土地管理、交通组织、综合执法、公共服务等方面管理权限集中在县级政府及部门，管理幅度偏长，管理效能较低，管理模式不适应小城镇的发展。

二、小城镇综合改革建设试点的提出与实施

随着第二步战略目标的实现、全面建设更高水平的小康社会历史进程的开启，全国城镇化率在2011年突破50%、达51.27%，中国进入了以城镇为主，以工业化带动城镇化、以城镇化促进工业化的发展新阶段。特别是国际金融危机之后，中央更加重视城镇化的健康发展与综合效应的发挥，着力释放内需巨大潜力，促进经济长期平稳较快发展与社会和谐进步。根据中央的精神，2009年12月福建省委、省政府作出开展小城镇综合改革建设试点工作的部署，按照经济社会基础良好、区位优势明显、交通设施便利、人口聚集度高、资源环境承载力强等标准，从全省600多个镇中，分两批筛选确定43个小城镇开展综合改革建设试点（表1），积极探索破解城乡二元结构，有序引导农村住宅、人口、产业向小城镇集聚的可行途径，力求打造一批可学可看可推广的样板，带动全省小城镇更好、更快发展，在城镇化格局中发挥更大的作用。

表1　2012年43个试点镇基本情况

城镇	户籍人口数（万人）	常住人口数（万人）	财政收入（万元）	建成区（平方公里）
荆溪镇	4.33	4.30	29 683	0.98
青口镇	8.23	10.62	172 586	10.00
龙田镇	13.20	14.80	15 600	6.30
高山镇	6.83	7.10	6 049	2.57
江田镇	5.66	7.52	20 118	14.48
琯头镇	5.67	6.01	15 297	5.30
汀溪镇	2.13	2.13	9 620	2.32
新圩镇	4.44	4.44	75 000	2.80
灌口镇	4.69	12.50	18 100	12.50
东孚镇	3.25	5.13	6 542	6.19
角美镇	12.57	19.23	112 315	30.00
岩溪镇	4.10	4.47	7 841	4.50
杜浔镇（古雷新港城）	6.64	6.41	1 503	2.90
靖城镇	1.66	7.62	5 590	18.60
金井镇	5.68	10.20	90 216	8.50
水头镇	11.16	16.54	126 570	15.00
龙门镇	6.82	7.83	18 500	13.60
黄塘镇	4.5	4.14	24 100	9.00
湖头镇	8.56	8.98	30 554	9.00
东石镇	10.36	15.69	65 144	7.60
小陶镇	2.94	2.65	3 256	2.50
洋中镇	2.82	3.11	1 917	3.60
陈大镇	0.98	1.01	1 090	3.00
岩前镇	2.26	1.99	6 454	10.00
西天尾镇	4.35	7.51	54 184	13.56
江口镇	7.90	11.60	31 868	60.20

（续表）

城镇	户籍人口数（万人）	常住人口数（万人）	财政收入（万元）	建成区（平方公里）
枫亭镇	10.97	11.69	23 486	11.30
埭头镇	7.87	13.57	3 946	1.10
徐墩镇	3.73	4.25	5 105	6.80
仙阳镇	3.68	4.24	1 426	1.70
水吉镇	3.59	2.40	1 123	2.03
和平镇	2.07	0.67	1 220	12.03
古田镇	1.88	1.91	2 435	6.80
高陂镇	4.5	3.84	19 800	13.7
白沙镇	2.65	2.59	17 100	1.00
永福镇	4.89	4.30	1 929	6.18
才溪镇	2.53	2.60	1 873	6.50
河田镇	7.26	5.33	1 776	2.00
赛岐镇	5.04	5.71	5 968	2.50
太姥山镇	5.54	5.67	11 350	5.00
飞鸾镇	2.41	2.35	5 302	3.50
牙城镇	3.3973	3.47	2 999	2.50
流水镇	5.2357	4.26	1 005	1.84

43个试点镇主要围绕五个方面，先行先试、力求突破。

（一）以试点探索建设模式

中国城镇化率的提升，用三十多年的时间走过了西方国家需要几百年的历程。进一步推进中国特色新型城镇化，一方面要从先行国家城镇化道路中汲取经验教训，把握客观规律；另一方面要立足自身实际，创新机制办法，加强统筹引导，推动产业与人口有序集聚，促进城镇化健康发展。福建省坚持以海峡西岸经济区发展规划、城市群发展规划和城镇体系规划为指导，把小城镇放在海西城市群和全省城镇体系布局中统筹考虑，努力构建“有序集聚、适度均衡”的城镇化发展格局。为此，把43个省级试点镇的发展目标确定为，培育中小城市、中心城市重要组团、县（市）域次中心或新型中心镇。与此同时，要求各设区市每年集中打造具有典型示范作用的中心镇5个以上和宜居新村10个以上，以增强群体示范、梯次带动的效应。省政府研究制定了《关于开展小城镇综合改革建设试点的实施意见》，出台城乡建设用地增减挂钩、造福工程、“三旧”改造、规划建设管理等配套政策，特别是把小城镇试点纳入全省“五大战役”组织实施，制订方案，集中攻坚，实行考评，滚动推进，使小城镇改革建设成为各级党委政府关注和推动的重点工作。

（二）以规划引导特色发展

随着大规模城乡建设的铺开，“千城一面”的弊病在小城镇同样存在，但现阶段抓紧纠正、恢复、塑造还来得及。只有注重文化、彰显特色，并把它贯穿规划、设计、建设、管理全过程，才能保存和再现小城镇特有的历史遗存、地理特征、独特面貌、民俗民风，焕发小城镇的生机活力。福建省在开展小城镇综合改革建设试点中，高度重视发挥规划的龙头作用。

一是坚持把突出特色放在第一位、统一要求放在第二位。各试点镇均邀请甲级单位编制总体规划，充分利用依山、临海、滨江等地理条件和环境优势，重点研究城镇的历史文化和地域特点，注重对历史建筑的保护与整治，尽量把当地传统的建筑符号和人文元素融入新建建筑中，防止按部就班、平铺直叙，避免依样画葫芦。比如，厦门新圩镇建成闽南风情小镇，建筑样式、景观设计都凸显闽南风格；福州青口镇委托同济大学建筑设计研究院等单位，以设计地标性建筑为主，像海峡汽车文化广场、体育馆等建筑具有浓郁的地方特色；龙岩白沙镇注重传统街巷肌理的保留和传统建筑元素的提炼，营造曲水流觞、水圳穿行的闽西传统田园空间；漳州岩溪镇充分利用山、水和历史文化资源，融合人工环境与自然环境，建设具有明显增长边界、布局紧凑、疏密有致、特色明显的山水田园城镇；莆田西天尾镇探索自然与人文资源的开发利用，挖掘莆仙文化内涵，建设文化体验和山岳观光为特色的深度体验宜游名镇。

二是坚持谋划发展、促进发展、服务发展、支撑发展。各试点镇注重对经济和社会发展动力机制的深入研究，分析小城镇发展面临的机遇和挑战，梳理资源、产业、环境、交通等要素，按照中心城市组团型、中心城市边缘型和相对独立型等进行分类，因地制宜，宜大则大，宜小则小，合理确定城镇性质和规模，找准发展定位。比如，厦门同安区汀溪镇开发成为厦门市域北部重要的生态休闲旅游中心镇；漳州龙海市角美镇提出建设与台湾深度对接的先进制造业基地，打造九龙江口环境优美的宜居城市；莆田涵江区江口镇定位为环兴化湾区域的重要产业区和商业服务业中心，建设生态型宜居侨乡；宁德福安市赛岐镇定位为赛江滨江风景带的有机组成部分，建设以电机电器、食品加工和商贸物流为主的滨海宜居工贸新区；南平邵武和平镇创建以自然田园中古堡为特色的中国历史文化名镇。闽西上杭是原中央苏区县之一、著名革命老区，拥有彪炳史册的古田会议和才溪乡调查旧址，古田镇、才溪镇先后列入省级小城镇综合改革建设试点，他们充分发挥红色资源优势，打造以“红色圣地”为主要特色的旅游名镇。

三是加强指导把关、提高规划质量。省政府多次召开专题会议逐一对试点镇总体规划进行研究审议，市县规划部门严把审批关，反复组织审查论证。严格执行规划绿线、黄线、紫线、蓝线“四线”管理制度；严格要求在人口问题上不脱离实际，客观分析人口增长趋势和自身集聚承载能力，防止规划过大；严格把握节约集约用地，能用存量的不用增量，能用差地的不占好地，尽量不占或少占耕地。43个镇全部完成总规编制，基本完成专项规划和控制性详细规划编制，开展了重要地段和节点地区的城市设计或修建性详细规划，建成规划展示厅。

（三）以项目支撑做优做强

坚持以壮大城镇经济实力、完善城镇功能配套为重点，大力推进一批大项目、好项目落地建设和建成投产，三年来43个镇共实施项目4 134项，完成投资2 979.36亿元（表2）。

一是产业发展方面。根据各地资源禀赋和区位特点，坚持布局集中、园区集聚、土地集约、优选项目，培育支柱产业、特色产业。比如，漳州角美、福州青口、宁德赛岐、龙岩高陂等镇在园区建设、产业集聚上形成特色；龙岩古田、宁德太姥山等镇在红色旅游、生态产业发展方面取得成效；泉州湖头镇投资150亿元建成三安光电产业系列蓝宝石衬底项目，带动十多家配套企业入驻产业园区。

二是基础设施方面。坚持“先地下后地上”，适度超前建设交通、能源等基础设施和供排水、人行道、环卫、停车站亭、绿化、通信、集贸市场等市政公用设施。比如，泉州黄塘利用充裕的坡地、僻静的环境建设聚龙小镇，适应人们对居住环境的新品味新需求，建成一批“水、堤、路、桥、绿、景、居”项目，开发建设了具有生态、休闲、养老、养生多种功能的居住小区，小区商品房价格与20公里外的中心市区相差无几，并且成为一个人们愿意购票参观游览的旅游景区。

三是公共服务方面。加大民生工程投入和建设力度，将公共服务体系向小城镇延伸。按人口规模和规范标准，合理配置教育、医疗、文化、体育以及就业社保等公共服务资源，增加公建设施和公共空间。

表2　43个小城镇试点改革发展投资计划表

城　镇	2012年度	2013年度
荆溪镇	25.8	27
青口镇	45.4	48
龙田镇	27.2	30
高山镇	9.5	10
江田镇	23.5	27.5
琯头镇	10.2	12
汀溪镇	7.6	8.5
新圩镇	13.1	13.5
灌口镇	27.2	33
东孚镇	27.2	33
角美镇	129.7	94

（续表）

城 镇	2012 年度	2013 年度
岩溪镇	10.2	13.5
杜浔镇（古雷新港城）	80.2	60
靖城镇	27.2	27.5
金井镇	40.3	28
水头镇	60.5	62
龙门镇	52.3	38.5
黄塘镇	19.2	21
湖头镇	42.3	38.5
东石镇	11.5	12
小陶镇	11.3	12.1
洋中镇	12.3	18
陈大镇	6.5	8.9
岩前镇	6.8	16
西天尾镇	45.4	44.5
江口镇	18.6	22.5
枫亭镇	22	24
埭头镇	12.5	15
徐墩镇	14.9	19
仙阳镇	14.9	17
水吉镇	5.4	5.5
和平镇	7	6.5
古田镇	6.1	15.5
高陂镇	35	33
白沙镇	14.3	14.6
永福镇	3.6	4.5
才溪镇	2.1	2.9

（续表）

城 镇	2012 年度	2013 年度
河田镇	/	5.5
赛岐镇	24.2	27
太姥山镇	22.8	26
飞鸾镇	9.5	10.5
牙城镇	6.6	8.5
流水镇	8.2	5.5
合计	1000	1000

（四）以整治实现宜居宜业

2013 年 3 月李克强总理在视察无锡新桥镇时指出："小城镇建设好了，甚至比大城市生活得更舒适方便"。当前一些大城市由于过度发展已经不堪重负，引发了人口膨胀、空气污染、交通拥堵、生活压力等一系列"城市病"。在 2013 年中国城镇化与企业家论坛上，住建部专家介绍了一个观点：欧美国家的小城镇是城镇化的高端产品，其功能和城市是一样的，人居环境更优于大城市；而中国小城镇的城镇化还是"半成品"，发展很慢，缺乏内生动力。由此可见，合理地建设小城镇，不仅能分解大城市的压力，更重要的是可以让老百姓生活水平得到提高，能够安居乐业。福建省在推进小城镇综合改革建设中，下气力改善生态环境，提高生活品质，积极建设绿色城镇、生态城镇、美丽城镇。

一是实施环卫整治、立面改造、管线下地、公厕改造、人行道铺装、道路照明等"洗脸、换妆、整容"工程。各试点镇都按规范要求完成了 1 条以上的街道整治，43 个试点镇累计整治街道

99 条，整治总长度 801 千米；23 个试点镇污水处理设施及配套管网完工或启动建设；37 个镇垃圾处理设施完工或启动建设。

二是把绿化作为试点镇建设的“重头戏”。不仅搞好公园、绿化带、街头绿地、庭院绿化，而且对规划区范围内暂时没有项目落地的地块也考虑种树、种草和种花，努力做到四季常绿、四季变化、四季有花，“车在路上走，人在画中游”。积极开展绿道系统建设，建成一批串联旅游区、公园、历史古迹、公共建筑等节点的绿道。比如，长泰岩溪通过绿道把上蔡村的田园风光串联在一起，成为城镇景观的“点睛之笔”。

三是注意人文和自然资源保护。保护好小城镇的绿水青山，坚决防止在小城镇开发建设中把山头变成“光头”、活水变成“死水”，坚决抵制“五小”企业；注意古村落、古民居、红色遗址等各种有价值的历史遗迹保护整修和环境整治。比如，厦门灌口全面启动中心城区生态圈、河流治理、大气污染防控等工程，建成风景湖公园、涌泉园林等一批项目，被列入全国首批绿色低碳重点小城镇。

（五）以改革激发动力活力

福建省在推进小城镇改革建设中，以体制改革和管理创新为动力，充分发挥政策的杠杆和导向作用，着力增强试点小城镇的自我发展能力。

一是财政方面。省政府下达每个试点镇 5 000 万元的省级债券资金。实行新增地方级收入全留、城建资金切块安排扶持试点镇、规划编制经费补助等政策。鼓励建立“一级政府一级财政”的财税管理模式。

二是金融方面。各试点镇都成立了政府主导的建设投资开发公司，统一负责基础设施和公共服务设施的投融资和经营管理。多家金融机构与试点镇签定了合作协议，增加授信额度。比如，汇丰银行就在三明小陶设立了第一家村镇银行。

三是土地方面。实行城乡建设用地增减挂钩和“三旧”改造政策，并将小城镇建设与新一轮“造福工程”有机结合，推进集体土地有序流转。推广和谐征迁工作法，同步规划、同步建设安置房，变安置为安居，着力改变“有新房没新村”的局面。43个镇旧村复垦项目立项总规模2 307亩，核定挂钩指标1 705亩，指标交易面积1 951亩，平均23.5万元/亩。

四是户籍方面。鼓励试点镇按照“双重身份并存、双向自由流动”的思路开展农村户籍制度改革，推动基本公共服务均等化。比如，泉州金井等镇推行“居住证”制度，赋予持证人员22项市民待遇。

五是机构方面。支持试点镇单独设立国土、综合执法、行政审批等机构，赋予试点镇更多的县级经济社会管理权限。比如，泉州南安市水头镇由市级职能部门派驻分支机构，设立了规划建设分局、行政执法分局、国土资源分局、环境监督管理站和司法分局等，市级部门共放权（授权）62项。

六是审批方面。管理重心下移，改革行政审批制度，通过委托授权、机构延伸等方式，赋予试点镇更多的项目审批权限。开辟“绿色审批通道”，允许试点镇所在县（市、区）直接上报省直有关部门。

经过三年多的探索和实践，试点镇发展速度和质量明显提升。

一是经济实力增强。2012年43个试点镇实现财政收入106亿元，比 2009 年增长 115%；工业增加值 795 亿元，是 2009 年的 1.9 倍。

二是城镇化步伐加快。43 个试点镇户籍人口比 2009 年增加 8.7 万人，增长 4%；常住人口增加 33.7 万人，增长 13.5%。

三是城乡面貌改善。43 个试点镇累计新增公园 148 个，镇区绿化覆盖率平均达 28%，提高了 9 个百分点；供水、供电、通讯、广播、有线电视、宽带等基本实现全覆盖。

四是生活水平提高。43 个试点镇农民人均纯收入 10 626 元，增长 57%；城镇居民人均可支配收入 21 124 元，增长 55%，比全省三年增幅分别高出 7.94 和 11.67 个百分点。

五是公共服务提升。43 个试点镇累计新增中学 45 所、小学 149 所，每个试点镇至少有一所公办幼儿园；拥有医院或中心卫生院 301 所，图书馆、体育场、影剧院等公共文化休闲设施 680 个；镇区自来水供水普及率和燃气普及率平均达 97.5% 和 82.3%，分别比 2009 年提高 51.4 个和 40.8 个百分点。

六是示范效应显现。各试点镇基本建成集中连片的示范区或示范片，在规划建设、产业发展、环境整治、生态建设、社会管理、公共服务等方面，都各具特色、可圈可点，起到全省的标杆和带动作用。各设区市参照省里的做法，确定 85 个镇开展市级综合改革建设试点，也取得了积极成效，还有一批小城镇自发按照省级试点镇标准开展综合改革建设，有力地促进了全省小城镇的健康发展。

三、小城镇规划建设技术的推广应用

推进小城镇规划建设，提高城镇化水平，既要着力体制机制，也要运用科学技术。特别是村镇干部和群众，作为城镇化和小城镇建设的主体，应该掌握规划、园林、建筑、结构、建材等方面的基本知识和适用技术，使得大到集镇、小到庭院同样的投入能够建得更美、更好一些。针对福建省一些村镇建房缺乏规划设计，建成的住房档次低、布局不合理、功能不齐全、环境不理想，导致农民财富积累无效低效消耗和土地等资源严重浪费的现象，福建省建设部门积极创新工作理念、办法和载体，大力促进村镇规划和建设技术的推广应用。

（一）村镇住宅通用图

为引导农民科学建房，福建省从 1999 年开始抓村镇住宅小区试点建设项目，每年安排建设试点 20 个左右，至今已确立 14 批 273 个试点小区。与此相配套，从 2002 年起，福建省专门组织专家设计村镇住宅通用图，分三批推出了 15 种户型通用图，免费供农民建房时选择。通用图户型布局合理、功能齐全、特色明显，并考虑一定的前瞻性，力求能做到三代人不落后。通过推广村镇住宅通用图，形成可看可学的示范效应，促进居民居住质量提高、镇村环境美化和资源财富节约。比如，光泽县立足当地实际，采取提供通用图、加强建房技术指导、落实奖励补助资金等措施，按照布局合理、功能齐全、特色明显的要求，重点推广村镇住宅通用图中的几种户型，吸引了农户自觉行动和纷纷效仿。目前该县已建成大小新村点 50 多个，按通用图新建住宅 1 500 多栋，其中鸾凤乡上屯村新建 100 多栋住房，全部使用通用图，村容村貌得到明显改观。

（二）村庄环境整治技术

近年来，福建省针对村镇规划建设无序、环境“脏、乱、差”

和配套不完善等突出问题，按照村庄规划好、建筑风貌好、环境卫生好、配套设施好、绿化美化好、自然生态好、管理机制好的“七好”目标要求，大力推进村庄环境综合整治试点。为加强村庄整治的技术指导和服务，福建省建设部门按照针对性、指导性和实用性强的原则，组织相关专家和技术人员精心编写《福建省村庄环境整治技术指南》，采用通俗易懂、详略得宜的图文和案例，对各项整治内容进行分章叙述和细化分解，使基层干部、群众和相关人员能够看得懂、学得会、用得上，真正发挥了推进村庄环境整治的“实用工具书”和“路线图”的作用。

（1）村庄规划好，要求因地制宜，切合实际，突出特色，体现村民意愿，形成村规民约，使全体村民共同遵守；

（2）建筑风貌好，要求保护历史建筑，整治旧房，统一住房格调，形成比较好的整体建筑风格；新建住房要结合实施“造福工程”，引导集中建设“三统一特”（统一规划、统一设计、统一配套、特色明显）的村镇住宅小区；

（3）环境卫生好，要求实施雨污分离，生活污水和养殖业污水应处理达标排放，不得暴露或污染村庄生活环境；推进垃圾分拣、分类收集，做到环境净化、路无浮土；进行无害化卫生户建设或改造；梳理、规范村庄各种缆线；

（4）配套设施好，要求合理配套公共管理、公共消防、日常便民、医疗保健、义务教育、文化体育、养老幼托、安全饮水等设施，硬化修整村内主要道路，设置排水设施，次要道路和入户道路路面平整完好，满足村民基本公共服务需求；

（5）绿化美化好，积极创建绿色村庄，大力开发“四旁四地”

（村旁、宅旁、水旁、路旁；宜林荒山荒地、低质低效林地、坡耕地、抛荒地）等林地和非规划林地，种植珍贵和优良乡土树种，大幅增加村庄绿量；有条件的村庄应建设面积适宜、乡土气息浓郁的小型休闲广场和公共绿地；

（6）自然生态好，要求开展生态创建活动，保护山水田林自然风貌，重点对农村风水林、风水塘等进行保护，延续田园风光、山村风貌、水乡风貌等自然特色；疏浚河塘沟渠，保护农村自然湿地，保持水体洁净，修复村庄水系水景，形成亲水环境；

（7）管理机制好，要求结合村规民约的规定，建立健全农村社区（村庄）环境综合整治长效管理机制，配足规划建设执法和设施维护养护管理人员，落实长效管理经费，巩固规划整治建设成果。

（三）选拔培训乡村规划师

为进一步充实基层规划建设管理力量，福建省开展了乡村规划师的选拔培训试点工作。选拔对象包括农村民间“秀才”、“风水先生”、建筑工匠、待岗在家的大中专毕业生以及村级国土资源、规划建设和环保协管员，要求具有高中及以上学历，原则上每名乡村规划师服务 1 个行政村。乡村规划师的职责主要是：

（1）协助做好村庄规划修编，收集整理所服务村庄相关基础资料和村民对规划建设的建议，对当地村庄布局、规划思路及实施措施提出意见，促进村庄规划水平进一步提升；

（2）指导村民建房科学选址，宣传村庄规划相关法律法规、政策等基本知识以及传统风水方面的科学理念，推广村镇住宅建设通用图，使住宅设计达到布局合理、功能齐全、特色明显、质量可靠、设施配套、装修环保的要求，对于散居农户、零星分散小自然村，引导集中建设“三统一特”的村镇住宅小区；

(3) 指导村民住宅建造，引导村民委托具备相应资质的施工企业或具有相应技能的农村建筑工匠承接施工，确保工程质量安全，统一房屋外观，体现当地建筑风貌；

(4) 积极劝阻并及时向乡镇规划建设管理机构报告违反规划的行为。目前，该项工作已在莆田市城厢区、秀屿区正式开展试点，并初步建立起一套规范的管理制度和工作机制，总结试点经验后在全省全面铺开。

四、推进小城镇健康发展的思考

按照城镇化进程的一般规律，现阶段我国处在城镇化快速发展时期，但我国城镇化的外部条件和内在动力正在发生深刻变化。从宏观角度看，随着全球经济再平衡和产业格局再调整，以及越来越多发展中国家进入工业化城镇化快速发展阶段，全球市场竞争、资源供求和环境减排压力加大；随着国内农业富余劳动力减少、人口老龄化程度提高、资源环境瓶颈制约加剧、城乡二元结构与城市内部二元结构并存等一系列矛盾的交织凸显，过去那种高投入、高消耗、高排放和计划性、运动式、行政化的工业化城镇化发展模式已经难以为继。从微观领域看，小城镇发展普遍面临三个突出的问题。

一是钱。小城镇总体收入不高，一些财政收入高的镇留成比例也低，大部分上缴上级，靠自身财力搞建设和服务捉襟见肘。

二是地。新增建设用地大量用在大城市，不少省会城市、大城市拿到的用地指标占到全省的30%以上，有的甚至达到50%。与此相印证的数字是，2000年至2010年全国地级以上城市市辖区面积增长95.8%，而同期县级以下城镇建成区面积仅增长50.9%。

三是体制机制。东部地区一些特大镇人口和经济实力已经达到中小城市规模，但仍然是镇一级的管理权限。

在这种形势下，必须对小城镇的改革发展进行战略考量，真正把它当作全面小康不可忽视的重要环节、现代化进程不可或缺的重要步骤、城镇化体系不可断层的重要基础，统筹谋划、合力攻坚、有序推进、力求实效，努力使它在调整经济结构、扩大国内需求、缩小城乡差别、解决"三农"问题、改善社会民生、建设生态文明等方面发挥应有的重要作用。为此，应当重视以下五个问题。

（一）坚持科学规划引领

小城镇发展的地区差距很大，不同地区的小城镇有不同的资源禀赋、不同的历史人文传统、不同的经济发展条件和不同的空间区域特点，要按照"以人为本、集约高效、绿色智能、四化同步"的中国特色新型城镇化道路的要求，做到规划先行、功能齐备、设施完善、生活便利、环境优美、保障一体。要坚持高水平规划、特色化设计，为小城镇建设发展提供不落伍、不折腾、不后悔的科学蓝图和指导依据。不得不看到，现状往往是仅用短短几个月时间，就编制出一个千年古镇的规划，寄希望于这样的规划能够管用且用上百年是不现实的。编制小城镇规划，心气不能浮、气度不能小、下的功力不能少。小城镇管理者和规划师应当静下心来，深入体味每一个城镇的地理区位、文化底蕴、产业业态、风土人情，把握其发展的特点、脉络、规律和机遇，使规划能够从历史走向未来，从纷繁走向厘清，从现实走向理想。

（二）提高综合承载能力

基础设施和公共服务是城镇有别于农村的关键要素，也是小城镇建设水平的集中体现。小城镇基础设施建设要高标准、略超前，尽量与城市统筹考虑、相互衔接，重视地下工程，加强运营管理，不断改善道路交通、供水供气、排水排涝、污水垃圾处理等设施条件。小城镇公共服务要网络化、优质化，加快推进城镇公共服务网络建设，包括由学前教育、初等教育、中等教育、特殊教育等构成的教育服务，由综合性医院、专科医院、专业卫生服务机构、其他医疗卫生机构、社区卫生服务机构等构成的卫生服务，由图书展览、文化活动、广播影视、出版物发行网点等构成的文化服务，由体育场馆、健身场所等构成的体育服务，做到分布合理、适度超前、设施配套、功能完善、管理有序、服务规范。

（三）融入城乡发展一体化

小城镇的生机和前途都在于城乡发展一体化，上与大中小城市联接，横与周边乡镇联接，下与众多村庄联接，“联”则“通”，“联”则“动”，“联”则“活”。要推动城市向小城镇的联接和辐射，加快基础设施、公共服务、商贸流通、人力资源等向小城镇延伸拓展。要推动小城镇向村庄的联接和辐射，带动“美丽乡村”建设，形成小城镇一定范围内人口、产业、要素的合理集聚。要推动小城镇在城乡发展一体化中找准定位、各展其长，支持具有产业基础、生态优势、历史文化积淀的小城镇发展成为各具魅力的特色镇，支持中心城市周边有空间、有通道、有人气的小城镇发展成为卫星城，支持区位条件好、人口规模较大、经济实力较强的小城镇逐步发展成为中小城市。

（四）推进农业转移人口市民化

围绕实现“人”的城镇化，应当全面放开小城镇落户限制，实行以居民合法稳定职业、合法稳定住所为基本依据的户口迁移政策，建立健全户籍与居住证有效衔接的人口管理制度。要保护转移农民权益，对农村进城务工人员户口落户城镇后，允许在一定时期内仍按农村户口享受计划生育、土地权益和农村社保等政策。要积极推进城乡居民享受统一的就业服务、社会保障、保障性住房等基本公共服务制度。

（五）推动体制机制创新

深化小城镇管理体制改革，赋予重点镇更多的发展决策、项目审批、社会管理等权限。推进土地管理制度改革，做好农村集体土地等确权颁证工作，鼓励耕地适度规模经营，支持以农户自愿为前提，开展农村住宅置换城镇商品房工作。探索把传统失地村民一次性补偿方式改为集体股权，妥善安排村民标准安置房和医疗、养老等保险，多渠道解决生产发展和生活出路问题。进一步推进财税和投融资体制等改革，形成推动小城镇科学发展、跨越发展的体制机制。

（苏友佺、游孙权、叶丙、范庆洪同志参与本文调研与撰写）

县城建设——做大与做美的统一

（二〇一三年五月）

一、福建省县城建设正处于全面加快阶段

（一）推动有力

全省84个县市区（不含金门）中，市辖区26个，县级市14个，县44个（表1）。多年来各县党政班子高度重视县城建设，以实施“大城关”战略为抓手，充分运用县域经济发展等一系列政策措施，结合打好“五大战役”，狠抓县城的规划建设管理，实现了县城建设的新跨越。

表1 全省县城主要数据

序号	县城	县城常住人口（万人）		县城建成区面积（平方公里）		2012年全县GDP（亿元）
		2000年	2012年	2000年	2012年	
1	闽侯县	3.7657	4.282 6	4.86	8.12	338.48
2	连江县	4.26	7.658 7	4.8	18	270.38
3	罗源县	4.3	7.5	5.28	6.8	147.42
4	闽清县	3.5908	3.955 6	3.8	6	106.82
5	永泰县	3.5526	6.326 5	4	6.5	98.42
6	平潭县	3.78	15	10.26	16.19	135.53
7	仙游县	6.36	15.07	8	15.42	203.92
8	明溪县	2.43	2.77	3.2	4.59	44.83

(续表)

序号	县城	县城常住人口（万人）		县城建成区面积（平方公里）		2012年全县GDP（亿元）
		2000年	2012年	2000年	2012年	
9	清流县	2.07	3.34	2.88	4.8	61.13
10	宁化县	3.83	4.45	4.8	7.64	81.10
11	大田县	4.17	4.76	3.73	7.3	123.56
12	尤溪县	4.49	5.23	4.62	7.75	139.69
13	沙县	5.6	6.21	6.8	26.3	146.21
14	将乐县	3.22	3.53	4.4	5.41	77.66
15	泰宁县	3.8	4.12	3.5	5.6	64.27
16	建宁县	2.11	1.37	2.2	3.97	59.86
17	惠安县	14.99	16.34	10.7	22.5	549.20
18	安溪县	15.8	22	8.13	25.5	351.98
19	永春县	11.5	17	6	17	234.91
20	德化县	11.82	19.4	5.63	12.6	135.38
21	云霄县	10.5	12	15	16	105.62
22	漳浦县	10.21	13.02	7.9	16.5	215.65
23	诏安县	4.98	6.98	7.5	14.8	132.18
24	长泰县	3.3	3.7	3.5	4.4	128.73
25	东山县	2.4	3.38	5.7	7.6	113.85
26	南靖县	4.7	6.2	4.6	6	154.76
27	平和县	3.02	4.03	4.15	6.96	125.86
28	华安县	2.02	2.45	1.83	3.54	71.07
29	顺昌县	4.8	5.62	5.9	6.95	69.48
30	浦城县	9.68	10	8.34	9.32	85.20
31	光泽县	5.6	5.47	3.8	4.5	53.95

（续表）

序 号	县 城	县城常住人口（万人）		县城建成区面积（平方公里）		2012年全县 GDP（亿元）
		2000年	2012年	2000年	2012年	
32	松溪县	3.04	3.75	4.5	6.8	31.34
33	政和县	4.9	5.1	3	4.5	34.36
34	长汀县	11	15	6.57	16.46	126.12
35	永定县	3.97	5.88	3.91	6.5	160.99
36	上杭县	7.4	9	5.2	12.3	187.36
37	武平县	6.9	9.94	4.5	7.5	104.67
38	连城县	5.46	6.25	3.78	7	110.98
39	霞浦县	13	17.945	4.6	9.2	132.11
40	古田县	11	14.775	4.5	5.33	106.58
41	屏南县	3	4.456 4	2.08	4.68	45.65
42	寿宁县	4	5.633 4	2.38	2.96	49.06
43	周宁县	5	6.641 2	3	5.75	35.70
44	柘荣县	2	3.093 7	2.04	4.37	38.10
平均值		5.85	7.97	5.13	9.50	131.59

（二）规模扩大

县城旧区改造力度大，新区园区建设步伐快，整体框架拓展，综合承载能力提升。44 个县城的平均建成区面积由 2000 年的 5.13 平方公里扩大到 2012 年的 9.5 平方公里，平均常住人口由 5.85 万人增加到 7.97 万人。其中，建成区面积超过 10 平方公里的县城有 13 个，列前三甲的是沙县（26.3 平方公里）、安溪（25.5

平方公里)、惠安(22.5平方公里)。常住人口超过10万人的县城有11个，列前三甲的是德化(19.4万人)、霞浦(17.9万人)、惠安(16.34万人)。

(三)功能提升

大部分县城实现了工业入园、集中发展，县城产业成为县域经济的龙头。基础设施条件改善，35个县城实现通高速公路。信息化水平与大中城市基本同步升级。全省县城污水集中处理和垃圾无害化处理率达到76.7%和83.8%，自来水日供水能力达169万吨，绿化覆盖率达39 %，人均公共绿地面积达12平方米，人均道路面积达11.7平方米。县城教育、卫生、文化等社会事业进步明显，公共服务和社会保障水平提高。

(四)面貌改善

在县城建成了一批各具特色的景观街道、滨水公园、夜景工程和城市综合体，涌现出一批文明县城、卫生县城、园林县城，人居环境建设取得新的进展。

二、当前县城建设的主要矛盾是"做大"易、"做美"难

从调研情况看，各地主要着力于县城做大，投入多、扩张快、变化大;但在县城做美方面相对薄弱，办法不多、力度不大、成效不显。

(一)规划先天不足

发展定位不清晰，对县城发展总体战略想不深、想不透、想不远。规划体系不完善，总体规划没有及时修编，控制性详规、

专项规划覆盖率不高。规划执行力不强，未规划先建设，规划被建设拖着走，“项目落地，规划没戏”。

（二）建设标准不高

没有把县城作为城市来规划建设管理，还停留在小城镇的水平上。县城道路交通、城市燃气、供水排水、垃圾处理、园林绿化等市政配套落后，文化、娱乐、休闲、健身等生活设施不足，教育、卫生等公共资源紧缺，商贸、流通、营商、居住条件不够理想，投资环境和生活环境需要进一步改善。

（三）建筑风貌不佳

不少地方“但求建成，不求建好”，缺乏城市设计、景观设计，只重单体、不重整体，建筑风格混杂，景观效果差，总体不够协调。建筑设计不够考究，不重视细节，简单模仿移植，造成似曾相识，不少单体不耐看，没品位。有的地方由于旧城改造难度大、成本高，就另辟新区、建新不理旧，造成城外有城、资源浪费。有的地方采取“见缝插针”式的建设，导致新与旧犬牙交错、厂与宅相互干扰，县城面貌杂乱无章。

（四）科学管理不够

不少地方缺乏行之有效、持之以恒的城市管理，一些县城“城市病”日趋严重，最突出的是违规违章建设不断蔓延，乱停乱放乱丢乱占现象比较普遍，亟需标本兼治之策。此外，与农民进城相伴生的是农田抛荒、村居空置、基础设施废弃、教育医疗资源富余闲散等情况，对农村“空心化”“老龄化”问题也需要统筹研究、切实解决。

三、县城建设应当在致力做大的同时更加注重做美

县城建设，是推进城镇化和城乡一体化发展绕不开、免不了的重要环节，也是发展县域经济的重要依托，更是优化人居环境、投资环境、生态环境的重要载体，是社会发展、文明进步、风气开化的重要标杆。

县城建设是做大与做美的有机统一。做大是外延式发展，做美是内涵式发展。做大靠经济发展、靠“有钱”，做美靠综合实力、靠“有文化”。县城能做大不等于就能做美，不能做大也不等于就不能做美。大有大的美法，小有小的美法，关键要扬长避短，软硬并重，远近结合，表里兼顾，下气力打造出自然之美、人文之美、和谐之美、繁荣之美，把县城建设成美丽城市。为此，建议更加重视以下五个方面。

（一）提升文化品位

县城的特色，本质上是文化的特色。没有文化的城，就是没有灵魂的城。只有把本地文化挖掘透、体现好，才能克服徒有其表、千城一面的弊病，做到彰显个性、独具魅力。

（1）要传承祖宗留下的文化。积极发掘、保护、开发、利用县城特有的历史资源和文化遗产，增加县城建设的人文厚度和文化底蕴。比如长汀的客家首府、尤溪的朱熹故里、松溪的版画艺术和湛卢铸剑术、寿宁的冯梦龙文化和木拱廊桥、诏安的书画之乡、漳浦的台胞祖地等等，都是县城的文脉所系、精华所在，应当成为县城建设的重要凭据和文化符号。

（2）要凸显土木间的文化。一个地方的文化特质，归根结

底是由其地理环境和生存方式决定的。福建省几乎所有的县城都有山有水、依山傍水，在大兴土木的过程中必须遵从“一方水土养一方人”，做好“山”“水”文章。比如泰宁大金湖、顺昌龙山公园、将乐金溪两岸生态景观廊道、漳浦花卉长廊等等，充分融合地形地貌地势，构筑园林景观、生态城区。德化县提出“山魂、水魄、瓷韵、人文”的理念，可以说抓住了县城建设的关键。

(3) 要推介舌尖上的文化。地方饮食的体验是人们对地域记忆的最直接的内容。县城建设要建立当地美食和名优产品展示、推广、营销的平台，形成像沙县小吃、连江鱼丸、长汀河田鸡、上杭槐猪、连城白鸭、建宁莲子、寿宁粉扣等那样的特产知名度，丰富县城特色。

(4) 要拓展业态中的文化。产业文化、大企业文化是地域文化的重要组成部分，且随着经济社会发展越来越显现出独特的影响力。县城建设既要善于创造有利于特色产业发展的环境，又要善于借重产业文化为城市增色，做到业靠城旺、城凭业兴。像德化陶瓷、安溪茶业、光泽鸡业、仙游家具、上杭金铜、武平边贸等城业组合那样，使产业发展与县城建设相得益彰。建议在实际工作中，由省住建厅、文化厅、旅游局、文物局等部门组织专家加强指导，对重点规划、重点街区、重点景观、重点项目一竿子帮到底，力求做出水平、抓出成效。

（二）注重总体协调

(1) 城建与定位要协调。有的县城是“国家级历史文化名城”（如长汀）、“中国优秀旅游县”（如泰宁）、“著名侨乡”（如安溪）、

“优秀建筑之乡”（如惠安、上杭、永泰）等等，有的县城被誉为“海滨邹鲁”（如仙游）、“鱼米之乡”（如漳浦）、“水产大县”（如连江）、“通衢之地”（如浦城）、“高山明珠”（如周宁）等等，县城建设应当服从服务于它的性质和目标，在规划布局、项目选择、建筑风格上力求统一，切忌背离。

（2）园区与城区要协调。加快工业进园入区、集约发展，科学布置总图，合理组织交通和物流，严格管控污染排放，切忌把厂区和排污点布设在城区的上风向和上游，促进产城融合、良性互动。

（3）个体与整体要协调。新区要一步到位，老城要改造纾解。新建筑要高标准，老建筑要巧装饰。加强县城设计、街区设计、景观设计、立面设计，优化建筑物的形式、体量、色彩、风格，展现好县城的自然天际线、建筑轮廓线、滨水景观线、快慢交通线。

（4）承上与启下要协调。有的县城是设区城市的卫星城（像闽侯、仙游、惠安、漳浦、霞浦、永定、沙县等），有的县城自身就是地域性中心城市，不论哪一类的县城，都应当上承接好大城市、下辐射好小城镇。要结合“点线面”攻坚，组织好城内交通和连接景区、乡镇、干线的对外交通，加强城市群、商贸圈、旅游热线等方面的联系协作。

（5）人与自然要协调。生态县建设，首先应在县城建设中破题。要结合园区建设，集中控制和治理工业污染；结合街景美化，推行节能、节水、节地改造；结合绿化建设，加强流域整治、水土保持和恢复植被，构筑宜业宜居环境。

（三）分步实施到位

坚持城市标准、一次规划，尽力而为、能为则为。

(1)“整容”。具备财力的县城应当拉开框架、拓展路网、配套市政、开发片区、建管并重、构筑新貌。在景观再造方面，要重点抓好“路”与“楼”。路面“白改黑”、缆线下地，屋顶“平改坡”“平改绿”，更新外墙、门窗、阳台和围墙，美化垃圾箱、配电箱、报刊亭和候车亭，形成统一的街区风貌。沿街建筑立面改造可以学习借鉴天津“五子登科”的经验，抓好“帽子”(改造坡屋顶或女儿墙)、“裙子”（丰富裙房、墙面)、“框子”（规范统一空调罩)、“窗子”（窗口加欧式符号)、“靴子”（强化建筑底座、突出质感)。在功能完善方面，要突出抓好十个“一”，即有一个环保达标的产业园区、一条人车分流的精品街道及商业综合体、一个大气顺畅的现代交通枢纽和县城进出口、一个宜人的休闲健身空间、一个完整社区、一所高水平学校、一所高标准医院、一家星级宾馆或商务酒店、一座现代化的会堂或剧场、一套数字化城市综合管理服务网络系统，其中应形成若干标志性建筑物。

(2)“换妆”。财力一般的县城应当做到“一路平”“一眼齐”“一片绿”。“一路平”就是修复路面、路缘石，铺装人行道，改造路灯；“一眼齐”就是统一规整临街店牌店招，隐蔽空调外机和各类外露管线，规范阳台、窗户；“一片绿”就是提升沿路绿化，拆墙透绿，拆违（章建筑）建绿，见缝插绿，能绿则绿。

(3)“洗脸”。财力紧张的县城应当要做到“一扫二拆三清理”，即加大路面清扫力度，强化环卫保洁；拆除道路两侧违章建筑、广告牌、防盗网，拆除封闭式围墙，推行通透式围墙；清理乱停车、乱堆乱放和非法占道经营，规范交通和市容秩序。仙游县采取建立城市管理委员会、严格管理规定等措施，高标准抓城市洁化、亮化、绿化、畅化、美化的日常管理，工作力度大，值得各地借鉴。此外，拆迁安置是县城建设面临的共性难题，其实质是利益平衡，关键是以人为本，应当灵活采取产权置换、货币安置等方式，依法依规，合情合理，公开公平，正面引导，争取群众支持，实现和谐征迁。

（四）多方筹集资金

（1）合理运用财力。随着省财政不断加大对各县保运转、保民生、保重点的支持力度，各县可以用于县城建设的财力有所增加，要发挥其四两拨千斤的作用。比如永春县在旧城改造中，采取“财政投入为主，企事业单位自筹，群众出资20%”的办法，在100天时间里实现投资1亿多元，建成精品街区。

（2）争取上级补助。选好项目，找准渠道，申请国家和省有关部门以及条管单位的专项资金投入。比如尤溪县医院建设，从国家发改委就争取到2 000万元专项资金。省有关部门要整合资金渠道，加大对县城建设重点项目的支持力度。

（3）加强对口帮扶。全省44个县中有23个县已列为省级扶贫开发重点县，要利用好相应的挂钩帮扶资源。比如，石狮市与政和县共建产业园区，省直挂钩单位帮助政和建设基础设施项目。每年帮助解决一两个问题，若干年就可以办成几件大事。

（4）有效经营县城。要规范运作投融资平台，引导和鼓励金融机构加大融资力度，通过资产注入、发行债券、上市融资等渠道筹措资金，采取市场化、产业化的办法吸引企业参与项目建设和运营。比如，政和县政府垄断一级市场，统一收储土地，分期分批限量出让，以地生财、以地养城；又如南靖县，对火车站站前广场采取BT方式招商，解决了资金难题，加快了项目建设步伐。

（五）有效聚集人气

县城发展应当有效集聚创业人才和就业人口，推动“离土不离县”的农村转移人口就近城镇化。

（1）完善公共服务。义务教育、医疗卫生、住房供给、社会保障等要有效扩容，特别要加强就业培训服务，抓紧建立立足本乡本土的技工队伍。要研究建立公共服务成本合理分担机制，政府承担城市建设运营成本和基本公共服务支出，企业承担员工集体服务成本，个人承担社会保险和住房购租方面的私人成本，要运用承包地占有、使用、收益等权利和宅基地用益物权来增加成本支付能力。

（2）改革户籍制度。近年来省内外一些县城积极降低户籍门槛，但吸引农民进城定居的效果并不明显，要进一步研究改进与户籍相联系的市民待遇提供内容和方式，稳步推动进城务工农民市民化。

（3）充分利用土地资源。要探索进城落户农民承包地、宅基地自愿有偿退出机制，推进耕地开发、土地流转和村庄整合，为现代农业发展创造条件，促进新形势下的新农村建设。此外，考虑到国家有关部门正在酝酿“城镇化改革方案”，拟推进行政区划创新、改革设市管理模式、适度增加中小城市数量，福建省一些具备条件的县应结合县城建设做好设市的谋划和准备。

（张鸿、刘艽明同志参与本文调研与撰写）

生态省建设从生态城市圈破题

（二〇〇二年十月）

省委、省政府提出福建建设生态省的战略构想，既顺应进入新世纪后席卷全球的绿色潮流，也切合福建生态环境基础较好、可以大有作为的省情实际。根据中国科学院中国可持续发展战略课题组2001年研究报告，福建在全国区域可持续发展总能力排序中列第6位，其中环境系统列第4位，生存系统列第5位。建设生态省，对福建省更好地发挥生态优势，加快经济结构调整和城市化步伐，实现经济社会可持续发展，具有十分重大的意义。

一、引入与采取生态城市圈的理念和路径

建设生态省，涉及省市县乡村各层面、一二三各产业、生产消费流通各领域，齐头并进是一种办法，重点突破可能是更好的办法。这个突破口就是城市，城市是经济、社会、人口、资源、环境的结合部，具有良好的集聚性、系统性、协同性，有利于集中实施生态建设和环境保护的举措，能够收到立竿见影、事半功倍的成效，最适合作为生态省建设的优先方向。

福建省的23个设市城市占有全省经济总量的九成以上，其中有15个城市主要沿海、沿江（闽江、九龙江）、沿线（外福、鹰厦铁路，福厦漳、京福、漳龙高速公路）分布，共同形成一个彼此链接、相互联动的城市圈。这些城市不仅是全省经济的

主体力量，还是福建省城镇体系“三区四带”结构的重要节点和支点，同时也是能源资源和环境容量的主要消耗地、占用地。如果它们在生态省建设中带头担纲，在产业发展上率先转型，在资源利用上更加节约，在环境保护上联防联治，率先建成生态城市，那么就能够迅速形成推进生态省建设的新局面。在这个圈形城市展开生态联动建设、环境协同保护的同时，圈内及圈外的广袤地区实行严格的开发限制和生态恢复措施，封山育林，退二进一，休生养息，吐新纳故，从而可以形成生态之“肺”和“肾”，促进省域生态环境的良性循环。这种生态城市圈的发展模式来自世界城市发展史上著名的“田园城市”理论，在荷兰、新加坡等国家和地区已取得成功的经验。

二、抓好生态城市六个“绿”建设

生态省建设的重点在城市，难点也在城市。保护环境、改善生态不能通过停止、减少、推迟城市生产生活活动来实现，只能在发展中保护、在保护中发展。这就要求城市经济结构在增长中调整、城市运行模式在动态中转变，逐步走上生态城市建设和发展之路。所谓生态城市，就是环境清洁优美，生态良性循环，生态系统服务功能有效代谢延续，市民安居乐业，社会文明和谐，人与自然、技术与自然充分融合，自然、社会、经济协调发展的城市。概括地说，生态城市的标志包括六个“绿”，即绿色环境、绿色生产、绿色产业、绿色交通、绿色消费、绿色管理，抓好这六个“绿”是建设生态城市的重要途径。

（一）建设绿色环境

1.制订绿色规划

针对城市居住区密度高、空地小、绿化少、出行不便，废气、噪声、污染等问题，进一步调整和优化城市规划布局和功能区划结构，切实提高城市人均居住面积和住房采光、景观、居住质量。

2.建造绿色建筑

积极开发变废为宝的、可再生和重复利用的绿色建筑材料。多建设具有福建省传统民居优点、保护环境、亲近自然、节省能源和资源、有益健康和安全、空间可灵活分割围合的绿色建筑。大力推广利用太阳能、地热能、沼气、风能等自然可再生能源的节能建筑，提高住宅的信息服务和智能化水平。

3.构筑绿色街区

充分利用福建省的地理、气候条件，按照园林城市、花园城市的理念和标准，提高城市绿化、美化水平。做到月月有花、四季常绿，消灭裸露地皮，并使人在城市的绿视率达到15%以上。将绿色理念真正引入房地产业，推动生态型绿色社区建设，使之融绿色建筑、树木花草、园林景观、休闲设施于一体，做到节地、节水、节能、无污、低废、高效。让社区环境发挥养怡心智、天人合一、休憩健身、社交互助的功能。

（二）开展绿色生产

1.推广清洁生产

清洁生产已经成为21世纪最具竞争优势和生命力，并能有效降低生态环境成本的工业发展途径。在生态城市积极倡导清洁生产，要以预防污染、零污染、零废物排放的理念取代末端处理控制污染的传统思维，淘汰落后的生产工艺、设备和产品。从产品设计，新工艺、新设备、新能源、新材料的开发利用，内部物料循环等诸环节入手，实行全过程污染控制，减少生产过程的污染物排放。工业企业应成为推行清洁生产的主体，从被动应付“一控双达标”向推行清洁生产，增强企业竞争力转变。特别是纺织、化工、冶金、轻工等福建省传统行业，应大力引进和改进生产技术，形成一批清洁生产示范企业。

2.提高排放标准

建立先进和严格的城市环境监控体系，逐步提高生态城市工业企业的排放标准，开展IS014000环境管理体系和环境标志产品认证，推动企业积极适应国际贸易“绿色壁垒”的倒逼，不断提高产品质量和环保水平。

3.建设生态园区

生态城市要通过新辟或转型等途径，建立“生态工业园”，园内企业应形成共享资源和互换副产品的产业共生组合，并通过上下游衔接和生产系统的有机结合，延伸和接续生态链，使污染物排放减至最低，提高资源利用率，增强企业协同性和竞争力。

（三）发展绿色产业

绿色产业是指绿色产品的种养殖业、制造业、流通业，它是继计算机、通讯之后新兴的朝阳产业。发展绿色产业既可以形成现实的经济新增长点，又能为建设生态省提供技术支持和物质基础。

1. 培植环保产业

积极发展污水垃圾处理、污水回用、垃圾减量化无害化资源化处理、烟气除尘脱硫、废弃物循环利用等环保产品、环保技术，以及资源综合利用和环保设施的运行服务。必须加快城市基础设施的产业化改革，制定合理的有偿使用和消费政策，将城市污水、垃圾处理推上产业化经营的轨道。

2. 发展绿色食品

利用福建省山海优势，以生态城市为龙头，瞄准国际市场和国际标准，提升福建省绿色食品的产业化水平，在食用菌、乳制品、果蔬、绿茶、畜禽水产、粮油等优势领域打出福建省“绿色食品”品牌。为此应抓好绿色产品的产地生态环境建设、生产加工过程的质量监督管理以及产品质量和卫生达标、产品的标识管理和流通环节的质量保证。

3. 治理“餐桌污染”

结合整顿和规范市场经济秩序，重点抓好猪肉、蔬菜、水产品、饮用水、大米、调味品六类食品的安全供给。现阶段要集中力量整治菜地土壤重金属含量超标、蔬菜基地过量使用农药或使用高毒农药、使用福尔马林进行水产品保鲜、私宰及销售生猪、饲喂“瘦肉精”、污染饮用水等直接危害群众健康的食品安全问题，多方齐抓共管，大力实施“食品放心工程”。

（四）推行绿色交通

生态城市的交通运输布局和道路网建设，应方便市民出行，满足人流和物流畅通需要，并最大限度地减少对城市人居环境的干扰。

1. 推进内外交通分离

应有计划地将过境交通和高速公路引到城市外围，适当远离住宅区。与城市总体布局相适应，建设城市快速交通网，提高道路标准和通行能力。

2. 优化城市出行方式

根据城市具体情况，大力发展天然气客车、电车、轻轨等低污染、无污染的城市公共交通，全面根治机动车尾气污染。从道路、停车、管理等方面创造有利条件，促使自行车继续成为生态城市重要的私人交通工具，并引导文明、健康、守规、有序的骑车用车行为。把发展小汽车交通与城市规模扩大、布局分散化、居住区郊区化的发展趋势结合起来，使小汽车成为中高收入家庭的交通工具。合理规划、建设、设置城市停车场及道路两侧的停车泊位，保证城市车辆的有序停放。

3. 开发绿色交通工具

发挥福建省汽车工业的优势，引进和开发电动汽车、氢动力汽车、太阳能汽车等新一代零污染交通工具，努力为实现人类“干净地驶向未来”的夙愿做贡献。

（五）引导绿色消费

1. 引导消费心态绿色化

摒弃在社会转型期逐渐蔓延的豪华、奢侈、挥霍、享乐、比阔的消费心理和生活方式，增强市民维护地球家园可持续发展的责任意识以及人与自然和谐融合的时尚理念，提倡简朴、健康、自然、平衡的生活方式。

2. 引导消费行为绿色化

鼓励市民多选用绿色食品，提倡文明请客、节约粮食，穿着以天然动植物材料为原料的绿色服装，使用无氟制品、再生纸、节能家电，慎用各种化学洗涤用品，少用一次性用品，不吸烟，不食用珍稀野生动物，不乱丢废电池、塑料包装袋，做文明游客。

3. 引导消费环境绿色化

要推广绿色标识，提升绿色产品和服务的社会地位。要推行绿色价格，既促进消费者的绿色崇尚，又鼓励企业的绿色产销。要开辟绿色通道，为绿色消费提供更加便捷优惠的条件。要提倡绿色促销，限制过度包装，树立绿色形象。要发展绿色物流，减少对流、倒流、空驶、运力不当配置等环节浪费，推行运输社会化。

（六）实施绿色管理

1. 把生态建设和环境保护融入政府职能

科学协调经济建设、城乡建设与环境保护的关系，制定和实施正确的、有远见的保护环境的对策措施。增加财政对环境保护和生态建设的投入。加大环保执法力度，促使城市环境保护制度化。每年做几件市民看得见、摸得着、改善人居环境的实事，每届政府都能使本地区的污染控制和环境改善上一个新台阶，取信于民。

2. 把生态建设和环境保护贯穿城市管理

增强生态系统意识，形成城市规模与生态资源、环境承载力的合理比例，避免挤、脏、乱、差的“城市病”；重视城市风貌形象设计，建立严格的保护文物古迹和风景名胜制度，避免“千城一面”和庸俗“仿古”;适度超前、统筹安排城市基础设施建设，避免轮番重复“开膛破肚”；强化社区管理职能，发挥城市社区在建设绿色社区、发展服务业、增加就业、维护社会安定等方面的作用；开辟和拓展公众参与、民主监督的有效途径，完善城市规划及重大项目咨询、公示、听证的程序和办法，发挥市民在城市规划建设管理中的积极作用，共同保护和建设我们的家园。

（本文发表于《福建通讯》2002年第10期）

为新一轮创业构造良好的基础设施环境

（一九九七年十月）

交通、能源、通信、供水等基础产业对国民经济发展具有全局性、先导性的影响，其发展水平、规模和速度直接影响着国民经济和社会的发展。由于基础设施能力的形成和提升，投资规模大，建设周期长，外部衔接复杂，这就要求基础设施建设应该有一定的超前性。从现在起到21世纪前10年，是福建省实施新一轮创业，国民经济和社会发展承前启后、继往开来的关键时期。开展福建省交通、能源、通信、供水等基础设施状况现状调查，就其对于经济社会发展的适应性进行分析，进而研究提出基础设施建设的战略思路、重点项目和政策建议，对福建省面向21世纪加强基础设施建设的决策具有重要意义。

一、基础设施发展现状分析

改革开放以前，由于地处海防前线，国家投入少，福建省基础设施建设相对滞后。改革开放以来，全省经济发展跨入新阶段，交通、能源、通信、供水等基础设施建设也有了长足进步。

（一）交通

全省交通已初步形成以沿海港口为枢纽，以公路国道干线为主骨架，铁、公、水、空相配套的交通运输网络（福建省交通发展状况见表1）。

交通运输量大幅度增长，运输结构有所改善。1979—1996 年，福建省全社会货运量增长 5.3 倍，年均增长 10.7%；客运量增长 5.8 倍，年均增长 11.2%；沿海港口货物吞吐量增长 9 倍，年均增长 13.7%；民航客运量（发运量）增长 440 倍，年均增长 40.3%。公路、水运货物周转量占各种运输方式完成货物总周转量的比重从 1978 年的 32%提高到 1996 年的 76.3%；铁路、水运货运量的比例从 1978 年的 1.5 : 1 调整为 1996 年的 1 : 1.3；民航运输在长途旅客运输中越来越显示出其优越性（福建省交通运输量发展状况见表 2)。

表 1　福建省交通发展状况

运输方式 / 年份	铁路营业里程（公里）	公路通车里程（万公里）	民航		港口	
			航线（条）	里程（公里）	200吨级以上码头泊位（个）	货物吞吐能力（万吨）
1978	1 006	2.9	2	2 359	27	378
1996	1 285	4.7	138	13 977	206	3 070
增长	27.7%	62.1%	68倍	58倍	6.6倍	7.1倍

表 2　福建省交通运输量发展状况

年 份	全社会货运量（万吨）	客运量（人）	沿海港口货物吞吐量（万吨）	货物周转量（万吨公里）			民航客运发运量（万人）
				铁 路	公 路	水 路	
1978	4 871	7 928	392.4	503 980	77 203	149 422	1.15
1996	30 596	53 762	3 959	1 411 809	1 487 836	3 045 683	507.44
年均增长（%）	10.7	11.2	13.7	5.9	17.9	18.2	40.3

交通运输设施和装备水平有较大提高。1993 年建成开通华东第一条电气化铁路——鹰厦铁路，使输送能力比电气化前提高 1 倍；福州铁路分局管内线路全部为继电半自动闭塞信号设备；全省二级以上公路通车里程从无到有，1996 年达 3 230 公里，沿海建成了一批煤炭、集装箱专用泊位码头，1996 年万吨级以上深水泊位达 30 个，比 1978 年增加 28 个；新建和改扩建的长乐国际机场、厦门高崎机场、福州义序机场、武夷山机场、晋江机场能起降大中型飞机；大型散装、集装箱车船、豪华客轮、B737、B757 飞机等较先进的运输设备得到较快发展。

（二）能源

能源建设以建立稳定可靠的能源保障体系为目标、努力调整能源生产和消费结构，初步建立起以电力为中心，以煤炭为基础的能源工业体系。1979—1995 年，全省能源工业累计基建投资 234 亿元，是改革开放前 28 年投资总额的 15.7 倍。能源生产与消费稳步增长，1979—1996 年间，全省一次能源生产量增长 2.05 倍，年均增长 6.4%，其中原煤生产年均增长 5.8%，水电生产年均增长 7.4%；全省能源消耗总量增长 2.56 倍，年均增长 7.3%(福建省能源生产与消费状况见表 3)。

电力工业发展迅速，全省发电装机由 1980 年的 173.6 万千瓦发展到 1996 年的 755 万千瓦，年均增长 9.6%；发电量由 49.56 亿千瓦时增加到 284.1 亿千瓦时，年均增长 11.5%。“八五”是福建省电力工业发展的最快时期，全省 5 年累计新增装机 147.7 万千瓦，比“七五”增长 79%，累计完成发电量 1 013.93 亿千瓦时，比“七五”增长 80%。电力装机和发电量从 1982 年位居全国第 21 名和第 25 名进入全国中等行列。

表 3　福建省能源生产与消费状况　　单位：万吨标准煤

年 份	一次能源生产量	能源种类		能源消耗总 量	产销差额	自给率 (%)
		原 煤	水 电			
1978	461	302	159	688	-227	67.0
1980	492	331	161	710	-218	69.3
1985	690	433	257	1 043	-353	66.2
1990	967	661	306	1 459	-492	66.3
1991	854	612	242	1 530	-918	55.8
1992	1 013	650	363	1 624	-611	62.4
1993	1 044	702	342	1 832	-788	57.0
1994	1 160	698	462	2 019	-859	58.0
1995	1 396	810	586	2 280	-884	61.2
1996	1 406	834	572	2 452	-1 046	57.3

能源工业布局和能源结构有所改善。20 世纪 80 年代以来，为缓解沿海地区电力供求矛盾，福建省在闽东南沿海相继建成华能福州火电厂、厦门嵩屿电厂等一批规模较大、技术较先进的大中型港口火电厂，改变了以往完全依靠内地山区水电支持的局面；同时，加快山区水力资源的开发步伐，建成投产一批骨干水电站，进一步调整能源工业布局。1985—1996 年全省电力消耗总量年均增长 10.3%，比能源消耗总量平均增长速度高 2.2 个百分点；电力消耗占能源消耗的比重从 1985 年的 53% 上升到 1996 年的 74.6%；水火电比例由 2.2 : 1 调整为 1.15 : 1；煤炭消耗所占比重从 1990 年的 48.7%下降到 1996 年的 31.3%，能源结构得到进一步改善。

能源节约和综合利用也取得了一定的成效。全省供电煤耗和线损率有较大幅度下降，能源利用率有所提高，万元国内生产总值能耗从1990年的3.03吨标准煤下降到1995年的2.5吨标准煤，平均节能率为3.8%，五年来节约能源达550万吨标准煤。

（三）通信

邮电通讯发展迅猛，综合通信能力不断增强，网络技术和业务发展位居全国前列。“七五”期间福建省在全国率先实现县以上市内电话自动化、电报转报自动化和县以上长途电话自动化。“八五”又在全国率先实现市县电话网数字化，并将无线寻呼和移动电话覆盖到全省各县市区。1992年提前实现了邮电部提出的“到‘八五’末主要通信能力和业务总量在1980年基础上翻三番”的目标。1996年全省城乡程控电话交换机总容量404万门，是1978年的39倍，成为全国第一个实现所有城乡电话号码实行7位制编号的省份；电话主线普及率每百人为7倍，城市电话普及率每百人为35倍，分别比1978年增长28倍和63倍。1996年邮电业务总量73.02亿元，是1978年的72倍。大容量、高速率、以光缆为主体的传输通道建设取得很大成绩，建成沪穗、福贵两条干线光缆，光缆总长度达1.2万公里，形成双路由的环状通信网。

（四）供水

水资源开发利用和供水设施建设有很大进展。据1993年统计，全省已建成各类水利灌溉工程34万多处，有效灌溉面积达

1 417.8 万亩，保证灌溉面积 1 138.4 万亩，分别占全省总耕地面积的 77.53%和 62.25%。其中蓄水工程 9.63 万项，现状供水能力 77.04 亿立方米；引水工程 21.98 万处，现状供水能力 83.07 亿立方米；建成固定抽水站、机电井、水轮泵等 2.44 万处，现状供水能力 16.65 亿立方米。城乡供水设施建设也有很大的发展，据 1993 年统计，全省县城以上自来水厂 111 个，日供水能力 445.93 万吨，供水人口 500 万人；乡镇所在地已建成各类水厂 159 处，日供水能力 100 万吨，解决供水人口 406 万人。全省城乡总供水能力 31.19 亿立方米。

随着国民经济的迅速发展，生产、生活用水量有较大幅度的增加。1993 年全省实际用水量 159.58 亿立方米，比 1980 年用水量增长 27.7%。其中，工业用水量增长 2.4 倍，城市生活用水量增长 2.3 倍，农业用水量增长 10.5%。从国民经济各部门用水量构成情况看，农业用水所占的比例最大，为 75.69%；其次是工业用水，占 13.73%（福建省国民经济各部门用水量构成情况见表 4）。

表 4　福建省国民经济各部门用水量构成 (1993 年)

部门 / 用水量	工业	农业	城镇生活	农村生活	合计
实际用水量（亿立方米）	21.91	120.62	7.26	9.79	159.58
占总用水量比重(%)	13.73	75.69	4.55	6.13	100

二、基础设施现状与经济社会发展的适应性分析评价

交通、能源、通信、供水设施是进行现代化建设和提高人民生活水平所必需的重要物质基础，与经济社会发展息息相关。二者的关系，一方面是经济增长对基础设施的依赖性，即基础设施建设保证和支持了经济发展，基础设施的投资可以有效地拉动经济增长；另一方面由于经济的快速增长导致客货运输量、信息流通量、用电量、用水量的大幅度增加，从而促进了基础设施能力的发挥、规模的扩大和水平的提高，即经济发展又推动了基础设施的发展。

改革开放以来，福建省经济总量不断跃上新台阶。全省国内生产总值从 1978 年的 66.37 亿元增加到 1996 年的 2 600.68 亿元，人均国内生产总值达 8 117 元，国内生产总值及人均水平居全国的位次分别由 1978 年的第 22 位和第 23 位上升到第 12 位和第 8 位，财政收入从第 18 位上升到第 10 位；固定资产投资的外向度达 40%，商品市场外向度达 32%，累计利用外资 173 亿美元，年外贸出口突破 100 亿美元，相当于全省国内生产总值的 32%，综合经济实力明显增强(主要经济指标发展情况见表 5)。

由于过去十多年来陆续建成一批交通、能源、通信、供水骨干项目，使长期以来经济发展的“瓶颈”制约有所缓解，不断改善了投资环境，对国民经济和社会发展起了重要的促进和保证作用。但从总体上看，由于原有基础较为薄弱、起点低，福建省基础设施建设的规模、速度、水平仍赶不上国民经济和社会发展的需求，与作为改革开放前沿省份的地位很不相称，集中表现为不适应、不合理、不配套。

表 5　福建省主要经济指标发展情况

指 标	绝对值		发展速度（%）		
	1996年	1978年	“七五”年均增长	“八五”年均增长	1979–1996年均增长
国内生产总值（亿元）	2 600.68	66.37	9.8	19.0	13.6
固定资产投资（亿元）	790	7.27	14.6	44.3	29.7
外贸进出口总额（亿美元）	167.44	2.03	23.2	35.9	27.8
财政收入（亿元）	215.11	15.13	17.9	26.5	15.9
城镇居民人均收入（元）	4 946	339.48	18.4	22.5	16.0
农民人均纯收入（元）	2 492	137.54	14.0	21.8	17.4
货物周转量（亿吨公里）	613.21	73.06	7.7	18.8	12.5
旅客周转量（亿人公里）	314.56	35.73	0.2	11.2	12.8
主要港口货物吞吐量（万吨）	3 959	392.41	9.7	18.3	13.7
发 电 量（亿千瓦时）	284.94	40.69	12.1	13.9	11.4
邮电业务总量（亿元）	73.02	0.33	28.0	48.8	35.0

（一）交通运输总体能力和技术装备仍处在较低的水平上，交通网络布局与结构不尽合理

交通运力与运量的矛盾尚未根本解决。福建省每万人拥有铁路长度仅 0.32 公里，低于全国 0.46 公里的平均水平；进出省铁路鹰厦铁路为唯一通道，进省运量仅能满足需求量的 40% ~ 50%，铁路运货难、买票难、乘车难的“三难”状况长期存在。主要国、省道公路段交通量超负荷，全省公路 1995 年每公里营业里程负担的货物周转量是广东省的 27.5 倍，国道拥挤度达 1.8 左右。1995 年全省沿海港口吞吐量居沿海省市倒数第 3 位，每公里海岸线完成货物吞吐能力与实际吞吐量之比为 1∶1.29，主要港口压港压船现象时有发生。

交通基础设施和装备水平仍较落后。全国已有约 28% 的铁路为复线，而福建省均为单线铁路；公路技术等级低，二级以上公路只占公路通车总里程的 5.3%，低于全国 7%的平均水平，全国已有 20 个省、区、市共建成高速公路 2 000 多公里，福建省目前只有泉厦高速公路建成通车；福建省深水岸线资源丰富，但沿海港口深水泊位数只有全国的 1/16，居沿海省市倒数第 3 位，除少数现代化专用泊位外，多数码头装卸设备陈旧落后。

福建省与全国交通运输网的联系存在通道少、能力低、设施差、不配套等问题。至今没有全国铁路干线贯穿福建省，出省铁路仅鹰厦线一条通道，处于全国路网末梢，省内铁路尚未成网；公路通车里程构成中，中低级路面占 86%，由较高等级公路组成的主骨架网络尚未形成；港口码头主要集中在福州至厦门之间，大部分深水岸线的开发还处在起步阶段，港口集疏运能力尚不配套。

（二）能源供应总量不足，可供性下降，能源结构不合理

福建省能源资源贫乏，缺油少煤，全省累计已探明煤炭储量 12.79 亿吨，保有储量 11.09 亿吨，居全国第 23 位，属南方缺煤省份。水力资源理论蕴藏量较大，但可供开发的潜力有限。改革开放以来，虽然一次能源生产量有较大幅度提高，但由于经济迅速发展对能源的需求旺盛，1980—1996 年间，能源消耗年均增长速度比能源生产年均增长速度高出 1.4 个百分点。从表 3 可知福建省能源自给率较低，最高年份不到 70%，比全国平均水平低 25 个百分点以上。“八五”以来，能源自给率呈逐年下降趋势，1996 年比 1990 年下降了 9 个百分点，一次能源从省外调入量加大。

电力发展滞后问题依然严峻，周期性地发生电力供应紧张状况。国内外的经验表明，电力发展速度必须超前经济社会的发展速度，即电力弹性系数应大于 1。福建省电力生产呈周期性波动，电力弹性系数“六五”时期为 0.70，“七五”时期为 1.23，“八五”时期为 0.73。1979—1996 年间，福建省国内生产总值平均增长 13.6%，电力生产年均增长 11.4%，电力弹性系数为 0.84，低于全国平均水平。虽然“八五”期间发电量年均增长 13.9%，但由于国内生产总值平均增长 19.0%，生活用电年均增长 25% ~ 30%，电力弹性系数只有 0.73。福建省作为东南沿海最早实行对外开放的省份之一，1995 年人均占有电量只有 816 千瓦时，比包括西藏、青海、宁夏等中西部地区在内的全国人均占有量 830 千瓦时还低，与沿海毗邻省份广东省相比差距更大（表 6）。

表 6 闽、粤两省电力发展情况

省份	1995年发电量（亿千瓦时）	1995年人均发电量（千瓦时）	电力弹性系数 / 电力超前系数			
			“六五”	“七五”	“八五”	1979—1995年
福建	261.5	816	0.70/-0.3	1.23/0.23	0.73/-0.27	0.85/-0.15
广东	821.06	1 209	0.73/-0.27	1.24/0.214	1/0	0.96/-0.04

同时，电力结构性矛盾仍比较突出，输变电网建设不配套。由于电源建设、电站机组装机容量及并网输电的低效构成，大量电力要通过 220 千伏线路远距离输送，造成地区间电网布局与用电需求不均衡。而且由于水电比重大，峰谷电量差别大，不利于均衡、稳定供电，局部地区缺电较严重。

由于电力骨干项目资金缺口，特别是利用外资建设项目，不确定因素多，严重影响电力发展计划的顺利实施，电力发展后劲不足。如湄洲湾电厂一期工程原计划要求 1993 年开工，1997 年全部建成投产，但进度推迟了至少 3 年，南埔电厂也存在类似问题。因各种因素影响，“八五”后期一批骨干电站未获国家批准开工建设，导致“九五”中后期全省将出现大型电力机组投产断档的局面，电力供求矛盾将日趋突出。

能源在整个国民经济发展中，是一个具有战略性的问题，其发展涉及国民经济全局。能源既是经济增长的动力因素，也是障碍因素。能源可供性的下降，能源对经济制约度的增强，必将造成经济增长的减缓，具体表现为能源短缺所导致的实际生产能力低于潜在生产能力的产出损失上。据专家测算，由于能源不足所引起的工业产值损失，大约为能源本身价值的 20 ～ 60 倍。福建省能源发展的现状表明，全省经济的快速增长是以较少的能源消耗为前提的。随着“九五”计划及至 2010 年经济发展战略的实施，能源紧张仍将是制约福建省经济快速增长的一个重要“瓶颈”。

（三）邮电通信发展的现代化水平还不高，全省尚未形成比较便捷的综合通信体系

福建省邮电通信与沿海先进省份和国际先进水平相比，还有一定差距。1995 年全省电话主线普及率不到 6%，低于浙江 (9.1%) 和广东 (10.63%) 水平，与现代化通信普及率应达 40%左右的水平相差甚远；山区农村通信水平十分落后，全国 75% 以上行政村通了电话，福建省仅 66%。近年来，邮电发展速度低于沿海兄弟省份，“八五”期间，福建省邮电业务总量年均增长 48.8%，低于广东 (50.8%) 和浙江 (69.2%) 的发展速度，通信供求矛盾尚未完全解决。

（四）水资源开发利用程度低，供水设施比较薄弱，水的供需矛盾仍较突出

福建省水资源总体上说比较丰富，无论人均、亩均占有水资源量均高于全国平均水平。但由于水资源时空上分布不均，现有水利设施比较薄弱，各类供水工程可供水量仅占全省水资源总量的 16.63%。根据现状供需分析，全省在保证率为 75% 时，各类供水设施可供水量为 188 亿立方米，国民经济各部门需水量为 180.25 亿立方米，平衡结果全省共缺水 12.22 亿立方米，余水

19.97 亿立方米；在保证率为 90%时，可供水量为 179.08 亿立方米，需水量 192.44 亿立方米，平衡结果全省共缺水 27.23 亿立方米，余水 13.88 亿立方米；在保证率为 95%时，可供水量 173.92 亿立方米，需水量 192.42 亿立方米，平衡结果全省缺水 32.20 亿立方米，余水 13.7 亿立方米。由于福建省供水工程互相之间没有联系，余缺水不能调剂抵消，因素平衡结果全省 9 个地市均存在工程性缺水。其中，缺水量最大的流域是闽南诸河，尤其是泉州、莆田、漳州等市，三个市的缺水量占闽南诸河总缺水量的 80%以上。同时，由于江河水质污染日趋严重，水环境不容乐观。随着福建省经济社会的快速发展，对水的需求量还将进一步增大，特别是从北至南一批新兴开发区的启动，水的供需矛盾将成为经济社会发展的重要制约因素，尤其是闽东南地区加快发展的“后顾之忧”。

综上所述，改革开放以来福建省基础设施建设取得了显著的成效，为全省经济保持高位平稳发展作出了重要贡献。但基础设施现状总体上还不能适应经济社会发展的需求，最突出的障碍是交通、能源问题，交通出省通道有限，靠挖潜和提高运力余地很小，港口优势尚未充分发挥，尤其是东西通道还没有打通，与国内的运输大通道尚未接轨，开拓国内外广阔市场、拓展腹地、壮大福建省实力的规划构想受到制约；能源供需平衡困难，能源供应紧张局面长期困扰着经济发展过程。此外，邮电通信虽然基本与经济发展同步，但离现代化通信要求存在较大差距。供水设施仍较落后，水资源开发利用程度低，未能满足国民经济和社会发展的需求。整个基础设施尚未从滞后型转变为基本适应型，仍是国民经济和社会发展的重要制约因素。

三、新一轮创业中抓基础设施建设的战略设想

当前，以省委、省政府确定的新一轮创业战略部署为指导，福建省基础设施建设应成为新一轮创业的重要着力点，成为经济再上新台阶的重要增长点，成为实现跨世纪发展目标的重要突破口。为此，在新一轮创业中抓基础设施建没，在战略上必须坚持重点投入、协同推进，在速度上必须保持相对领先、适度超前，在水平上必须做到高起点、现代化，在途径上必须逐步走社会化、市场化的路子，从而使基础设施建设能够为经济社会发展增添拉动力、构造良好环境、拓展新的空间。

根据这个基本思路，在未来 5 到 10 年的时间里，主要应针对基础设施尚存在的不适应、不合理、不配套制约因素，强化薄弱环节，完善整体功能，提高技术层次，形成保障体系。力求经过 5 年左右的努力，到“十五”中期全面扭转基础设施滞后和不适应经济社会发展的状况，构造一个功能齐全、技术先进、体系完善、适应性强、保障有力并进入良性循环和自我发展的基础设施环境;从“十五”末期开始,基础设施进入适度超前的发展阶段。

按照这个总体目标，要进一步突出基础设施建设的战略重点。电力建设要重点解决布局不合理、水火电比例不协调、电网建设滞后等问题，建成稳定可靠的能源保障体系；交通建设要着眼于打开出省运输通道、增强港口吞吐及集疏运能力、扩大发展空间和经济腹地，建成顺畅的交通运输体系；通信建设主要是加快现代化进程，建成高效的邮电通信体系；供水建设应突出解决好沿海城市和大开发区的生产、生活用水问题，建成协调的供水保障体系。具体包括：

（一）电力建设方面

根据建立稳定可靠的能源保障体系的要求，到2000年全省电力装机争取达到1 100万千瓦，比1996年末新增345万千瓦。水火电装机比例从1996年的60∶40调整为49∶51；发电量达到440亿千瓦时，比1996年增加156亿千瓦时。“九五”期间年均装机增长11%，年均发电量增长11%。要抓好四个重点：

（1）按照国家批准的建设计划，建设闽江口、湄洲湾、九龙江口三大港口大型火电群；

（2）抓紧建设有调节性能的大型水电站，以提高系统的调峰调频能力；

（3）在完善11万伏、22万伏线路的同时，与大型电源点同步建设50万伏输变电骨干网络；

（4）下大气力抓好核电、抽水蓄能电站、液化天然气终端接收站等重大项目前期工作，争取早日投入建设，促进福建省能源结构的优化。

（二）公路建设方面

重点抓好闽东南沿海高速公路和出省向腹地延伸的高等级公路的建设，从而形成以沿海高速公路为主干的省内“两纵三横”公路网架。使沿海三大港口和各大中心城市之间都有快速通道相联系，并使三大港口的腹地向江西、湖南等内陆省份延伸，进而与广东、浙江等沿海省份以及长江三角洲、珠江三角洲相连通。

（三）港口建设方面

重点是加快福州、厦门、湄洲湾三大港区的建设。福州港实行改造挖潜与开发新建并举，逐步实现向外延伸，朝全国重点枢纽港发展；厦门港把东渡港区、海沧港区、漳州部分港区组合起来，合理分工，向枢纽组合港发展；湄洲湾港配合石化基地和区域经济发展的需要，逐步向工业港和区域性中转港发展。按照这个功能分工，科学规划具体建设项目，区分轻重缓急，加大投资力度，增加港口吞吐能力，使港口建设有一个新的突破性发展。到2000年全省拥有深水泊位50个，吞吐能力达6 800万吨；到2005年全省深水泊位达85个，总吞吐能力达1.3亿吨。各大港区航道通航能力要与码头能力相适应，适应经济发展、对外开放和对台直航、国防交通的需要。

（四）铁路建设方面

加快建成横南铁路，早日开工建设梅坎铁路，加上漳泉肖线接到肖厝地区，使福州港有两个出口可接京沪线，厦门港可与大京九、京广线接通，湄洲湾肖厝港区有铁路疏运通道，三大港口均有铁路大动脉向内陆腹地延伸，同时也增加进出省铁路运输通道。要抓好厦门海沧铁路建设，加快温福、韶赣龙、福厦铁路的前期工作，争取早日开工建设，以形成沿海铁路通道，要同步改造提高既有线的运力，完善福建的铁路路网布局。

（五）民航建设方面

重点是抓配套完善和增加航线，福州长乐国际机场应继续抓好汽车专用线的建设，完善机场的综合服务功能。福州长乐国际机场和厦门高崎机场都要争取增开国际、国内航线，成为福建省沿海大型现代化国际航空港，发挥航空客货中转枢纽作用。同时抓好武夷山、晋江两个支线机场的配套建设，提高服务层次，使武夷山机场发挥好旅游热线机场的作用，晋江机场能够更好地对厦门高崎机场进行合理分流。

（六）通信建设方面

主要是提高技术层次、提高农村电话覆盖率，加快通信现代化进程。重点增加长途传输线路并进一步扩容，向同步数字发展；加快促使 GSM 数字移动通信网、数据通信分组交换网、无线寻呼网覆盖全省；发展电子信箱和电子数据交换业务，促进国民经济信息化进程。

（七）供水建设方面

重点建设福清、湄洲湾、厦门海沧及沿海新区生产生活供水设施，同时扩大沿海福、厦、漳、泉、莆各大城市的供水能力，加强水源保护，提高供水质量，根本解决闽东南地区供水、用水的忧患问题。

四、加快基础设施建设的政策措施

鉴于基础设施项目具有投资量大、回收期长，涉及面广、矛盾多，社会效益大、经济效益滞后等特点，在福建省新一轮创业推动和实现基础设施适度超前发展，必须下大气力，一抓前期，二抓体制，三抓筹资。为此，建议采取以下政策措施。

（一）树立适度超前意识，做好建设规划和项目前期工作

根据广东、江苏等省的经验和福建省的实践，抓基础设施建

设的关键和前提是抓好建设规划和项目前期工作。应根据经济社会发展的新形势、新战略和新要求，精心组织研究编制或修订构筑顺畅的交通运输体系、可靠的能源保障体系、高效的邮电通讯体系和协调的供水保障体系等建设规划，逐项落实规划项目前期工作，使规划和前期工作成为实施建设的指导依据和工作基础。抓规划和前期工作必须建立领导负责制，做到领导分工到岗、目标责任到人、协调制度到位，保证工作不松、不断、不乱。

（二）深化投融资体制改革，建立适应市场经济要求的投资管理体制

（1）构建政府投资主体，建立出资人制度。这是在市场经济条件下加强基础设施建设、实现政府战略性目标的客观要求。这项改革的关键在于国有资产所有者和经营者到位，担当政府性基础设施重点项目的投资主体责任，把国有存量资产和增量资金统筹起来进行资本运营。这样有利于提高基础设施重点项目筹融资能力，引导社会资金投向；有利于根据轻重缓急合理安排项目建设，提高资金使用效率；有利于有效防范和控制投资风险，提高投资效益。通过构建政府投资主体来加强基础设施重点项目建没，兄弟省、市已有成功经验。上海最先成立了“久事公司”，为列入“九四”专项的五大市政工程项目筹集资金。1992 年又成立了城市建设投资公司，专司市政基础设施项目的资金筹措和运作管理职能。久事公司至 1996 年底运作的资产达 151 亿元；城投公司仅在 1992—1993 年的一年半时间里就筹资 100 多亿元，占当年基础设施投资额的 60%。湖南省将经

营性资金和各种专项资金集中使用，通过政府投资主体——省经济建设投资公司，对重点项目进行参股控股投入，省经济建设投资公司目前运作的各种基金已达73亿元。最近湖南省政府又决定，从1997年起所有的重点建设基金都集中由投资公司管理，进一步增强公司投资基础设施重点项目的实力。福建省构建政府投资主体，要以转换经营机制为根本，进一步搞活现有同基础设施建设有关的省属公司，拓宽资金来源，明确主体责任，发挥主体作用。政府投资主体受政府委托，为基础设施建设筹措、管理和使用资金，以政府授权经营的存量资产和增量资金为基础，实行集团化运作，实行"自借、自用、自还"的企业化经营，实现建设资金的合理配置和滚动增值。

（2）全面落实项目法人责任制。这是投资领域实现"两个转变"的需要，也是加强项目建设和经营管理的基本前提。对目前还按传统型管理体制运作的建成项目（如水口电站等），应按《公司法》要求进行改组，明晰产权关系，建立现代企业制度。同时，对在建和新建项目都要明确投资主体，建立和完善项目法人责任制，构筑规范化的项目业主机构；并通过实行招标投标、工程监理、合同管理制，对投资、质量和工期实行有效的控制，建立起决策、经营、监督、激励和约束机制，做到"政企分开，产权清晰，权责明确，管理科学"。

（3）实行资本金制度。以建立相对稳定的资本金来源为基础，以保证基础设施大中型项目的资本金投入为重点，建立和实行省级资本金制度。通过资本金的运作和管理，引导投资方向，控制投资规模，优化投资结构，强化投资约束，提高投资效益。

（三）全方位、多渠道、多形式筹措建设资金

（1）拓宽基金来源渠道，强化财政投资。基础设施建设是政府发展经济、为企业和社会“搭台”的基本责任，政府要建立相对稳定的投资渠道支持基础设施建设。基金是政府投资主要来源之一，要加强基金的征收管理，提高到位率。同时通过整顿规费，加大建设基金征收力度，并通过适当集中土地转让收入和探索建立新的基金（如重点项目建设基金）等途径，增加基金的来源和集中度。要根据财政收入增长情况，每年在财政预算中适当提高基础设施投资比例。应研究建立贴息基金，通过贴息贷款扩大资金供应量，如果每年进行1亿元的贴息，5年就可以增加50亿元贷款。要积极争取中央有关部门投资，及时申报符合要求的港口、省际公路、铁路等大项目。

（2）盘活存量资产，进行滚动筹资。应将福建省基础设施中的省属资产组合起来，在更大的范围进行优化重组，采取股权置换、出让经营权或股权、嫁接外资、培育上市公司等方式进行资本经营,实现资产经营型筹资。如上海将建成后的南浦大桥、杨浦大桥和连接浦东与浦西的延安中路隧道的经营权转让给外方，所得收入再投资到新的重点项目；江苏将新海电厂51%的股权以1亿美元出让给外商，宁甬高速公路部分路段也将出让。借鉴这种做法，福建省可将即将建成的泉厦、厦漳高速公路经营权转让，所得收入用于福泉高速公路或漳诏高速公路的建设投资。按照经营型筹资的思路,还可以将现有基础设施作价入股,以此作为资本金，组建项目法人公司，启动对现有设施的改造和扩建工程。也可以进行基础设施优质资产（如水口电站、漳

平电厂等大型电力项目）的重组，明晰产权关系，进行产权融资或包装上市筹资，用于新的大型电力项目建设。

(3) 扩大金融融资规模。要积极争取国际金融机构和外国政府的优惠贷款，设法更多地利用发达国家的资金融通渠道。同时充分利用国内外资本市场，扩大融资规模，如可用有经济效益的基础设施项目产权或经营权作抵押品，进行大宗的对内或对外项目融资；也可用政府的某种财源或适当的地方税种、费种等作担保，进行抵押贷款。

(4) 进一步吸引外商直接投资。福建省利用外商直接投资的比例较高，但利用国际上通行的 BOT 等方式吸引外商直接投资基础设施项目还没有大的突破。要积极探索运用 BOT、ABS、TOT 等新型投融资方式，进一步吸引外商独资、合资、合作进行大型基础设施项目建设。尤其要充分发挥福建省优势，吸引台港澳资金参与基础设施项目建设。

(5) 广泛筹集社会资金。在目前居民储蓄资金庞大、银行存贷差较大的情况下，通过挖掘区域社会资金潜力解决基础设施建设资金问题是完全可能的。要多形式地推进股权筹资，加大从社会上直接融资的力度：①扩大发行项目债券的面，可由基础设施项目开发公司作为发行主体直接进入债券市场筹资，吸引私人资本投向亟待开发的重点项目。对基础设施项目发债，政府可予以适当贴息，以降低发债成本；②建立共同发展基金，通过发行股票或受益凭证等形式筹资，法人投资者也可以参资入股；③实行组合投资，包括财政投资、政策性融资、银行借贷、国家补助等多渠道组合，以及根据“受益者分担”原则强制征收区域性或项目建设公债，解决项目建设资金。

(四) 建立基础设施投资经营的市场化机制

加强基础设施建设既要筹集巨额资金，又要降低筹资成本，还要实现资金回报，根本途径还在于把基础设施行业推向市场，建立市场化的投资经营管理机制，发挥市场配置和价值规律的作用。①要解放思想。改变基础设施重大项目建设必须由政府完全包下来的旧观念,树立和普及与市场经济相适应的“谁投资、谁受益”，“谁得益、谁分担”，以及“有偿使用、有效经营”等新观念，并通过舆论宣传使之为社会所充分认知和接受；②要突破体制机制。允许各种经济成分参与基础设施重大项目的投资建设，实行“谁投资、谁所有、谁受益”，或采取授予基础设施专营权和 BOT 等方式，吸引多种经济成分投资主体参与基础设施建设。逐步形成在政府主导下，以国有经济为主体，各种经济成分参与的基础设施产业化社会化格局；③要实行倾斜政策。对基础设施重大项目投资开发主体，在投资计划、股票与债券发行安排等方面给予优先的政策倾斜，并在税收、土地使用等方面提供更多的优惠条件。

（本文获得福建省 1997 年重点课题调研成果二等奖，
谢惠钦、林爱武、谢志益同志参与调研与撰写）

跨世纪基础设施建设

（一九九六年十二月）

为了实现福建省中长期经济社会发展战略目标，全面提高国民经济整体素质，促进社会生产力、经济综合实力、人民生活水平的新跨越和社会经济的可持续发展，必须在未来25年继续加强福建省基础设施的重点建设，以进一步全面改善经济社会发展环境。从“九五”开始的跨世纪（1995—2020年）基础设施建设，在战略上可以归纳为“三个阶段、五个体系、十大建设”，即在已经取得巨大成就的基础上，通过全省人力、物力、财力的合理集中和有效投入，分三个阶段推进基础设施建设上三个台阶，并以十大基础设施项目为重点，逐步建立起福建省基础设施的五大体系。

一、跨世纪基础设施建设的三个阶段

与实现福建省经济社会发展战略目标的三个阶段相适应，福建省跨世纪基础设施建设也分三步走：

1995—2000年，国民经济发展实现小康，基础设施建设重点在于突破路、电、水的制约，明显改善城市基础设施，目标是使基础设施基本能够保障经济发展的需要，创造良好的经济社会发展环境。

2001—2010年，经济社会由小康向富裕迈进，现代化建设进入攻坚阶段，适应全省经济总量和整体经济素质提高的要求，基础设施建设重点在于提高服务层次和保障质量，目标是使基础设施能够完全满足经济发展的需要，创造优越的经济社会发展环境。

2011 一 2020 年，经济社会全面实现现代化，经济总体水平和质量进入中等发达国家和地区行列，基础设施建设将主要满足人民大众日益增长的物质文化生活需要，并使基础设施建设成为推动经济社会持续发展的一个增长点。

二、建立基础设施的五大体系

（一）建设快捷通畅的交通运输体系

交通运输要适应建设海峡西岸繁荣带和和海峡经济协作区的需要，以提高总体运输能力和质量为重点，加快建设重点港、站枢纽和铁路、高等级公路等骨干网络，加强主要航空港的内外辐射作用。基本形成以港口为龙头，以铁路为骨架，以公路为网络，内河运输、民航等相互衔接，具有现代化水平，高效、协调的综合运输网络体系。

1. 加快港口及配套设施建设

（1）以福州、厦门两个主枢纽为中心，展开其两翼港口群的建设；

（2）加快湄洲湾国际中转港及其相关通道的建设，使其成为新崛起的东南沿海及台湾海峡区域航空中心之一；

（3）兼顾三都澳、福清等港口建设，同时建设相应的疏港铁路、公路，形成大中小港口相结合，大中小泊位相配套，不同层次的对外开放港口相衔接的港口综合群体。全省港口年吞吐能力2010年达到1.5亿吨以上，2020年厦门、福州分别成为超亿吨港口。

2. 建设铁路出省通道和省内网架

分阶段开辟闽北、闽西、闽东进出省铁路通道，重点建设沿海铁路大通道，贯通东南沿海长三角、珠三角两大经济增长极，促进闽东南开放开发，由鹰厦、横南、梅坎、温福、厦漳潮、赣龙组成的6条进出省铁路通道和以鹰厦、漳泉肖、福厦、外福线铁路构成省内纵横贯通的环形网络，形成“两纵两横”的总格局。25年间新增铁路里程1 300公里左右，使全省铁路通车里程达2 400公里。

3. 公路建设重点发展高等级公路

形成以国道、省道为主干线，县乡公路为支干线四通八达的公路网。使沿海开放区各主要城市间以高速公路相联系，沿海与内陆地区中心城市间以高等级公路相联系，出省与粤、赣、浙相连接的主要公路均不低于邻省公路等级。到2020年全省建成850公里高速公路、1 025公里汽车专用线、9 060公里二级公路，使二级以上公路占公路总里程达到90%以上，综合技术等级达到1.9级，拥挤度为0.97。

4. 民航将建成多层次的航空运输网络

福建省航空运输网络分为四个层次，即亚太地区和国际航空运输网络、国内干线航空网络、旅游航空网络、省内航空网络。为此要分步建设相应的民用机场，福州长乐国际机场、厦门高崎国际机场将成为福建省沿海大型现代化国际航空港，起到客货中转枢纽的作用；晋江、三明和武夷山、湄洲湾、东山等地方性机场，将发挥国内航线和旅游热线机场功能，沟通沿海与内地的航空联系，促进旅游事业，支持内地山区的经济发展。

（二）建立现代化的邮电通信体系

加速邮电通信建设，以满足社会发展需求为目标，以提高邮电通信网综合能力为重点，建设一批具有重要意义的骨干工程，逐步形成一个技术先进、协调配套、优质高效、方便畅通、迅速敏捷的现代化邮电通信网络。加快邮电通信现代化进程，实现全省每百人拥有50部电话；同时建成铁路、公路、航空综合利用的快速立体邮运网；建成邮政储蓄、报刊发行、邮件限时查询、邮运指挥调度系统。电信方面，增加长途传输线路并进一步扩容，向同步数字发展；GSM数字移动通信网、数据通信分组交换网、无线寻呼网覆盖全省；在发展电子信箱和电子数据交换业务基础上，推出可视图新业务，致力于信息高速公路建设。

（三）建设可靠的能源保障体系

实行以电力为中心，以煤炭为基础，开发与节能并重的战略方针，发挥水力资源优势，大力发展水电；发挥港口优势，大力发展火电以及燃气燃油电厂；利用先进科学技术发展核电。同时，加强煤炭资源勘探和沿海大陆架油气勘探，加强煤炭、石油、天然气调运的配套设施建设，保证能源调入的需要。

1. 电力建设实行水火核并举

突出抓好大型港口电厂的建设，包括厦门嵩屿电厂一、二、三期工程，华能福州电厂，湄洲湾电厂，惠安南埔电厂，龙海后石电厂等一系列主力电源，抓紧建设惠安核电站和抽水蓄能电站，改善福建省电力结构。同时加快建设永定棉花滩水电站、穆阳溪梯级电站、街面水电站等大中型水电站和500千伏输变电工程等输变电骨干项目。到20世纪末全省发电装机容量达1 100万千瓦，发电量达430亿千瓦时，人均年供电量1 251千瓦时，并使全省电力弹性系数上升到1左右。到2010年全省发电装机容量达到3 000万千瓦，发电量1 350亿千瓦时，实现人均年供电量3 000千瓦时。2010年形成沿海U形输变电骨干网络,使发、供、配电协调发展。

2. 加强煤炭、石油、天然气开发和调运的基础设施建设

在积极抓好资源勘探工作，增加可采储量的同时，加强省际合作和海外合作，增加从省外调进或国外进口。为此要配套建设铁路专用线、煤炭专运码头、矿区公路、煤场等储运设施。提高运输能力，形成福州、泉州、厦门等地区和大型火电厂煤炭储备。

加强现有供油设施建设，扩大油库容量，增加装运设备和搞好加油站建设，增加石油输送能力。在闽南地区建立天然气专用码头，进口高质量天然气资源，减轻煤炭调入的压力。

（四）建设城市公共设施体系

加强全省城市道路系统、公共交通设施、供排水等公用设施系统的建设，大幅度提高污水和垃圾无害化处理能力，根本改善城市卫生、生态环境和园林绿化水平，使城市基础设施与经济社会协调发展。

1. 完善城市供排水和供气设施

合理开发利用和保护水资源，建成若干个跨流域引水工程，以沿海经济开发区，特别是福厦沿线主要城市为重点，提高和发挥供水工程的效益，挖潜配套增大供水能力。进一步完善现有煤气厂，新建一批供气站，多途径提高城市供气能力，基本适应经济发展和人民生活由小康向富裕迈进的需要。

2. 逐步建成与城市发展相适应的立体交通体系

以提高城市道路面积率为标准，改善城市道路系统。建立以公共交通为主，包括快速轨道交通等各种先进交通运输工具协调发展的城市交通体系。采用先进技术装备和管理手段，实现城市交通管理现代化，提高城市交通运输效率。

3. 完善城市绿化体系，提高城市环境卫生水平

以改善城市生态环境为主，建成布局合理的园林绿化体系。大力提高城市绿化覆盖率和人均公共绿地而积。建成比较完备的环境卫生设施，实现垃圾容器化运输，垃圾无害化处理率达80%以上。

（五）建设自然灾害防御体系

福建省沿海及沿江河地区台风、洪涝、旱灾频繁，处于地震活动高发地带。为保持经济社会稳定健康发展，避免自然灾害对经济社会造成重大损害，要大力兴建水利工程和千里海堤，建设沿海强大的防护林体系。以闽江、九龙江流域的防洪体系建设为主，建设沿江河主要城市的高标准防洪堤坝和相配套的水利工程，形成防治洪灾和旱灾的综合防御体系。进一步完善

千里海堤建设，同时营造一条长约 2 000 公里、宽约 1 公里的“带、网、片、点”相结合的沿海防护林带，建成抗御沿海风、旱、涝灾的“千里长城”，建成高效率的自然灾害防御体系。

三、跨世纪十大基础设施建设

（一）沿海高等级公路干线

沿福建 3 300 多公里海岸线，建设沿海高等级公路：

（1）福鼎经闽东地区至福州的一级汽车专用线，全长约 260 公里；

（2）福州经莆田、泉州、厦门、漳州至诏安的高速公路，全长约 420 公里。这条公路通道与 104、324、319、316、205 国道联网，北连浙江、江西，南通广东、香港，形成北接长江三角洲经济区，南接珠江三角洲经济区，贯通福建经济最发达的闽东南地区的交通走廊，为建设台湾海峡西岸繁荣地带创造条件。

（二）沿海铁路干线

与沿海高等级公路的走向基本平行，将建设沿海铁路干线：

（1）温州至福州铁路，全长 375 公里（福建境内 275 公里）；

（2）福州至厦门铁路，全长 278 公里；

（3）厦门、漳州至潮州、汕头铁路，全长 220 公里（福建境内 152 公里）。这条铁路干线北经甬温、金温与宁波和浙赣铁路干线相接，南与广梅汕铁路相连，是国家铁路沿海大通道的组成部分。它使闽东南地区进入国家铁路干线网络，并使厦门、汕头、深圳、珠海四个经济特区和上海浦东连成一线，促进资源的合理流动和沿海港口优势的充分发挥。

（三）西进公路干线

主要建设由福建东南沿海三大港口分别通向西部内地的公路干线：

（1）湄洲湾西进通道，自仙游经大田到三明高等级汽车专用公路，全长 288 公里。再由三明经明溪、宁化出省进入赣南、湘南地区的高等级汽车专用公路，福建境内全长 140 公里；

（2）厦门湾西进通道，自漳州到龙岩、自龙岩到长汀的汽车专用线，全长约 190 公里；

（3）福州地区的西进通道，即京福国道的福建段，自福州经南平、邵武到江西的汽车专用线，全长约 430 公里。

这三条高等级公路，一方面开辟福建内地和毗邻省份向福州、厦门、湄洲湾等大港口的出海通道；另一方面使沿海港口的经济腹地向西延伸，促进福建区域经济由东向西、由南向北梯度推进、加快发展。

（四）西进铁路干线

主要建设由闽中和闽西地区向西的出省铁路通道：

（1）龙岩经长汀至赣州铁路，全长 292 公里（福建境内 167 公里）；

（2）长汀至永安铁路，全长 163 公里，它使三明向西进出省运距取直而更为便捷。这条西进铁路干线直接联通京九铁路，是福建省与赣南、湘南及华中、华北地区联系的重要通道，并将增强三明、龙岩作为两大内地中心城市的地位，促进福建与江西、湖南等内陆地区的经济合作，加快三明、龙岩地区的繁荣和发展。

（五）福州、厦门两大国际航空港

到 2015 年，福州长乐国际机场将实现远期规划规模，建成拥有 2 条 3 600 米跑道和现代化通讯导航、营运管理设施的大型航空港。年飞行架次达 15 万次，旅客吞吐量达到 1 500 万人次，开辟通往东南亚、欧美等世界各地的中、远程国际航线，并配套建设福州市区、福清市至机场的快速交通干道和机场商业服务区。同一时期，建设完善厦门高崎国际航空港，使其旅客吞吐量达到 900 万人次。使福州长乐和厦门高崎两个国际机场，成为东南沿海地区最大的国际航空港之一。

（六）湄洲湾国际港口

21 世纪初叶将迎来湄洲湾开发建设的全盛时期，以湄洲湾天然深水良港为优势，以开辟和拓展腹地为条件，以建设国家定点国际中转贸易港为突破口，将湄洲湾建成具有现代化的"水转水""水转陆"功能并与公路、铁路集疏运相配套的大型深水港口。其中南、北岸主要建设肖厝 5 万吨集装箱码头、斗尾大型国际中转港、东吴大型国际中转港、肖厝 20 万吨油码头等一批货主码头。并以港口建设带动石油化工和钢铁工业的发展，使湄洲湾成为东南沿海交通枢纽和国际港口城市。

（七）沿海地区调水工程

为根本解决福建沿海地区工农业生产和城市生活用水问题，突破水的制约，在未来 25 年特别是"九五"、"十五"期间，要集中建设一批沿海地区大型调水工程。由北到南主要建设：福州闽江口地区从连江鳌江调水工程（约 3.5 立方米 / 秒）；福清的闽江调水工程（一期工程10立方米／秒），湄洲湾北岸供水工程（一期工程1立方米／秒），湄洲湾南岸供水工程（一期工程3立方米／秒），泉州、晋江、石狮市的从金鸡闸上游调水工程（分别为2.3立方米／秒、3.5立方米／秒、4.6立方米／秒），厦门岛增建江东桥上游调水工程（6立方米／秒）和龙津溪下马水水库（6立方米／秒）等重要的引水、供水工程。通过水资源的有效保护、合理分配和开发利用，保证国民经济和社会发展的需要。

（八）福州城市道路交通工程

福州作为省会城市，2010年市区人口将近200万人，人口密度居全国前列。根据国家要求百万人口以上特大城市应发展快速轨道交通的技术政策和福州市城市用地十分紧张的现状，建设快速交通干道及轻轨运输系统，是解决城市客运交通矛盾的根本性措施。目前全国已有广州、沈阳、重庆、深圳、青岛、南京、成都、哈尔滨、大连等十几个城市正在建设或筹建地铁或轻轨线路。建设福州城市轻轨运输系统，线路全长约35公里，主要满足市内东西向和南北向交通需要。同时建设和完善城市二环路、三环路工程，实现二环、三环无阻碍交通。争取用二至三个五年计划的时间，建立起以快速轨道交通为骨干，多功能、多结构的城市公共交通客运网络，使福州步入全国现代化特大城市的行列。

（九）福建核电厂及抽水蓄电站

福建省一次能源资源匮乏，大型水电资源已基本或正在得到开发，火电燃煤靠省外调运，发展核电是21世纪能源供给的必然选择。在泉州湾口北岸惠安山前建设核电基地，一期建设 2×90 万千瓦压水堆型核电厂；随着经济发展，可再续建二期、三期工程，使总装机容量达到 600 万千瓦，成为福建省最大的电源点。与核电厂配套建设福州鼓岭和仙游两座抽水蓄能电站，装机容量分别为 2×30 万千瓦和 2×60 万千瓦，通过抽水蓄能电站进行填谷调峰，改善福建电网供电质量。

（十）闽江流域综合防御工程

闽江是福建第一大江，流域面积达 60 991 平方公里，占全省土地总面积的一半。保持和改善闽江流域良好的生态环境，建立完善的自然灾害防御体系，对于抗灾防灾和提高人民生活质量，实现经济社会可持续发展，具有十分重要的意义。建设闽江流域综合防御工程主要包括：

（1）建设闽江上中下游防洪体系，使沿江城镇防洪能力达到百年一遇标准；

（2）建立水土保持体系，以保持森林蓄积量为核心，防治并重，使水土流失面积控制在 2%以内；

（3）治理和控制沿江水体污染源，实现总量控制，达标排放。确保闽江流域山青水绿，使经济与社会、生态环境协调发展。

四、实现跨世纪基础设施建设目标的主要措施

建立福建省基础设施的五大体系，特别是不失时机地抓好十大基础设施的建设，必须动员各方面力量，采取积极有效的对策和措施，从大的方面看主要有以下两方面：

（一）政府加强组织领导和计划协调

基础设施建设是为社会经济发展创造良好环境和条件，在国家对固定资产投资和基本建设实行严格的计划管理和宏观调控的情况下，基础设施建设在相当程度上属于政府行为。首先，政府有关部门应通过组织编制中长期建设规划，开展项目前期研究，提高基础设施建设决策的科学性，并组织协调和督促基础设施重点项目的实施建设；其次，政府对基础设施应采取有效的政策扶持措施，在资金投入、土地使用、税费征收、经营管理等方面提供优惠条件，为基础设施建设创造良好的外部环境；第三，基础设施建设领域要深化改革，通过改革立机制、求发展。基础设施建设应积极推行项目业主责任制、项目资本金制、项目社会招标制，吸引多元化投资主体参与，明确投资主体，理顺产权关系，规范投资行为，强化风险约束。从而确保基础设施建设做到资金有来源、业主有责任、项目有效益，使基础设施建设步入良性循环，实现跨世纪的战略目标。

（二）多渠道筹措基础设施建设资金

实现跨世纪的基础设施建设目标，关键在于筹措建设资金，特别是筹措重点项目的省级投资。开展基础设施建设筹资工作主要有以下五个方面。

1. 扩大和规范政府资金的投入

在逐年增加财政预算内资金对基础设施投入的情况下，合理征收基础设施建设的专项基金，调控政府预算外资金，盘活财政临时间歇资金，建立健全政府资金用于基础设施建设的规章制度，使政府资金成为基础设施建设投资的主导。

2. 充分发挥银行资金的主渠道作用

在积极依靠银行信贷的间接融资的情况下，政府支持金融机构盘活信贷存量，扩大信贷投资。同时积极争取组建城市合作银行和农村合作银行，为经济发展和基础设施建设提供金融服务，使银行资金成为基础设施建设投资的主力。

3. 搞活非银行金融机构

通过发展信托业务，引导信托资金投向基础设施建设。以非银行金融机构开展担保业务，筹借基础设施建设资金，扩大债券融资。

4. 多形式运作国有资产

通过国有资产抵押贷款，筹资用于基础设施建设。可以选择适当的国有资产或资产经营权，向境内外法人、自然人进行整体或部分转让，筹集资金投向基础设施建设。

5. 进一步引进外资投入基础设施建设

在鼓励外商直接投资、利用外国政府和国际金融组织贷款的同时，积极发展国际证券、国际租赁等金融业务，引进境外金融机构开展金融合作，为基础设施建设提供资金服务，并组建福建投资基金，吸收海外资金用于基础设施建设。

（本文发表于《福建：跨世纪战略研究》上册，
季翔峰同志参与调研与撰写）

转变职能 转换机制 促进重点建设

（一九九四年二月）

建立社会主义市场经济体制，要求市场机制在国家宏观调控下对资源配置起基础性作用，转变政府管理经济的职能，建立以间接手段为主的完善的宏观调控体系。在体制改革和职能转变中，基础设施、基础产业等重点建设在政府经济工作中的管理机制应如何转变，是值得探讨的问题。中共中央《关于建立社会主义市场经济体制若干问题的决定》指出："政府管理经济的职能，主要是制订和执行宏观调控政策，搞好基础设施建设，创造良好的经济发展环境"，并强调"地方政府负责地区性的基础设施建设"。江泽民总书记在党的十四大报告中指出："国家计划是宏观调控的重要手段之一。要更新计划观念，改进计划方法，重点是合理确定国民经济和社会发展的战略目标，搞好经济发展预测、总量调控、重大结构和生产力布局规划，集中必要的财力物力进行重点建设，综合运用经济杠杆，促进经济更快更好地发展"。这就明确了在社会主义市场经济条件下，抓重点建设是政府的一项重要职能。

一、政府抓重点建设，对社会主义市场经济的发展具有重要意义

（一）这是由经济发展中基础设施、基础产业的"瓶颈"制约矛盾决定的

改革开放以来，在经济高速增长的同时，经济运行中深层次的结构矛盾也日益突出，能源、原材料工业、交通运输业同

整个工业及社会发展之间的失衡状态相当严重，农业基础脆弱、发展后劲不足。这些结构性矛盾是前进中的问题。经济的发展总是在国民经济结构平衡与不平衡的对立统一运动中实现的，因此就要求政府不断地通过产业政策指导下的重点建设来消除经济发展中的薄弱环节和不平衡现象，才能保证经济的持续、快速、健康发展。

（二）这是由重点建设的特点决定的

基础设施、基础产业项目通常具有投资额巨大、建设周期长、配套条件复杂、投资回收慢、财务收益低以及管理社会性强等特点，这些项目往往不是某一地方、企业或个别投资者力所能及的。因此，单靠市场机制调节，容易“失灵”，需要政府的直接干预，实施重点建设。

（三）这是加强和改善政府对经济宏观调控的需要

重点建设从本质上说也是政府干预经济生活的一种手段，具有与财政预算、税收、金融等政策性工具相类似的功能。一方面，政府投资可以制约和影响全社会投资总规模，调节经济总量；另一方面，像电力、煤炭石化、冶金、建材等行业的超前发展，可以对上、下游行业起前后关联作用，推动国民经济相关部门的发展，调整经济结构。

（四）这是为社会创造良好经济发展环境的需要

基础设施和基础产业的发展关系到国计民生，其中有的部门标准化要求甚高，有的具有一定的自然垄断性或者不宜为私人资本（局部利益）所垄断，如铁路干线、空运和机场营运、邮电通讯、公用电网等，这些领域更适宜由政府进行投资建设。

鉴于上述原因，许多市场经济国家和地区的政府总是以基础设施、基础产业建设为己任。如日本从1974年至1978年，政府投资相当于GNP的比重达到5.5%，在西方国家是最高的，政府直接投资的几乎都是基础设施或公用事业。韩国在经济起飞的头两个五年计划（1962年至1971年）期间，政府总投资中就有60%用于能源、交通、通讯、仓储等基础设施建设。香港在不干预主义的指导下，港府从不直接介入工商活动，却用70%左右的财政支出进行基础设施建设和运营。

二、在社会主义市场经济条件下，必须改变政府抓重点建设的一些传统办法

（一）应该改变由政府一家包揽重点建设的做法

过去往往由政府全部背下重点建设包袱，直接承担项目从前期工作、出资筹资、建设管理到竣工投产的全过程工作，这样，一方面造成重点建设资金渠道单一，投资紧张，捉襟见肘；另一方面大量社会资金（包括企业的自有资金、非全民所有制资金、外资等）又流向一般建设领域，进一步加剧结构矛盾。

（二）重点建设的宏观政策环境有待改善

由于政府陷入微观管理的事务中，影响了对重点建设宏观政策的总体把握和综合协调，以致在价格、利率、税收、折旧等经济参数上出现一些逆向调节现象，使重点项目资金利润率低下，补偿手段缺乏，难以自我积累、良性发展。

（三）重点项目管理亟须引入市场机制

传统体制下，国有投资特别是重点建设投资的责任约束远远弱于其他投资主体的责任约束，有人决策，有人投资，却无人对投资效益负责。重点项目建设缺乏一个实行企业化管理的项目实体，筹建单位是用行政办法组建的，项目上马搭班子，建成投产散摊子，责权利分离，缺乏自我约束机制。在设计、物资供应、施工管理等方面吃国家的“大锅饭”，加上各方面“吃”重点，造成工程超预算十分严重，平均造价提高，不能按合理工期组织建设，投资效益流失，一定程度上影响了重点建设成效。

三、按社会主义市场经济的要求，转变政府职能，建立重点建设投资经营机制

（一）政府从重点建设的微观管理中摆脱出来，转向抓好建设规划、制定施行政策、选准重点项目

在建设规划方面，要围绕经济发展战略目标，适时研究制定基础设施、基础产业中长期建设规划和近期建设计划。“七五”末期福建省制定“八五”计划和十年规划时，专门研究制定了“三基”（基础农业、基础工业、基础设施）建设规划、对“八五”时期重点建设的规模、布局和时序做了科学安排。现在需要制定“九五”建设计划和2010年建设规划；在宏观政策方面，要协调经济杠杆对基础设施、基础产业建设的调控指向和力度，体现鼓励和支持重点建设。并提供优惠政策，允许投资者进行与重点项目相配套或联带的综合开发经营，提高重点项目的投资收益率；在项目选择方面，要坚持重中选重、重中选急、重

中选优的原则，区分轻重缓急，进行项目排队。在缩小政府对社会投资项目审批权限的情况下，保留政府对重大重点项目的立项审批权，选好纳入建设计划的具体项目，把有限的资金用在刀刃上。

（二）开辟重点建设的社会投资渠道，稳定政府重点建设资金来源

积极运用股份制等多种形式，吸引多元化投资主体参与重点建设，实行谁投资、谁所有、谁受益、谁承担风险。从而把尽可能多的重点项目推上股份经济发展的轨道，逐步形成中央、省、地、市县多层次和国有、集体、私营、外资多主体共同兴办基础设施、基础产业的格局。政府的重点项目投资主要起两个作用：①发起项目；②委托或授权适当的经济实体进行项目参股、控股、借贷等，它是政府以信用方式向重点项目提供股本金，为重点项目通过市场机制筹措资金奠定基础。为了使政府的重点建设投资有稳定的来源，并使政府投资有偿使用，应建立省一级重点建设基金。基金主要来源于预算拨款、政府债券、税费征收、政府统借外资、投资回报本息以及其他集资等。基金运作方式参照银行信贷，但不以盈利为目的，专门用于重点建设项目，要建立严格的重点建设基金借、用、还制度，实现投入—回收—增值的良性循环。

（三）转换重点项目投资经营机制，推行法人责任制

政府不再承担重点建设的微观管理职能，将项目的建设经营管理职权交给项目法人。这既是强化重点建设责任制的需要，又是吸引多层次、多渠道投资参与重点建设的必然要求。项目法人可以是政府通过招标、招商选择的经济实体，也可以是不同所有制、不同地区投资者按股份制办法组成的经济实体。在产权关系明晰的前提下，项目法人按现代企业制度的要求运作，实行董事会领导下的总经理负责制、行使建设经营管理职权，并承担相应的责任，享有合理的经营利益，主要有：

（1）组织项目前期工作。政府和投资方在酝酿项目时，就可以组建项目法人，立项审批后正式成立，原则上应成立规范化的有限责任公司或股份有限公司。重点项目的立项过程，也就是政府决策与项目法人组建并开始运作互相耦合、互相交接的过程；

（2）在出足股本金的情况下，负责筹集建设资金，制定投资计划并向政府报备；

（3）通过招标确定设计、监理、物资供应和施工单位，按合理工期组织实施项目；

(4)负责竣工验收和投产后的生产经营。项目投资超概算的，由法人自筹解决，节约投资的，也允许法人提成奖励；

（5）负责按期偿还项目借款，回收投资本金。项目不能按期还款的，必须将留归法人支配的资金用于还款。

法人责任制是重点建设领域政府宏观调控与市场机制作用相结合的一种比较好的形式。

（本文发表于《福建政报》1994年第2期）

省域基本建设布局问题

（一九九一年三月）

改革开放十年来，福建省的基本建设取得了显著成就。但是，在建设发展过程中，基本建设的合理布局问题没有引起足够的重视。基本建设合理布局是生产力合理布局的主要手段和根本保证。合理的建设布局包括两方面内容，一是基本建设投资在地区之间特别是沿海与内地、老工业区与新工业区之间的分配（即增量的空间分布）应能保持适当的比例关系，使地区之间经济协调增长；二是基本建设投资的方向及项目（即产业组合和行业分布）应能体现资源的合理配置，发挥地区优势，优化产业结构。近年来，福建省的基本建设布局贯彻了沿海地区适度超前发展的战略，但也存在一些问题，在一定程度上表现为区域布局的不尽合理。建设布局愈不合理，经济发展就愈不平衡，进而又促使建设发展的布局更不合理。特别是国家在 1980 年实行财政包干后，地方经济管理权限扩大，强化了国民经济的区域化趋势，区域布局问题已经成为新时期宏观经济调控、产业结构调整的至关重要的因素。因此，无论是治理整顿期间，还是今后的建设发展，都要进一步加强区域建设的合理布局。本文就此谈点看法。

一、近年来基本建设布局不合理的主要表现

（一）基本建设大量集中在沿海老工业城市，地区经济发展的不平衡进一步扩大

“六五”和“七五”期间福建省加强了沿海地区特别是老工业城市（如福州、厦门、泉州）的基本建设，而沿海新兴城市及其毗邻地区（如漳州、莆田、宁德）的建设发展比较缓慢，内地山区（如三明、龙岩、南平）的基本建设投入也比较少（表 1）。

因此，在强调沿海地区经济超前发展的情况下，沿海与内地发展水平的梯度差拉大了。而且沿海地区的建设发展也是更多地集中在老工业城市几个点上，造成内地地区和沿海新兴城市的工业在全省工业中的比重不断降低（表 2）。

表 1　“七五”期间福建省基本建设投资在各地区的分配比例

地 区	1985 年	1987 年	1988 年	1989 年	全省重点建设项目分布
福州、厦门、泉州等沿海老工业城市	64.3%	65.6%	70.3%	69%	13 项
漳州、莆田、宁德等沿海新兴城市	8.2%	9.3%	9.1%	9%	1 项
三明、龙岩、南平等内地城市	25.5%	23.5%	20.6%	19%	8 项（其中：基建 3 项，技改 5 项）
不可分地区	2%	1.6%	/	3%	/

表 2　福建省各地区工业产值在全省工业总产值中的比重

地 区	1976 年	1980 年	1982 年	1987 年	1989 年
福州、厦门、泉州等沿海老工业城市	43.5%	43.2%	42.1%	53.6%	55.7%
漳州、莆田、宁德等沿海新兴城市	20.5%	22.5%	23.2%	19.4%	18.2%
三明、龙岩、南平等内地城市	36%	34.3%	34.7%	26.9%	26.1%

不仅沿海与内地工业发展不协调，沿海地区内部工业发展也不平衡。这样,就在一个省的区域范围内形成沿海老工业城市、沿海新兴城市和内地山区三个不同的发展层次，这种经济发展水平的落差还有不断扩大的趋势。不仅会影响不发达地区人民生活的改善及社会的进步，而且拖了全省的后腿，影响区域经济的总体发展。

投资建设的区域布局与投资结构的调整有着密切的关系。在沿海工业城市增加投入，则有助于加工工业的增长。这是由沿海地区的资源条件、技术物资基础、投资结构存量所决定的。从福建省沿海与内地工业的比例看，始终是沿海占大头（表 3）。

近年来，增加了沿海地区的投入，并没有发挥沿海起点高、基础好、技术强的优势，通过开发、引进新技术改造传统产业，实现技术升级。仍然以发展传统产业和增加一般产品数量取得经济的增长。这样，沿海的优势就逐步退化和削弱，使沿海的超前发展更多地表现在“量”的增加，而不是“质”的领先上。

（二）利用外资建设主要集中在沿海地区特别是老工业城市，使内地失去外引内联，开拓内外市场的机会

福建省是沿海省份，在对外开放和利用外资方面具有十分有利的条件。但是全省利用外资建设绝大部分集中在沿海地区特别是老工业城市，福州、厦门、泉州三市无论是利用外资的合同金额还是外商实际投资金额都超过了全省的80%(表4、表5)。

表3　福建省沿海与内地工业比例

年 份	1950	1957	1976	1980	1982	1987
沿海：内地	9 ：1	8 ：2	6.5 ：3.5	5.6 ：3.4	6.5 ：3.5	7.3 ：2.7

表4　1984年到1987年各地市利用外资合同金额和项目数

地 区	利用外资合同金额（亿美元）	项目数（项）
全省总计	8.57	1 016
福州、厦门、泉州等沿海老工业城市	7.59	742
漳州、莆田、宁德等沿海新兴城市	0.71	183
三明、龙岩、南平等内地地区	0.27	91

表5　各地市实际利用外资金额　　　　单位：万美元

年 份	福州	厦门	泉州	漳州	莆田	宁德	三明	龙岩	南平
1984	313	4 164	119	64	77	49	23		12
1985	8 011	7 340	839	342	313	321	70	87	388
1986	7 806	3 438	927	142	72	54	474	10	3 737
1987	1 652	1 895	1 137	203	301	93	141	4	109
1988	2 355	4 796	2 922	898	957	342	569	125	53
累计	20 137	21 633	5 944	1 649	1 720	859	1 277	226	4 299
比重	34.9%	37.5%	10.3%	2.9%	3%	1.5%	2.2%	0.4%	7.4%

由于国家投资改善基础设施的重点放在沿海城市，投资环境得到显著改善的是沿海地区尤其是老工业城市。加上吸引外资的优惠政策，外商也就集中在沿海地区，主要还是集中在老工业城市。实际上不少外资项目技术落后，规模小、档次低，外销没保证，并不适合在沿海老工业城市建设。这样就使得内地和沿海新兴城市难以在引进技术、利用外资方面迈出步子，造成即便是沿海省份，在对外开放中各地区发展也很不平衡、差距很大的状况。

（三）农业资源、矿产资源得不到有效的开发，地区经济优势不明显

福建省拥有发展农业、林业、水产养殖业、水果等经济作物种植业的优越条件，而且矿产丰富。其中不少矿产探明储量居全国前列，矿石质量优良，开发潜力很大。全省的农、林、水产和矿产资源的分布相对集中，甚至高度集中在内地地区和沿海不发达地区。这些地区社会经济水平相对落后，尚处于农林牧副渔业经济和工业化的起步阶段。两个五年计划期间，全省用于资源开发的基本投资没有大的增加，1978 年至 1989 年全省农业基建投资由 13 859 万元减少到 8 554 万元；内地山区和沿海不发达地区有不少颇具优势的农业开发项目，如水果加工、水产养殖及茶叶、药材、花卉、香料生产等，有条件向农工贸一体化方向发展，成为创汇农业基地，却长期列不上建设计划，制约了创汇农业发展，农副产品的出口仍留在小农生产、小商经营的传统水平上，农产品加工增值能力薄弱。作为森林覆盖率（39.5%）居全国第二位的福建省，1979 年至 1989 年十年累计森林工业基建投资为

46 756 万元，占同期工业基建总投资的 4.3%，森林工业始终处于低度开发、初级加工、低效益、高消耗的状态。此外，1978 年到 1989 年全省地质普查和勘探业基建投资由 614 万元降低为 249 万元，矿产开采程度偏低。与此相应，1978 年至 1989 年十年累计建材工业基建投资为 72 782 万元，占同期工业基建总投资的 6.4%。建材工业处于大中型企业少、高中档产品少、产品门类少、新技术和新工艺的应用少的状态。福建省的非金属矿产资源优势并没有完全转化为经济优势。如龙岩高岭土矿产的开发，在精炼高级陶瓷原料、造纸涂料等方面前景广阔，因缺乏投资，只能卖原矿。由于资源转化及其深度加工能力薄弱，使福建省经济发展的比较优势难以充分发挥出来。

（四）省内地区之间经济协作削弱，没有形成优势互补

由于工业建设集中在沿海老工业区，一些同农业、矿产采掘业有较密切协作关系的制造业及原材料工业也舍近求远，到沿海设厂。从全省看，工业生产能力与资源分布的迭合程度不高，割裂了地区经济协作以及工业与农业、制造业与采掘业的联系，地区之间产业分工越来越模糊。比如，发展造纸工业不依靠林纸结合，而是在沿海老工业城市设厂走进口废纸脱墨造纸的路子。发展钢铁工业不采用开发矿山、高炉炼钢的“长流程”，兴起进口废钢、电炉炼钢“短流程”热，也在沿海城市设厂。在山区建设水泥厂，却把与之配套的粉磨站建在沿海城市等等。从短期看，建设条件好，投资比较省，见效快，走了捷径。从长远看，走这样一条发展路子将严重影响资源的开发利用，使工业布局愈来愈不合理。按理，作为解决福建省资源结构性短缺的出路，这些项目即使要在沿海建设，也应布局在新规划的原材料基地湄洲湾。如果都排在福州，造成大批劳动密集型、资源密集型项目涌向沿海老工业城市，将带来集中不经济问题，造成人口膨胀、用地紧张、交通拥护、污染严重，发展余地越来越小，宏观效益并不好。

（五）项目的盲目布点、重复建设破坏了基本建设的合理布局

近年来，各地出现了加工工业项目一哄而上、重复建设的现象。受审批权限和财力限制，各地上的项目趋于小型化，达不到经济规模，专业化协作水平低，并带来浪费资源、破坏生态等一系列问题。各地区之间重点行业不突出，产业结构趋同化。此外，近年来在项目审批中，把“建设资金是否落实”作为项目能否上马的首要甚至是唯一条件，至于项目是否符合产业政策和经济布局，是否体现资源的合理配置，则考虑得很少，造成只要有钱就能把项目争到手。这样，一些财力雄厚的地区（主要还是沿海地区、老工业区）提出的项目往往容易上马；而财力薄弱，自筹资金匮乏的地区即使提出一些好项目也难以实现。因此，项目的选点和布局就不可能不带有盲目性。

二、基本建设布局不合理的成因

总的看，我们国家处于百业待兴的发展阶段，而资金短缺，始终是经济建设的一大制约因素。“巧妇难为无米之炊”，因此，区域经济的发展往往顾此失彼，厚此薄彼，表现出不平衡的态势，给布局带来这样那样的问题。除此之外，还有下述一些原因：

（一）指导思想上急于求成

不少部门、地方和企业往往从条条、块块和本位出发，千方百计要求本部门和地区多上一些新项目，发展得快一点，因此往往饥不择食，忽视了建设的合理布局。同时，资源开发利用和内地的建设发展，往往需要大量投资，周期长，眼前效益不明显，因而也经常被束之高阁，打入冷宫。

（二）战略规划工作比较薄弱

不少地方没有制定科学的中长期发展规划，或者即使有规划,其可操作性和约束力都不强。这样在建设布局上只能走一步，看一步。不少规划对区域的产业布局研究得不深不透，实施布局的对策和措施不够明确、有效和一贯，特别是在发展外向型经济的新形势下，笼统地提出把建设发展的重点转到沿海地区，而没有统筹安排沿海与内地的关系，合理建立工业地域分工。在强调运用地区经济不平衡规律的同时，忽视资源的合理配置和地区优势的发挥。

（三）政策不完善、不配套。

基本建设的合理布局没有健全的政策、法规来支持、约束和保证。地方政府对产业政策和投资导向的规定很不具体，省级经济杠杆部门的调控方向也不尽一致。需要重点扶持发展的得不到充分的支持，短期行为的盲目建设得不到有效的制约，内地和沿海不发达地区严重缺乏资金、技术、人才的支持。在利用外资建设方向，沿海地区越是繁荣、发达的地方，拥有越优惠的政策。而“软”“硬”环境都不如沿海老工业城市的内地山区反而没有优惠政策，造成不发达地区内资没保证，外资引不来，长期处于不发达状态。

（四）项目管理控制还不适应

经过几次简政放权，扩大了地市一级的项目审批权限。福建省规定，在生产建设条件自行落实的前提下，地市一级可以审批总投资 1 000 万元到 2 000 万元的基建项目，加上地市一级往往把项目化整为零，分别审批，实际上地市一级已经具备了大中型项目的决策权了。然而，地市一级往往不可能从宏观或者中观出发来提出和选择项目，也不可能在全省或更大区域的总体布局中研究和论证项目的必要性和可行性。这样，在宏观或者中观上建设布局不合理的问题就很难避免。宏观调控也就鞭长莫及，力不从心。此外，在外资项目的审批中，我们对外商直接投资缺乏有效的引导，基本上处于来什么项目就批什么项目的状态，这也加剧了建设布局的不合理。

三、对区域基本建设合理布局的建议

（一）明确指导思想，完善宏观规划

从根本上说我们的经济建设是为了满足人民日益增长的物质与文化生活的需要，必须保持国民经济有计划、按比例，长期、稳定、协调发展。因此，对于沿海与内地之间，城乡之间经济发展越来越不平衡甚至贫富差别越拉越大的趋势，绝不能视而不见或习以为常。福建省的基本建设布局必须贯彻区域经济发展总体战略和生产力布局，走沿海内地两条线发展的路子，

做到“沿海超前、带动内地，山海协作、区域分工，优势互补、协调发展”。在经济工作中，要强化中长期规划工作，特别是生产力布局规划，并与国土规划结合起来，这是基本建设合理布局的前提和基础。合理安排沿海与内地、城市与农村、老工业区与新工业区的建设布局，科学确定沿海地区适度超前发展的“度”和“量”，并使内地保持相应的发展规模和速度。我们强调建设的合理布局，绝不意味着在各地区搞平均主义，而是要发挥各地区优势，扬长避短、各得其所、协调发展。能够做到这一点，也是计划经济与市场调节相结合的重要方面。福建省的基本建设布局要朝着促进沿海老工业城市、沿海新兴地区及不发达地区、内地山区各自发挥比较优势，并形成优势互补的方向发展。对于沿海地区特别是老工业区来说，只有“有所不为”，才能”有所作为”，只有避免继续发展低水平的重复，才能腾出手来发展高、尖、精产业。这应该作为沿海地区基本建设的方针。

（二）把握地区优势，基本建设投资适当向资源开发建设倾斜

合理的生产力布局的重要标志之一就是扩大资源的开发利用规模。像我们这样的发展中国家还远远没有达到发达国家目前所处的“初级产品经济与加工工业经济脱钩”的结构性变化阶段。资源开发利用和原材料工业始终是稳定发展的基础性产业。国家和地方基本建设投资除了支持基础设施、基础工业建设外，对于农业资源、森林资源、矿产资源开发以及与农业紧密关联的工业建设，应给予必要的扶持。这对生产力的合理布局以及增强区域经济实力和发展后劲，具有十分重要的意义。从利用外资的部门流向来看，主要是投向制造业特别是高盈利的行业。因此，资源开发建设主要也只能依靠政府掌握的基本建设投资进行。福建省要根据各个地区的资源优势和发展潜力所在，因地制宜，有计划地安排一批具有一定规模的资源开发利用项目，发展农林牧副渔产品、矿产品的深度加工和原材料工业。如漳州的创汇农业和食品工业，莆田和宁德的水产养殖业，都有条件发展为中国的“正大集团”。再如龙岩的建材工业、南平的林产工业、三明的冶金工业和化肥工业等等，通过提高资源开发利用能力，提高资源性初级产品加工度，增加产品中的技术、知识成份，就能够提高投资效益。除投资倾斜外，其他经济杠杆也应形成合力，促进资源开发和建设的合理布局。

（三）引导外资投向，把利用外资与实现经济发展战略布局结合起来

根据福建省的地理、资源、劳动力条件和全方位开放的省情，在对外经贸中，出口产品主要是农副产品及其加工品、矿产品及其化工品、工艺品、轻纺产品。农矿产品出口约占出口创汇的 30%。因此，内地山区和沿海新兴地区具有生产出口产品的潜力和优势，应支持这些地区利用外资，引进技术，走资源—技术—市场的路子。要采取措施控制国外及港澳台的“夕阳工业”项目继续向沿海工业城市转移，沿海地区要吸引更多高技术和产品出口的外向型项目。同时，应适当加强内地特别是靠近沿海的内地地区的基础设施建设，改善“软”“硬”环境，并且制

定内地吸引外资的优惠政策，内地应具有比沿海更优惠的政策，越是不发达地区，越是资源开发项目，越应赋予更优惠的政策，从而把外资建设（尤其是资源密集型、劳动密集型项目）从沿海引向内地，为内地经济注入新的活力。

（四）做好建设项目前期工作，加强项目决策管理

要进一步重视和强化基本建设项目前期工作，包括机会研究、可行性研究和评估。强调从经济建设合理布局出发，切实考察项目在宏观经济格局中的作用，使新上项目都成为经济建设合理布局的“妙棋”。同时，应加强政府对固定资产投资的宏观调控能力，在深化计划体制改革中，应把大中型基建项目的审批权限适当集中到中央和省两级，为计划部门从宏观上合理安排建设布局，对项目布局进行把关，创造必要的条件，防止各地区各自为政、争上项目、盲目布点、重复建设。

（五）促进沿海建设向内地辐射，带动内地经济发展

沿海经济建设的迅速发展，为沿海与内地的经济协作，发挥沿海的先导和窗口作用，创造了有利条件。国家和地方要采取经济手段和政策措施引导沿海地区、加工地区的资金、技术、人才向内地山区、资源产地流动。一些原料在内地、市场也并不全在沿海的一般加工行业，劳动密集而技术并不复杂的部分轻工业，以农副产品为原料的加工产品，可以适当向内地转移。包括建设原料基地、专业协作分厂、联营厂等，开发建设上下游产品生产项目，发展横向经济联合。当前在计划、财税、金融，流通体制上还有不少弊病，如基建规模笼子的限制、产值指标

归属、物资按条块分配等等，阻碍了生产诸要素的合理流动和优势组合。通过深化改革，以利用沿海的资金、技术优势和内地的资源、劳动力优势，更好地开发利用各种资源，这在经济建设的合理布局上无疑具有重要意义。

（本文为全国第二次中青年投资问题讨论会论文，
发表于《投资研究》1991年第3期）

区域发展与谋划

即期经济运行问题刍议（三则）

经济波动在全局和局部之间的传导

（二〇一三年八月）

最近动手绘了一张过去两年时间里全国与福建省分月份工业增加值增速变化图，两根曲线摆在一张图上还是可以大致看出它们之间的相关性，至少是这个时间段里的。福建省与全国的工业增速基本保持相同的走势，但有时间差、振幅差和斜率差，其中时间差大约是 1 ～ 4 个月，振幅差大约是 0.5 ～ 3.7 个百分点(图 1)。

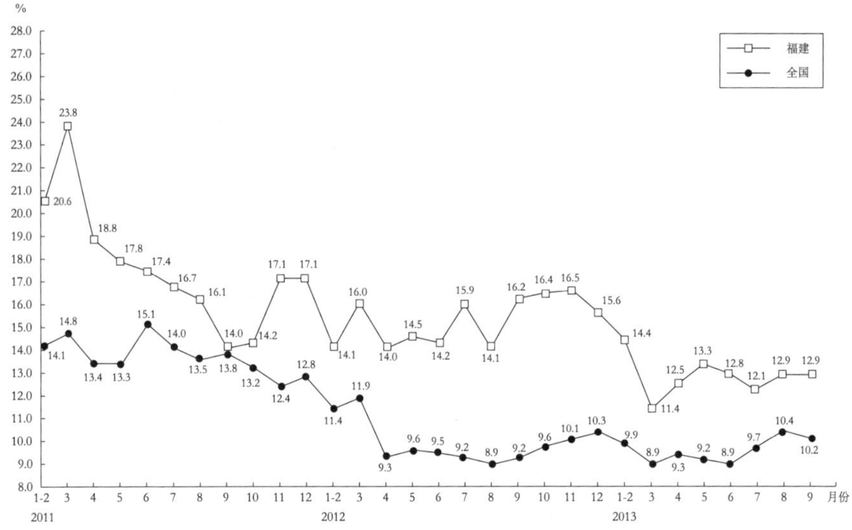

图 1 福建、全国分月份规模以上工业增加值增速

全局与局部的经济波动相关性取决于多方面因素，譬如区位、竞争力、物流、开放性等等，但其中必然和内在的因素是产业结构。2012 年福建规模以上工业结构大致是：原材料工业 27.67%，装备工业 21.91%，能源工业 6.92%，消费品工业 43.50%。规模以上工业内销产值比重为 79.7%，外销产值比重为 20.3%。而在全国工业增加值构成中，原材料工业、装备工业的比重大约是 32%、28%。

根据历史数据和逻辑分析，经济上升期，一般是装备工业等先导产业率先复苏，继而原材料工业、能源工业跟进；经济回落期，往往也是装备工业等先导产业率先萎缩，原材料工业、能源工业再慢慢冷却、衰退。福建消费品工业的占比相对高，先导和基础产业规模相对小，在产业链中的位置更靠下游，大约是可以解释其经济周期的时滞和强度差异的原因。

应变力与成长性

（二〇一二年九月）

进入第四季度，经济运行仍停留在谷底，就像 400 米赛跑到最后 100 米仍未见发力，今年的指标完成令人堪忧。套用一个语句，增长指标不是万能的，但没有增长指标却是万万不能的。当然也不是没有机会，美国在此时推出 QE3 就是一个机会。可以先不去理会美元资产贬值、输出通货膨胀的阴谋论扯皮，不失时机地跟进美国流动性改善、内需提振、再制造业化加快以及国际大宗材料价格走低这一系列实实在在的机会，及时扩大对美国及东盟、俄罗斯的出口，就可以立竿见影地促使工业产销齿轮有效连动起来，使去库存补库存有序搭接起来。只要运作好第四季度和圣诞节这波行情，经济运行还是能够形成一个上升的势头，为明年开局奠定一个好的基础。过去的这几年在国际金融危机的冲击下，中观经济上承宏观调控、下启微观运行，外御环境变化、内增区域实力，保持比较持续平稳的发展，下一步仍需要强化与拓展这种应变力和成长性。

（一）内外双转

对于经济外向度大的沿海地区，它的生产能力和营销网络必须既针对外需又适应内需。当外需萎缩时转向内需，当内需不振时转向外需，在两个市场、两种资源中内外兼修、左右逢源。对企业来说，中间的原料采购、生产制造、设备维护等环节以及人力资源是可以通用的，两头的接单订货、设计包装、物流配送等环节需要有内外两套系统，代价是初期投入有所增加，得益是相当于建一个半工厂当作两个工厂来用，可以常年开机、旱涝保收。当然，与企业的“一个半”努力相衔接的还需要行业组织、公共平台以及市场体系的配套服务，要创造性地构建和提供适应双转需要的生产性服务、电子商务和内外贸一体化平台，支持企业增强两个方向接单、两套计划生产、两个渠道销售的灵活转换能力。

（二）高低两精

一段时间以来，从上到下形成追求产业高、精、尖的发展导向。这不能说错了，但面对发达国家的高端优势和美国再制造业化的强劲态势，不应拿鸡蛋碰石头去硬竞争，立足实际把我们长期在做的中低端做精做大，不失为更明智的选择。就一个经济体而言要有高中低的合理构成，但就其中的一个地区而言关键不在于高或低而在于是粗还是精。对应于精的要求，最缺的是人，是熟练、稳定的蓝领队伍。德国、日本、韩国的制造业发展，都高度重视培养高技能、高待遇、高忠诚度的技术工人，这是根本之计，不是权宜之策。

（三）**扶辅兼施**

政府对企业不光要出台扶持政策，还要出手辅导服务。从整体上看，目前还缺乏一个成熟、稳定、高明的企业家阶层，绝大多数企业家处在单打独斗、孤军奋战的境地。很多企业家说，他们并不是太在乎给多少减免，只要政府和领导来听他们诉诉苦，给他们打打气，提供一些信息和方向上的导引，就可以增强他们渡过难关的信心和勇气，就能够撑下去。所以，组织懂行的政府工作人员、金融业务员、产业分析师、技术和营销专家等进企业，特别是中小企业，在一线协调服务，到现场排忧解难，同样不是短期需要，而应形成长效机制。

开局的意味

（二〇一一年二月）

在各国政府取向各异的调控中，2011 年头个月全球经济运行喜忧参半、总体平稳。中国经济保持向好势头，投资、出口、消费指标较大幅上行，其中进出口的明显扩大，折射出美国、欧盟经济走出徘徊、恢复增长。美国的消费信贷重新启动，美国人又开始像过去那样买东西了，世界经济运行的基调就形成了。尽管对全年经济走势，乐观的、悲观的各执一词，但是一月的起步还是给了人们信心。对于中国经济来说，只要“五根”不乱，大盘就稳。

（一）“银根”调控见事早、有条理

数量工具与价格工具并用，小步快走收紧，将有效约束流动性，缓解存款负利息问题。附带着汇率也不动声色地微调，边声明边趋近，让人想到技艺娴熟的护士给孩子打针，在顾左右言其他之间安然完成了推入。这个过程当然要有一些企业付出代价，但就整体而言 1 月份企业产销率继续提升，宏观政策对实体经济的效应是促进不是促退。既然是转变发展方式，就不可能没有代价，优胜劣汰总要汰。

（二）“菜根”供给抓得紧、能稳住

1 月份 CPI 同比上涨 4.9%，虽然不低，但低于 5% 的心理关口和预期。1 月份有“两节”和灾害性天气因素，消费品特别是食品价格的上涨有其必然性。好在增加供给的力度比较大，各地认真落实惠农政策，扎实推进“米袋子”“菜篮子”工程和农田水利建设，农产品价格进一步上行的空间并不大。

（三）“房根”整肃动真格、强保障

政府一手整顿房地产市场，从取消多套优惠到直接限购、试点征收房产税，显示出限制投资和投机行为、控制房价的铁石心肠，这下让很多异议者、观望者都踏实了。年届六旬的王石要求他的万

科“刹车减速”，2011年的销售增速应低于40%。他本人也决定从今年起游学美国一年、欧洲两年，主修城市规划和企业伦理道德。政府的另一手同样强势，大规模建设保障性住房，公租房、廉租房、安置房、棚户区改造房齐头并进，1 000万套指令性计划，大庇天下寒士俱欢颜的日子已为期不远。由此表明，中国房地产企业“盈利靠通胀、成长靠融资”的路子，可能走到尽头了。

（四）“地根”节用有底线、可持续

耕地保护直接用卫星图片来管理，就像美国中情局可以通过卫星看清高速公路上汽车的车牌号一样，中国国土资源部可以利用卫片监控各省市县的地上种的是稻子还是房子。要是在耕地上盖别墅，督察专员转眼就到，约谈和处分即依次跟进。同时，建设用地有保有压，新兴产业和重点项目用地还是有保证的。只是城乡建设用地增减挂钩有待规范，供地率偏低是一个需要解决的系统性问题。18亿亩耕地管住了，粮食就有数。有粮在手，心就不慌。

（五）“炒根”应对有难度、要提防

当前经济运行最大的挑战来自于国际市场，特别是大宗商品和原材料价格剧烈波动，各种力量都在炒“中国需求”，上游和源头一涨价就传导和带动中、下游一起涨。现在中国大宗商品进口占国际市场规模的份额大约是，大豆60%，天然橡胶22%，原木32%，羊毛20%，棉花17%，铁矿67.5%，镍矿57.7%，原油8.5%，要命的是最大的买家却不能掌握价格谈判的主导权。2010年以来国际小麦、玉米、大豆和大米价格疯涨，

引发多国通货膨胀率走高。机构预计，2011 年有色金属和铁矿石都将继续维持向上走势，尽管部分金属如铜涨价已经失去了基本面支撑。2011 年 1 月份，全国工业生产者出厂价格比上月上涨 0.9%，比去年同月上涨 6.6%；工业生产者购进价格比上月上涨 1.2%，比去年同月上涨 9.7%，涨幅都有所扩大。正在召开的 G20 会议讨论了抑制大宗商品投机、稳定全球粮食及原材料价格的措施，但巴西、阿根廷等原料出口国发出了不同的声音。总起来看，上游价格高企带来的成本上升因素和输入性通货膨胀，是运行调节和抑制通胀的难点。

由民企汇聚联想到商帮的文化基因

（二〇一一年九月）

最近在福州召开了民营企业产业项目洽谈会，全国各地的民营企业家来了近千人，签下8000多亿元的合同项目。其中既有省外的浙商、苏商、粤商等，也有本土的闽商。其间耳闻南腔北调的言谈、目睹走南闯北的脸谱，回望历史的沧桑、遥想未来的辉煌，不禁使人产生了商道贵在人道、英雄要问出处的感想。

自明清之后，中国历史上曾经先后出现过十大商帮，包括山西商帮、徽州商帮、陕西商帮、山东商帮、福建商帮、洞庭商帮、广东（珠三角和潮汕）商帮、江右（江西）商帮、龙游（浙江中部）商帮、宁波商帮。这些商帮在数百年的发展中，尽管步履蹒跚，此消彼长，却承前启后，由小到大，造就了在世界上堪与犹太商人、阿拉伯商人并驾齐驱的华商辉煌。地域商帮深受地域文化影响。研究中国商帮的兴衰发展历史，似乎可以找到一个规律，就是随着中国社会的对外开放，具有海洋文化基因的商帮所具有的生命力逐步趋于旺盛，近现代以来福建商帮、广东商帮、宁波商帮等的发展壮大就是一个印证。

以福建商帮为例，八闽文化对于闽商的发展起到精神支撑、智慧源泉、气质造化、行为导向的重要作用。特别是八闽文化所具有的海洋文化特征更直接构成了闽商的独特文化基因。闽商所具有的“爱国爱乡、海纳百川、乐善好施、敢拼会赢”的精神特质，无不来自和受益于八闽文化的源远流长与滋生养育。这样一种源流、滋养关系，通过解读八闽文化的内涵和外延可以找到确实的答案。

（一）八闽文化具有海洋渊源

迄今可以考证的八闽文化历史源头是昙石山文化。昙石山文化遗址位于福州市闽侯县甘蔗镇昙石村，是先秦闽族的发源地，是中国东南地区最典型的新石器文化遗存之一，距今4000～5500年。昙石山文化不仅是闽、台两省古文化的摇篮，而且十分神奇的是遗址137号墓主人为25岁左右的年轻女性，其左侧颧骨分为上下两部分，下方颧骨块被称为“日本人骨”，当今日本人大部分有这块颧骨。专家由此认为，日本不仅文化受到中国文化的影响，日本的人种也有可能要追溯到昙石山人。这说明八闽文化有着先天的海洋性。

（二）八闽文化具有圣贤崇拜

最典型的是发源于莆田的妈祖信仰，它崇拜的是一位确有其人且由人变为神的女性。尽管妈祖信仰没有形成著述或思想体系，也没有形成严格的规制，但它却绵延千余年、普及海内外，成为数亿人的保护神，其中所蕴含的博爱情怀、民族意识、爱国思想、自然法则可谓博大精深。此外，福建的陈靖姑信仰、保生大帝信仰等民间信仰，都具有真实存在、由人变神，谁造福于民就崇拜谁的特点，充分体现八闽文化中不拘程式、讲求功用的传统取向。

（三）八闽文化具有科学精神

近现代以来，福建省产生了一大批开风气之先的大师巨匠，如林则徐、严复、林纾、辜鸿铭、沈葆桢、林语堂、林徽因、冰心、林巧稚等等，林则徐更是被誉为“睁眼看世界的第一人”。福州的三坊七巷由于孕育了100多位历史名人，且保存着全国面积最大、最完整的明清古建筑群落而闻名于世。福州的船政文化开创了中国近代造船业发展的先河，福州建立了中国的第一家机器造船厂、第一所新式海军学堂、第一支海军舰队，成为中国船舶工业的发源地和中国海军的摇篮。福建省素有尊师重教的传统，曾经是新中国的“高考红旗”省份，如今闽籍和在闽工作的“两院”人数居全国第三位，福建人爱读书、会读书是有名的。

（四）八闽文化具有自由追求

古代闽越偏安一隅，形成自立、自强、自在、自信的特点。很能说明问题的有两点：一是福建历史上不乏特立独行的人。文官如明朝晋江人李贽，万历年间曾任云南姚安知府，后因强烈反对礼教、抨击道学下狱，最后自刎而死；武将如明清南安人郑成功，在清朝已一统大陆江山的情况下，仍坚持反清复明，从荷兰殖民者手中收复了台湾，以台湾为基地建立南明政权。二是闽南地区的红砖建筑。在古代，红砖建筑只有王族能用。而在闽南一代，据说是钻了“政策”空子，所有的房屋都用上了红砖，形成红砖、石柱、石窗、青瓦和曲线屋檐的民居风格。闽南人硬是把自己的房屋盖得像“皇厝”一般,反映出自行其是、敢作敢为的性格。

（五）八闽文化具有开放容量

福建对外交流的历史久远，泉州是中世纪海上丝绸之路的起点，有着世界宗教博物馆的美誉。唐玄宗天宝十三年（公元754年），泉州超功寺僧人昙静，随师父唐高僧鉴真搭乘日本归国的遣唐使船赴日本。以此为开端，福建与日本之间的商人、僧人、官吏及各色人等往来频繁。福州是郑和七下西洋的驻泊地和开洋地。福州、厦门曾是五口通商口岸。如今在海外的闽籍侨胞有1 500万人，在港澳地区的乡亲有150万人，台湾同胞中有70%祖籍在福建。所以，福建虽然地域复杂、方言众多，却并不排外或封闭，“走出去”与“引进来”自古有之，习惯成自然。

（六）八闽文化具有兴业抱负

福建人经商的历史可以追溯到形成于西汉的海上丝绸之路。南北朝时泉州港就是对外交通的重要港口，经过唐宋的发展，到元代成为“世界最大的港口”（马可波罗语）。宋代诗人刘克庄有诗云：“闽人务本亦知书，若不耕樵必业儒。惟有桐城南郭外，朝为原宪暮陶朱。”这里的桐城就是泉州，原宪是孔子的高足，陶朱是春秋的富商。由此说明当时的福建有不少大富商和读书人。由于闽商素有海外贸易的传统，深受开放风气和多元文化的熏陶，驰骋商海便少有顾忌、敢于冒险，往往独辟蹊径、以小博大，既有游走乡野的草根习性，又有闯荡异域的漂泊情怀。明清时期，沿海一带出于对抗朝廷的朝贡贸易和禁海政策，走私贸易盛行，甚至进行抢劫，表现出亦商亦盗的特点。随着对外贸易的开放、营商环境的好转，闽商通过成功开拓海外市场，把国内与国外贸易结合起来，逐步成为一个中外对接、土洋结合、大小通吃的独特商帮。现当代闽商是中国商人中极其重要的一支力量，其中不乏世界级的巨商，像陈嘉庚、胡文虎、林绍良、王永庆、郭鹤年、许荣茂、黄如论等均为商界翘楚。

探究商帮背后的文化基因，有助于揭示商帮成功的内在根据，从而在经济全球化时代，更好地传承先进文化的内核，弘扬先进文化的风范。期待有更多有心人深入开展这方面的研究，从文化层面解析经济，从文化角度支持经济。

此番全国各路民营企业在福建的落地会合，加之去年以来中央企业在福建省的密集布局，将形成新增长力量在后金融危机时代多领域融入、全方位提振福建经济的强劲态势。这样一个内外对进、新旧蜕变、优胜劣汰、转型升级的格局，对于浑身上下流淌着不安分、不服输血液的闽商，既形成鲶鱼效应的强烈激发，又提供了杂交竞合的重大机缘，相信闽商的新一轮发展将由此展开。

发展战略性新兴产业的地方作为

（二〇一〇年十一月）

战略性新兴产业是现代科技与现代产业深度融合的产物，在国民经济中占据战略地位，对经济社会发展和国家安全具有重大和长远影响。培育和发展战略性新兴产业，是抢抓新科技革命先机、谋求新竞争优势的战略举措，也是促进产业转型升级、转变发展方式的突破口。它在需求层面表现为投资项下的增量带动存量；在供给层面表现为高新技术向三次产业渗透；在要素层面表现为智力密集、技术驱动、人才主导，因此而成为国家发展的优先方向和区域发展的战略重点。地方培育战略性新兴产业，涉及以下三方面问题。

一、意义：后发先至

战略性新兴产业不仅产出价值高、带动系数大、综合效益好，而且具有人才空降式、技术嵌入型、产业速生性的特点，可以使后发地区不受当地自然资源和产业基础的制约，无中生有、一步到位，与发达地区站到同一起跑线上，竞技场就是平的了。战略性新兴产业的这种特性，主要缘于三个因素：

一是高智力。与传统产业通过产业集聚带动人才集聚不同，战略性新兴产业是通过人才集聚带动产业集聚，往往引进一个领军人才就能催生一个新兴产业。比如，扬州引进以王国宏博士为首的中科院半导体所人才团队，通过拥有自主知识产权的LED外延片技术产业化，很快带动新光源产业从无到有、称雄业界。可以说，千方百计引进高层次创新人才，已经成为地方加快发展战略性新兴产业的一条重要途径。

二是高产出。新兴产业的技术和资本密集，决定了它必然采取独辟蹊径和点石成金的发展模式。比如，厦门大学夏宁邵教授研制出国家一类新药“重组戊型肝炎疫苗”，是目前国内外唯一完成三期临床试验的戊肝疫苗，拥有四项国际国内发明专利，其技术成果产业化将造就出一个生物医药产业，填补区域产业空白。这说明只要有了真正先进的新兴产业发展项目，就什么人间奇迹都可以创造出来。

三是高带动。以新兴产业的龙头企业和主导产品为核心，可以吸引产业链上下游企业集聚发展，产生裂变和倍增效益。比如，南京江宁经济开发区是著名的风电产业园，园中金风科技的风电总装项目、南高齿的风电传动系统、南汽轮的风力发电机制造等均在国内占据领先位置，还有风电装备研发及生产企业30家，形成包括风机总装、风电传动系统、发电机、控制系统和风电叶片材料等关键部件的完整产业群，实现了新兴产业企业的优势组合和抱团发展。

二、途径：外源内生

地方发展战略性新兴产业，一般是通过外源性技术成果输入，转化为内生性的技术创新和项目落地。由于新兴产业的核心要素是“人”，传统的招商引资必须转变为招才引智，由此引致理念、标准、方法、策略等的一系列重大改变。

一是从找资本家转向找发明家。战略性新兴产业的项目来源，可以是研发成果的孵化、发明专利的应用、重大科技专项的实施、技术成果的交易，以及跨国公司和大企业大集团的项目引进。无论来自哪种渠道，都需要地方招商机构扮演好懂行的“猎头”、高明的“军师”、尽职的“保姆”这样三种角色，提供更专业、有格调、个性化的服务。比如，济宁高新区在引进台联电系列项目中，招商局和产业主管部门前期做好充分准备，深入透彻研究产业政策，双方一接触，就以其专业水准得到对方的尊重和认可，在较短时间内实现了11个项目签约落地。

二是从注重财务性转为注重成长性。战略性新兴产业先期投入较大，在研究、试验以及孵化阶段较难预见回报，但技术一旦获得突破并成功产业化，其成长速度则是一般产业难以比拟的。像Google公司，创办后用短短的六七年时间就跻身世界500强行列；阿里巴巴集团，仅用了不足义乌小商品城发展时间的三分之一，就再造了一个规模更大的网上交易平台。由此可见，发展战略性新兴产业不能过于看重近期收益，要更加注重可预期的前景，选好“潜力股”“成长股”。

三是从更多地给予税费优惠转为更多地给予股权期权等激励。如果缺乏有效的激励和约束机制，就无法吸引和留住高素质、创新型人才，无法创造出有价值的技术成果。要完善和创新期权、股权、分红权、技术入股、技术转让费等多种激励机制，充分体现人才、技术、知识、创新的价值，将企业利益与技术人员利益紧密结合在一起，最大限度地调动积极性创造性。像互联网搜索引擎百度的成功，就与其实行期权激励机制、有效用好人才密不可分，值得地方在发展新兴产业中借鉴。

三、保障：系统创新

培育和发展战略性新兴产业，是一个由技术创新引领系统创新的过程。只要有一个方面跟不上、形成掣肘，就可能牵制全盘，甚至前功尽弃。能否协同推进新兴产业涉及的相关领域和环节有效创新，是对地方政府的真正考验。

一是技术创新。这里讲的技术创新，指的是发挥新兴产业先进技术的扩散效应，推动与核心关键技术相互配套、密切关联的技术同步创新。比如，福建省已集聚了一批物联网企业，但物联网的相关标准和技术还处于探索阶段；新能源产业发展很快，但高转换效率的太阳能薄膜电池等技术还有待突破等等。必须建立创新平台，组织技术创新联盟，实施关键技术重点攻关，通过“先创”帮“后创”，“主创”带“从创”，“易创”促“难创”，克服短板制约，形成新兴产业技术创新的联动效应。

二是金融创新。新兴产业往往处于生命周期的成长期，潜在市场巨大，还需要一个培育的过程，先期投入巨大，不能完全依赖市场的自发行为。要完善多层次资本市场，充分运用创业投资、风险投资、天使投资、股权投资、发行股票等相关工具，引导社会资金投向新兴产业的研发、孵化、产业化等关键环节。要积极创新金融产品和服务，制定产业授信政策，引导授信资源投放到战略性新兴产业，针对核心企业或上下游企业进行捆绑式的融资。要密切政银企、产学研在新兴产业领域的合作，增加对新兴产业企业、项目、产品的融资、担保、贴息和补助。

三是业态创新。新兴产业不同于传统产业，它往往不是先有市场需求才有生产供给，而是以新产品和服务创造新的市场需求。

这一点在手机的发展应用中体现得最充分，手机的最初功能是接听电话，但随着技术升级和服务更新，短信、彩信、手机报、宽带上网、手机邮箱、移动股市、手机支付等增值业务不断涌现，创造出无限广阔的市场需求，现在增值业务已成为运营商的重要收入来源，非话业务收入占全部业务收入比重已超过37%。地方在发展战略性新兴产业中，要坚持以应用促发展，推动商业模式创新，形成与新兴产业相对称的营销模式和消费模式，创造市场需求和消费热点。对于处在产业化初期、社会效益显著、市场机制难以有效发挥作用的重要技术和产品，要组织实施应用示范工程加以推广。要传播新科技、新产业、新服务方面的知识，引导公众树立新理念，应用新产品，享受新生活。

四是育才创新。战略性新兴产业发展的决定因素是人才，项目地必须能够提供大量专业对口、层次适合的高级工程师、工程师、技术员和熟练操作工等各类人才。要完善和落实人才政策，加快创新型人才公共服务体系建设，吸引国内外高层次人才向战略性新兴产业集中，建立科研机构和高校创新人才向企业流动的机制。要改革人才培养模式，调整高校教育和职业技术教育的结构和重点，加强新兴产业相关专业学科建设，增加急需的专业学位类别，建立企校联合培养人才的机制，促进创新型、应用型、复合型和技能型人才的培养。

（张岩铨、王伟同志参与本文调研与撰写）

发展装备制造业分析

(二〇〇五年十月)

一、装备制造业的内涵和发展趋势

装备制造业是为国民经济和国防建设提供各类技术装备的制造业，主要包括金属制品业、通用设备制造业、专用设备制造业、交通运输设备制造业、电气机械及器材制造业、通信设备和计算机及其他电子设备制造业、仪器仪表制造业等七大类行业中的投资类产品生产。

装备制造业具有产业关联度大、产品链条长、带动能力强和技术含量高等特点，是一个国家或地区工业化水平与经济科技总体实力的标志，在国民经济发展中发挥着其他产业无法替代的主导作用。国民经济各行业的生产技术水平和竞争能力高低，很大程度上取决于装备制造业的技术装备的性能和水平。可以说，没有世界先进水平的装备制造业，就不可能有世界水平的制造业，从而也难以成为世界工业强国。

当前，世界装备工业正发生巨大转变和整合，呈现四大特点：

一是全球化。制造公司掌握产品设计、关键技术，授权国外生产厂商按其要求生产产品，自已则在全球建立营销网络，进行产品的广告宣传及提供售后服务，这就是当今所谓的“空心公司”。或者是制造公司在全球范围内建立零部件的加工制造网络，自己负责产品的总装与营销。

二是集群化。同种产业或相关产业的制造企业在同一地方（地区）有机地聚集在一起，通过合作和创新赢得竞争优势。在产业集群化中，中小企业发挥着生产协作和前后道配套的重要作用，地理位置相近的科研机构、大专院校也起到了技术和人才的支撑作用。

三是信息化。装备工业正向全面信息化方向迈进，发展趋势主要表现为柔性制造系统、计算机集成制造系统的开发与推广应用，并向制造智能化方向发展。

四是服务化。表现为从市场调查、产品开发或改进、生产制造、销售、售后服务直到产品的报废、解体或回收等，提供全过程、全方位的服务。

二、福建省装备制造业发展现状

（一）产业已有一定基础，拉动工业增长作用增强

20 世纪 90 年代特别是“九五”后期以来，全省装备制造业迅猛发展,产值由1990年的70.3亿元,增长至2002年的1 215亿元,占制造业产值比重由 18.9% 上升到 35.8%。福建省规模以上装备工业生产企业 2004 年达 1 541 家，实现工业产值 1 813.9 亿元，销售收入 1 742.1 亿元，分别占全省工业总量的 28.2% 和 28%。

（二）企业规模扩大，产业集中度逐步提高

福建省装备制造业的集聚程度较高，现已形成汽车、工程机械、电机电器、通信设备、计算机及外设、船舶制造等产业集群。2003 年福建省装备制造业企业平均每个企业工业增加值 2 719 万元，高于全省工业企业 53.6%，比 2000 年扩大了 31.6%（表 1）。

表1 2003年福建省装备制造业大中型企业基本情况表

项 目	大中型企业数（家）	工业总产值（亿元）	工业增加值（亿元）	产品销售收入（亿元）	利润总额（亿元）
大中型企业	216	1 388.8	316.4	1 339.6	89.6
占装备制造业比重(%)	13.7	79.3	74.8	79.6	79.6
占全省工业比重(%)	2.3	28	21.8	27.8	28.5

（三）装备制造市场需求相对稳定，企业的经济效益较好

随着工业化进程的推进，对装备制造产品特别是高端产品的需求有所扩大。装备制造企业产销衔接较好，盈利能力增强，利润成倍增长。2004年全省装备制造企业实现利润125.6亿元，是2000年的3.7倍。

福建省装备制造业也存在不少突出问题。

（1）在整机组装方面比较发达，但关键元器件的发展滞后，核心元器件不能就地配套，产业链关键环节缺失，制约了产业集聚能力和企业经济效益的提升。

（2）科技投入不足，2003年全省规模以上工业企业科技活动经费仅60.1亿元，按行业分，最高的通信设备和计算机及其他电子设备制造业仅13.5亿元，次高的交通运输设备制造业仅6.1亿元，再次的专用设备制造业仅4.1亿元，这种低水平的研发收入，严重制约了技术创新能力的增强。

(3) 装备工业整体制造水平仍处于机械化为主的阶段，技术装备水平低，工艺落后，调整优化产业结构任重道远。

三、振兴福建省装备制造业的思路和建议

福建省正处于工业化中期向后期的过渡阶段，工业结构从轻工业为主向重工业为主的方向转型，装备制造业面临从加工基地向制造基地转变的艰巨任务。进一步消除装备工业发展的制约因素，提高产品质量和科技含量，积极延伸产业链、壮大产业群、增强产业竞争力，对于做大做强装备制造业、加快建设海峡西岸制造业基地具有重要意义。

（一）加快引进大型、跨国装备企业和重大装备制造业合作项目

要充分利用福建省的外向优势和对台优势，抓住新一轮产业结构调整的机遇，依托产业园区，主动承接日本、欧美、台湾等发达国家地区和国内工业基地的装备制造业产能转移，重点是电子、汽车、造船、机械设备等领域的项目。通过行业协会或科研院所等开展专项规划和机会研究，摸清底数，吃透市场，明确路径，加强跟踪。有计划地加强与国内外对口行业的业务联系和技术协作，开展与实力雄厚、带动力强的著名跨国装备制造业企业的合作。

（二）建立行业技术支持体系

目前福建省已有6家企业技术中心获国家认定、91家获省级认定，但装备制造业企业设立的技术中心所占比例不大。要

大力引导、支持重点装备制造业企业普遍建立省级企业技术中心和工程技术研究开发中心，有条件的建立国家级企业技术中心和工程技术研究开发中心。促进企业与大专院校、科研院所的合作，组织开展行业共性、关键性、前瞻性技术的联合攻关，逐步形成以企业为主体的技术协同创新机制。政府部门要在科技三项费用的使用、投融资、科技立项等方面加大对装备制造业的扶持力度。

（三）加快培养装备制造业发展所需人才

鼓励企业、中介机构、有关院校和其他社会力量联合办学，加快培养现代制造业的软件“蓝领”、数控和程控设备操作工、精密仪器操作工、设备维修工等高级技工人才。比如福建省榕基软件开发有限公司，与福建师大签订了软件人才培养合作协议，开展产学合作培养软件“蓝领”人才，为企业的人才培养和储备奠定了一定基础。

（四）设立重大装备研制风险基金

装备制造业产品生产周期一般较长，技术上的风险较大，投资风险也高于其他行业。提供重大装备研制风险基金支持，可以避免企业因开展重大技术装备的开发与研制而背上沉重的债务包袱、陷入经营困境，促进重大技术装备的国产化。比如，装备制造企业生产的首台（套）设备由于没有业绩，很少有企业愿意购买并承担使用中的风险，应当使用重大装备研制风险基金对购买方和销售方给予补贴或贴息，降低双方的风险。建议采取由科技专项经费中拨出一定数额引导资金等多种方式，建立重大装备研制风险基金。

（五）支持装备制造业企业积极参与国家和省的重点工程项目投标

进一步规范市场招投标秩序，加强对设备采购的引导和监督，支持福建省装备制造业企业开拓市场、加快发展。比如泉州的民营企业南方路面机械有限公司，靠自己高质量的筑路设备，通过竞标在本省高速路建设市场占有一席之地，就地生产、就近供货，形成企业发展的良性循环。

（刘春琼同志参与本文调研与撰写）

宏观调控在地方的贯彻和传导

（二〇〇四年十一月）

近年来，福建省按照中央统一部署，积极克服国内外经济环境变化和非典疫情重大灾害的影响，经济保持持续健康发展态势，经济总量平稳增长，固定资产投资没有出现大的波动，外贸出口和利用外资继续扩大，市场物价比较稳定，金融运行比较稳健，经济没有出现大起大落。分析总结各级各部门在经济工作中的思路和做法，一个重要的启示就是：紧密结合地方实际，贯彻和传导好国家宏观调控政策。

一、领会精神、执行政策是前提

中央实施宏观调控政策的指导思想很明确，强调要分类指导，区别对待，有保有压，适时适度，不搞急刹车，不搞“一刀切”，要求在抑制投资扩张的同时，注重调整和优化投资结构；调控重点很突出，重点解决钢铁、水泥、电解铝等行业盲目投资、低水平重复扩张问题，及时消除经济运行中不稳定、不健康因素，促进国民经济既快又好地平稳向前发展；方式方法很稳妥，主要运用经济和法律的手段，辅之以必要的行政手段，着力解决经济运行中存在的问题，并通过深化改革，建立和完善经济增长的内在机制；调控效果很明显，全国国民经济保持了平稳较快增长势头，经济运行中的一些不稳定、不健康因素得到抑制，钢铁、水泥、电解铝、房地产等热点行业结构得到调整。地方政府应当把思想和行动切实统一到中央对经济形势的正确判断上来，统一到树立和落实科学发展观的要求上来，统一到中央加强和改善宏观调控的政策措施上来，把宏观调控作为深化改革、加速结构调整、转变经济增长方式的机遇，在落实和用好宏观调控政策中解决经济运行存在的问题，使国民经济发展得更快更好些。

二、有保有压、抓好项目是关键

加强项目的清理和有序调整，关键是要保好项目、压差项目。要大力实施项目带动战略，通过好项目促进生产要素集聚、促进政府职能转变、促进经济增长方式转变、促进发展后劲增强。要认真开展项目清理工作，组织对全省所有在建、拟建项目进行“过滤”排查。目前钢铁、水泥、电解铝三个行业仅占全省工业产值的5%左右，要重点抓好这些高能耗行业全面清理，加强项目整改的督促工作。要严格基本建设程序，既按规定严格项目审批，又加大项目策划储备等前期工作力度，围绕培育产业集群，加大电子信息、机械装备、石油化工三大主导产业的培育力度，使符合产业导向的项目实现滚动发展，形成持续不断的项目源。要加强对好项目的要素保障，合理把握信贷投向，支持技术装备先进、有规模效应的骨干企业发展；对符合国家产业的重点项目保证用地，而对一般性项目以及非生产性的项目严格土地审批。要加大企业更新改造步伐，落实调整和优化产业结构的政策措施，抓好一批纺织、服装、食品、建材等传统优势产业的技术改造项目，实现更新换代。要鼓励和引导非公经济发展，非公有制经济占福建经济总量的2/3，工业产值占全省工业总产值的3/4，民间投资占全社会固定资产投资的比例近50%，要一视同仁，加强对民营投资主体的项目推介和过程服务，激发民间投资活力。

三、集约用地、稳健金融是闸门

要进一步提高土地利用的集约水平。大力整顿土地市场，清理各类开发区，盘活闲置土地，积极推广“飞地项目”政策，提高土地综合利用率，实现耕地占补平衡。通过清理整合，全省已撤消各类开发区196个，核减面积5.6万公顷，核减率达50%，解决了开发区散、小、多的问题，园区经济得到较快发展。2004年上半年全省工业园区企业完成总产值1 243.81亿元，占全省规模以上工业产值的42.3%，拉动工业增长14.5个百分点。要促进开发区和工业园区配套完善、功能整合，项目引进不能“来者不拒”，要根据园区性质和层次有所选择，注重产业链的配套延伸，密切关联协作，培育产业集群，发挥集聚效应。要提高单位面积土地的投入产出率，把投资额、利税率作为配置土地资源的基本依据，优化工业用地结构与布局。比如，厦门市提出每亩平均土地投资额外资必须达到30万美元，内资必须达到200万人民币，投资强度还有进一步提升的空间。要切实维护被征地农民的合法权益，采取提高征地补偿最低标准、改革征地补偿费用支付方式、拓宽被征地农民安置途径等措施，有效解决了征地补偿不到位、农民失地失业等问题。要进一步把握信贷投向、调整信贷结构。加强贷款的风险管理和总量控制，采取有保有压的政策，在严格控制部分热点行业贷款的同时，对符合国家产业政策和市场准入标准的行业重点项目、龙头企业继续给予了贷款支持，加大农林水利、生态建设、环境基础设施、社会事业领域项目的融资力度。

四、有序运行、保障供给是盘面

要加强煤电油运综合协调调度，面对严峻的缺电形势，在电力缺口一度高达20%以上的情况下，首先保证群众生活用电，在此基础上努力缓解企业用电的供需矛盾。合理调节电力需求，认真执行国家发展改革委批准的峰谷电价政策，对高能耗企业实施节能监测，限期进行设备改造、停产整顿或限电；大力推广应用蓄冷、蓄热等有利于削峰填谷的新技术、新产品，积极推进节能改造、节电新技术应用、绿色照明等电力需求侧管理示范工程的建设，严格节电措施，保障经济持续增长。要严密监视市场价格走势，加强对市场价格监测、分析和预警，密切监控粮食、副食品和化肥等重要商品价格动态，适时采取价格干预措施。完善对杂交水稻种子价格和化肥出厂价格的最高限价管理、对化肥批发零售环节价格的差率管理，实施好大米等粮食销售价格干预预案和中、晚籼稻储备订单最低收购价格方案。扩大两部制电价实施范围，实行峰谷电价和尖峰电价，推行可中断电价和负荷控制收费。全面实施中小学义务教育阶段“一费制”收费办法。严格控制出台提价项目，加强价格监督检查。

五、加强统筹、固本强根是基础

在农业方面，加强农村基础设施建设，实施农村“六千”

水利工程、年万里路网工程等，改善粮食生产条件；制定和落实扶持粮食生产的有关政策，加大对粮食主产区和种粮农民的支持力度，按订单直接补贴种粮农民，实行粮食最低收购价和水稻良种补贴，对种水稻耕地免征农业税，努力提高农民种粮积极性，促进粮食播种面积回升和增产丰收；全面推进农村税费改革试点，拓宽农民增收渠道。在教育方面，加强高等教育发展，扩大高校规模，提高办学质量，实现高等学校录取率达到 70%；加强中小学危房改造，改善中小学教学条件，巩固“两基”教育成果。在卫生方面，推进疾病信息网络体系、疾病预防控制体系、突发公共卫生事件医疗救治体系、卫生执法监督体系建设；深化医疗卫生体制、药品生产流通体制改革，完善和健全城市社区、农村村级卫生服务网络，改善基层特别是农村医疗卫生条件。在生态建设方面，“十五”以来福建省提出建设生态省，实施生态省建设总体规划取得了积极成效，福建省的生态环境质量保持在全国先进水平，森林覆盖率居全国第一，环境质量居全国前茅，要进一步加大生态建设和环境整治投入，实施“五江二溪”重点流域综合治理，推进沿海防护林体系、江河流域生态公益林建设，加快城镇垃圾、污水处理产业化进程，使经济发展与资源环境实现良性互动。通过切实加强经济社会发展的基础领域和薄弱环节，有效促进经济社会的协调发展。

六、科学规划、远近结合是后劲

“十五”以来福建省十分重视和加强规划工作，注重运用规划理清思路、运用规划统一步调、运用规划抓好项目，确保有序建设、高效开发、科学发展。为了更好地发挥规划的龙头引领作用，要更加重视资源条件的考量、资源利用的谋划。比如，港口开发应坚持“深水深用”的原则，加强深水岸线的保护，促进项目布局与资源禀赋的匹配；矿产开发应算好规模效益账、生态效益账，加强环境保护和生态恢复措施，特别是要下决心把在现有条件下难以无害开发、完全利用的矿产资源留给后人，树立保护也是作为、留传也是贡献的理念。要更加重视专项规划的衔接、政策措施的协调，加强土地利用规划与城乡规划的匹配、城乡规划与基础设施建设规划的对接、基础设施建设规划与防灾减灾规划的组合，以及主导产业、支柱产业、基础产业发展规划的衔接，解决好“源”与“流”、“路”与“车”、“干”与“支”、空间与时间等关系，做到相互适应、彼此支撑。要更加重视规划的项目研究，既有效生成项目，也合理否决项目，使重大项目成为规划及其实施的核心和依托。只有通过高水平、前瞻性的规划引导，谋划和实施关系全局、影响长远的大项目好项目，才能避免建设的盲目性和无序性，解决一哄而上再一刀切下的不良循环，实现经济社会的持续健康发展。

（高敏同志参与本文调研与撰写）

经济区的功能培育

（二〇〇四年五月）

进入新世纪以来，不断强化的区域经济一体化趋势和区域之间发展竞争、区域内部发展不平衡的态势，要求福建加快成长为经济体量更大、发展层次和一体化程度更高、横向联系更广的经济板块，发展的内在动力和基础条件也为这种成长提供了现实可能。建设海峡西岸经济区，就是省委、省政府审时度势、把握机遇采取的区域发展重大战略步骤。从而把长三角与珠三角之间、以福建为主体并包含周边的台湾海峡西岸地域范围作为一个统一的经济单元，通盘谋划和整合区域内具有一体性的共同利益、资源要素和对外竞争力，使海峡西岸成为中国东南沿海的重要增长极。

经济区要在经济区划上确立、在区域竞争中立足，必须靠符合实际、科学可行的功能定位。经济区的功能一般分为两类，一类是所有经济区都必须具备的功能，包括加工制造功能、要素集聚功能、增长极化功能、社会服务功能、协作联动功能等；另一类则是反映各个经济区特点和优势、体现其深层次的本质属性，规定其未来发展方向和作为空间的主导功能。发挥好主导功能，对于经济区的形成和壮大具有关键性作用，对于经济区其他各项功能的培育和发挥具有引导和推动作用。海峡西岸经济区的主导功能包括：

一、闽台港澳合作功能

这是海峡西岸经济区的特色。发挥闽台人缘、地缘优势，推进两岸合作是福建的特殊使命和有利条件。闽台的区位关系和经济联系相当于粤港澳。海峡西岸与东岸的经济互补最具基础、互利合作最有条件、经济融合最为现实，由闽台构成海峡经济区（或者称之为闽台经济区、环海峡经济圈）符合经济发展规律。海峡经济区的成形，取决于两岸关系的发展与和平统一进程的推进，也取决海峡西岸的发展与繁荣。通过进一步强化闽台投资和贸易的良性互动和科技文化交流，促进经济融合，能够更快提升海峡西岸的发展水平，为未来构建海峡经济区创造条件，同时增强台湾民众对祖国大陆的认同感和向心力。福建作为港澳同胞的主要祖籍地之一和最早与港澳建立经济联系的省份，与港澳的经贸合作与交流的领域不断拓宽。建设海峡西岸经济区，有利于在港澳与内地经济一体化的新格局中，保持和提升闽港、闽澳合作的份额和地位。发挥好闽台港澳合作功能，推动产业合作和转移，还能有力地促进经济区加工制造功能的发挥和制造业基地的形成。

二、区域营运枢纽功能

这是海峡西岸经济区的命脉。基于北承长三角，南接珠三角，西进赣湘鄂，东出台海、南海、东海、太平洋的独特区位，海峡西岸经济区应该发展成为大交通的重要枢纽、物流中心和重要的出海口。随着持续不断的交通基础设施建设，特别是沿海向内地的高速公路大通道陆续开通，沿海铁路及沿海向内地的铁路网架进一步完善，从内地到沿海中心城市和主枢纽港的运输时间大大缩短，区域经济时空关系已经或将要发生重大变化，加快沿海与内地经济整合和一体化发展的条件日趋具备。建设海峡西岸经济区必须大力发挥港口优势，一方面建设现代化的立体交通网络和信息网络；一方面提升金融、物流等现代服务业水平，降低运输成本和商务成本，吸引信息流、物流、资金流、人流，争取成为区域性的营运中心。区域营运枢纽功能的发挥，还能够有力地促进要素积聚功能、增长极化功能、协作联动功能的发挥，带动区域中心城市的崛起。

三、改革创新功能

这是海峡西岸经济区发展的动力。福建省是改革开放的先行地区，素有敢闯敢试、爱拼会赢、敢为天下先的精神和传统，经济的市场化、国际化、民营化程度较高。作为后起的经济区，增强改革创新功能尤为重要。通过改革，加快建立现代市场体系，完善市场经济体制，有效地激活各类经济主体，促进生产关系和上层建筑更好地适应生产力发展的要求。通过创新，率先与国际接轨，跟踪世界经济和科技发展的最新进展，积极对接生产力水平先进地区，争取以更高的起点，实现经济区的跨越式发展。

区域功能分析表明，海峡西岸经济区特色明显、命脉清晰、动力强劲。建设海峡西岸经济区要以培育和发挥主导功能为切入点和突破口，增强海峡西岸经济区的后发优势，全面启动和推进经济区建设，带动经济区各项功能的发育和发挥。

（本文发表于《福建日报》2004 年 5 月 4 日）

战略驱动与发展的必然
——从区域发展进程看建设海峡西岸经济区

（二〇〇四年四月）

一、由点到线：区域发展格局的演变和进化

理论研究和实际经验表明，区域经济发展在空间形态上一般经过点状表征阶段—线状表征阶段—面状表征阶段的进化过程。福建作为一个相对独立的地域经济单元，改革开放以来的发展历程基本验证了由点到线的演进规律。

分析区域（9 个设区市）发展指标可以看出，20 世纪 80 年代基本是福州一枝独秀。1990 年福州 GDP 为 102.4 亿元，占全省的 22.3%；泉州、三明、厦门、漳州、南平 GDP 分别在 61.9 亿元到 46.7 亿元之间，处于发展的第二方阵；其他地市 GDP 分别在 32.2 亿元到 25.4 亿元之间，处于发展的第三方阵。

这种点状表征格局到 90 年代中期发生了变化。1995 年福州 GDP 为 501.2 亿元，而泉州达到 519 亿元，形成南北两大增长点；厦门、漳州 GDP 分别为 250.6 亿元和 226.7 亿元，处于发展的第二方阵；其他市 GDP 分别在 157.1 亿元到 120.2 亿元之间，处于发展的第三方阵。包括福州、莆田、泉州、厦门、漳州的闽东南地区 GDP 占全省的比重从 1990 年的 64.4% 提高到 75.5%，由福州、泉州两极领头，沿海一线率先发展的线状表征格局初具雏型。

进入新世纪后，闽东南沿海地带的线状繁荣态势进一步发展。2002年闽东南地区五市GDP占全省的比重达到82%，除泉州、福州继续保持经济总量的绝对领先地位外，厦门、漳州、莆田三市GDP占全省的比重也从1995年的28.3%提高到29.7%。

与这个发展进程相对应的是区域发展战略的演变。20世纪90年代初实施的“南北拓展，中部开花，连片开发，山海协作，共同发展”可以看作是“增长点”战略，90年代中后期实施的“加快闽东南开放开发，建设海峡西岸繁荣带”可以看作是“增长带”战略。发展战略在区域发展进程中发挥了积极作用。

按照发展的趋势和一般规律，福建下一步的发展必然由沿海地区向内陆地区拓展，在空间形态上表现为从线状表征阶段向面状表征阶段进化。问题在于这种拓展的步子什么时候迈开、步伐有多大，这种进化的速度有多快。

二、由线到面：经济区战略的助推和引领

进入“十五”中后期以来，福建区域经济发展出现了若干新的因素。

一是地区发展不平衡进一步显现。沿海与内地发展的差距呈扩大之势，成为推进全面建设小康社会进程中的一个隐忧。要使沿海与内地协调发展，必须强化沿海对内地的“扩散”效应和“吸引”效应，促进区域发展格局更快地实现从线状表征向面状表征的演变，实现繁荣带向繁荣区拓展。

二是沿海与内地的空间距离相对缩短。随着持续不断的交通基础设施建设，特别是沿海向内地的高速公路大通道陆续开通，全省交通网络进一步完善，从内地到沿海中心城市和主枢纽港的

运输时间大大缩短。区域经济时空关系已经或将发生重大变化，加快沿海与内地经济整合和一体化发展的条件日趋具备。

三是周边发展态势强劲。长江三角洲与珠江三角洲已成为中国经济的两大“主引擎”，地处两大三角洲之间的福建既有可能站在巨人的肩膀上借势崛起，成为两个三角洲之间迅速“隆起”的又一重要增长极，也可能被“边缘化”“走廊化”“腹地化”。与此同时，CEPA 的签署启动了内地与港澳经济一体化进程，随着两地市场逐步统一，新的产业分工逐步形成，能否保持和提升闽港、闽澳经贸合作的地位是对福建新的考验。

四是拓展两岸关系对福建提出了新的要求。发挥闽台人缘、地缘优势，推进两岸经济合作、文化交流和人员往来，是福建的特殊使命和有利条件。闽台的区位关系和经济联系相当于粤港澳，海峡西岸与东岸的经济互补最具基础、互利合作最有条件、经济融合最为现实。由海峡两岸构成的海峡经济区（或者称之为闽台经济区、环海峡经济圈）的成形，一方面取决于两岸关系的发展与和平统一进程的推进；另一方面也取决海峡西岸的发展与繁荣。

宏观形势和区域现状都要求福建迅速成长为经济体量和市场容量更大、发展层次和一体化程度更高的独立经济板块，发展的内在动力和基础条件也为推动区域格局由线状表征向面状表征演变和进化提供了现实的可能。

建设海峡西岸经济区就是顺势而为的区域发展战略步骤，它的着眼点是把长三角与珠三角之间、以福建为主体并包含周边的台湾海峡西岸地域范围作为一个统一的经济单元，来分析它的区位特点、资源禀赋、经济联系，来谋划和整合区域内具有一体性的共同利益和对外竞争力。它的战略目标就是使海峡西岸地域加快崛起为中国东南沿海的重要经济区。

三、凸显特色：区域功能的发挥和培育

经济区要在经济区划上确立、在区域竞争中立足，必须靠符合实际的、科学的功能定位。经济区的功能分为两类，一类是所有经济区都必须具备的一般功能；一类是反映各个经济区特点和优势，体现其深层次的、本质的属性，规定其未来发展方向和作为空间的主导功能。

海峡西岸经济区作为以福建省域为主体的经济区，它的主导功能在省域经济发展中已有基础和站位，在经济区建设中必须进一步凸显、强化，加以充分发挥。主要有：

（1）对台合作功能，这是经济区的特色。通过进一步强化闽台投资和贸易的良性互动和科技文化交流，促进经济的融合，为未来构建海峡经济区创造条件。同时增强台湾民众对祖国大陆的认同感和向心力，构建促进祖国和平统一的重要前沿基地。

（2）营运枢纽功能,这是经济区的命脉。通过发挥港口优势，建设现代化的立体交通网络和信息网络，提升金融、物流等现代服务业水平，实现北承南接、西进东出，建设区域营运中心和中国内地重要的出海口。

（3）改革创新功能，这是经济区发展的动力。福建是改革开放的先行地区，素有敢闯敢试、爱拼会赢、敢为天下先的精神和传统，经济的市场化、国际化、民营化程度较高。通过不断推进改革创新，率先与国际接轨，建立现代市场体系，完善

市场经济体制，促进生产关系和上层建筑更好地适应生产力发展的要求，构建制度与机制的创新地。

海峡西岸经济区的一般功能有：

（1）加工制造功能，这是经济区的支撑。产业发展是区域竞合的根本因素。通过产业集聚，增强电子信息、机械、石化等主导产业的体系性效应和根植性，发展支柱产业和新兴产业，建设中国重要的制造业基地。

（2）要素集聚功能，这是经济区的灵魂。为了发挥后发优势，必须创建第一流的引智、引资环境，形成周边地区人流、物流、信息流、资金流的聚合地，构建国外和港澳台资本、人才、技术进入中国大陆的首选地之一。

（3）增长极化功能，这是经济区的核心。为了增强经济区的核心竞争力、加快城乡一体化进程，海峡西岸经济区必须在科学论证的基础上选择和培育一个区域首位中心城市，同时做大、做强重要中心城市、发展都市群，构建城市化的高地。

（4）社会服务功能，这是经济区的保障。通过大力发展科、教、文、卫、体等社会事业，不断改善民生，建立社会公共安全网，促进可持续发展，建设优越的人文环境和现代化地区。

（5）协作联动功能，这是经济区的依托。通过建立灵活高效的对内联合、对外协作机制，促进资源的合理配置，实现区域之间互联互动、互利共赢，构建与两个三角洲、港澳及其他省区紧密合作的重要地区。

（本文发表于《发展研究》2004 年第 4 期）

新一轮省级国有资产管理改革

（二〇〇三年七月）

党的十六大明确了“国家统一所有，分级行使产权”的国有资产管理改革方向，关系国民经济命脉和国家安全的大型企业、基础设施和重要自然资源等由中央政府代表国家履行出资人职责；其他国有资产由地方政府代表国家履行出资人职责。就福建省而言，抓住新一轮国资管理体制改革的时机，积极推进现有总量约400多亿元的省级经营性国有资产（以下简称“省级资产”）管理体制改革，做到进有为、退有序，特别是平稳有序地从经营性、竞争性领域退出，对于调整国有经济的布局和结构、解放和发展生产力、加快全面建设小康社会进程都具有重要意义。省级资产管理体制改革，面临三“力”挑战，即通常说的增强控制力、竞争力、活力；要分三“点”推进，即成为财源点、嫁接点、退出点；必须三“管”齐下，即抓收益管理、抓增量优化、抓社会保障。

一、增强三“力”，活力为先

中央政府行使产权的国有资产构成控制力的主体。在新的国有资产总体布局中，体现国有经济控制国民经济命脉、主导经济发展和维护国家安全的控制力，应该也只能由中央政府代表国家履行出资人职责的国有资产承担，其主要分布在具有战略性的高新技术领域、公共产品和服务领域、基础设施和自然垄断领域以及涉及国家安全的有关领域。省级资产中的一部分，如分布在能源、交通、重化工业领域的资产，有可能成为国有经济控制力的延伸和补充，但是就其规模和地位来说，这部分省级资产的进退去留将不影响国有经济控制力的大局。

省级资产面对竞争应扬长避短。在市场竞争中，省级资产既面对中央政府掌控的国有资产在规模、政策、生产要素等方面的竞争强势，又面对非国有经济包括外国资本、跨国公司在技术、机制、效率等方面的竞争优势，加上长期困扰国有企业的激励与约束机制缺失问题，省级资产经营的竞争劣势是我们不得不面对的现实。以福建省现有 11 家省级工业国有资产授权经营公司为例，共拥有国有资产 127 亿元，而非经营性资产、不良资产及潜亏、或有债务的比例达 40%，资产分布在 310 多个企业，相当部分既无规模优势，也无资源和技术优势，经营管理体制机制仍带有浓厚的计划经济和行政色彩，有不少企业长期亏损或资不抵债。省级资产的经营状况堪忧，加上庞大的资产经营管理成本支出，搞得不好就成为其法定出资人省级政府的沉重包袱，使省级财政承受补亏和兜底压力。增强竞争力是国有经济的永恒主题，省级资产只有面对现实，收缩战线，整合力量，把握自己的特色和优势，才有可能争取若干行业、企业或产品的竞争力。

省级资产有所作为的空间在于增强活力。要利用新一轮改革的契机，加快体制机制改革，激活国有资产营运和经营主体，盘活省级资产，促进省级资产保值增值。增强活力的措施包括：

构建新型企业利益共同体、企业托管、承包、租赁、授权经营、建立健全国有企业法人治理结构和经营者收入分配激励约束机制等。推行改革措施应防止在不能解决国资和国企管理原有弊端的情况下搞成“翻牌公司”，而错过推进实质性改革的时机，增加新的制度成本，使“包袱”做大。从一些省市的经验看，增强省级资产活力的有效途径，在于调整企业的股权结构，如深圳市积极推行企业经营者和员工买断国有股权，提倡经营者持大股，探索以管理和技术换股权，形成企业利益共同体，促进企业经营机制根本转变。

二、三“点”推进，退出为赢

省级资产中的佼佼者要争取成为财源点。省级资产中部分占有天时地利人和、管理好、实力强、利税高的优质资产，应该继续得到省级政府的择优扶持，通过深化改革、落实监管，进一步完善体制机制，做大做强，使其对国家、社会及省级财政做出更大贡献。如已跻身世界500家大银行之列的兴业银行，年上缴税金超亿元的福建汽车、福建高速、三钢、水口水电等企业。

省级资产的一部分可以成为不同所有制经济的嫁接点。通过股份制广泛吸收民间资本和外资参与国有企业的公司制改造，探索公有制特别是国有制的多种有效实现形式，发展混合所有制；同时形成招商引资的一个载体，促进资本、技术、人才向福建省流动。如以福建汽车嫁接引进台湾中华汽车，使汽车工业成为福建省的一个新的增长点；以福建高速的上市募集资金

13 多亿元，既实现了投资主体多元化，又支持全省高速公路的建设等。

省级资产的大部分应该成为退出点。通过股份转让、减持、资产变现等途径，推动省级资产从一般性竞争领域平稳有序地“全身而退”，将使省级资产结构更合理、资产内容更健康。退出既可以是国有股的全额退出，也可以是退至参股地位；既可以向民营资本和外资转让，也可以向企业经营者和职工转让，应因资产实际而定。从实践看，大部分省级资产早退出（可以争取更有利的价格）比晚退出主动，在企业经营正常时退出比企业出现问题后再退出主动，净资产甚至零资产转让退出比破产清算后退出主动。省级资产的退出，一是要解决认识问题，应转变国有资产经营可以不讲回报、靠国有资产“养人”的观念，统一思想，明确目标，有计划有步骤地一项一项推进。目前，山东省已确定在三年内，通过转让存量资产等方式，使省属国有企业 90% 以上实现投资主体多元化，处于竞争性领域的多数企业实现国有股权全部退出或退到参股地位。二是严格按照国家法规和程序办事，做到“阳光”操作，经得起公开，经得起检查，防止国有资产流失，确保企业职工合法权益，维护债权人利益。上海市为了保证上千亿元国有资产在未来五年内从竞争性领域平稳退出且做到退而不“损”，采取了走好“四道程序”（评估审计、公示公开、资质审查、中介服务），把握“三个抓手”（引进各类资本、实行股权管里、以上市公司为载体），看紧“两个场所”（产权交易所、技术产权交易所），用好“一个模式”（国有股减持和股权多元化）等举措，都有借鉴意义。三是不能“刮风”、防止炒作，国内一些地方已经出现由于宣传引导不当而产生负面影响的案例。

三、三“管”齐下，效益为本

加强省级资产收益管理。资产运营的目的是争取最高净现值回报，底线是不成为出资人的包袱。无论培育财源点，推出嫁接点，还是运作退出点，都应算好经济账，强化资产预算、资产保值增值硬约束和收益监缴，按效益论英雄、定奖惩、给待遇。对资产退出的转让定价，既要科学评估审计，以账面净资产为依据；又要靠市场竞争和谈判，推行公开招标竞标；还要考虑财务费用支出及不良资产不断贬值等因素的影响，把握商机，充分体现省级资产的真实价值。

优化省级固定资产投资导向。调整国有经济的结构和布局，必须存量调整与增量优化并举、并重，确保省级政府财政性资金投向关系经济社会长远发展的主攻方向和重点领域，防止省级资产出现“一边退出一边投入”或者“今天投入明天退出”的低效无效投资的情况。要科学制定和适时调整《省域产业发展导向》，同时配套制定《省级国有资产运营发展规划及计划》，具体地明确省级资产在哪些领域要进一步发展、在哪些领域是守摊子、在哪些领域要退出。与此相应地，具体制定《省级政府财政性资金的投资导向及政策措施》，对符合导向、需要加快发展的产业及项目要作为省级政府的投资重点，对守摊子或者要退出的产业及项目必须减少直至切断政府投资的供给，从而优化财政支出，集中力量保重点，改善投资结构、提高投资效益。为此，要切实加强政府部门的统筹协调，管宏观调控的部门、管投资的部门、管省级资产的部门、管省属企业的部门、管财政资金的部门要协同动作，形成在统一的产业导向下的整体合力。

解决好省级资产运营中的社会保障问题。在推进改革中应算准和备足省属企业的退出成本，这是保证改革取得成效的前提和关键。要建立和充实企业改制与破产准备基金，特别是强化省级资产变现资金以及省属企业土地资产盘活资金的集中管理，做到进入基金专户、专款专用，用于解决省属企业职工安置费用等必要的费用，确保安定稳定。

（本文发表于《发展研究》2003 年第 7 期）

新经济增长点研究

（一九九九年十月）

新经济增长点是指，在一定时期内顺应社会经济发展的客观趋势，适应买方市场形势下消费需求，具备科技优势、市场优势、资源优势，能够明显提高国民经济发展速度、质量和效益的新产品、新产业、新企业或新兴地区。加快培育和发展新的经济增长点，有利于促进有效需求增长，有利于扩大就业和改善民生，有利于调整优化经济结构，有利于防范和化解经济风险，有利于增强综合省力和发展后劲，是福建跨世纪发展的重要任务。

一、加快培育和发展新的经济增长点的重要意义

福建作为全国最早实行对外开放的省份之一，改革开放二十年来，经济社会发展取得了令人瞩目的成就。其主要经济指标增长速度快于全国平均速度，社会生产力、综合经济实力和人民生活水平都上了一个大台阶，经济社会面貌发生了根本性变化。1978 年至 1998 年，福建省国内生产总值以年平均增长 13.6%的速度大踏步向前迈进。其中 1992 年至 1998 年国内生产总值年平均增长速度高达 16.8%，成为全国经济增长最快的省份。经济总量在全国的位次由 1978 年的第 22 位上升到第 11 位，1998 年人均国内生产总值达到 10 206 元，首次突破万元大关，在全国的位次由 1978 年的第 22 位上升到第 6 位。国民经济的快

速增长，经济总量的迅速增加，使福建在全国的经济地位明显提高，成为东南沿海经济发展比较活跃的省份之一。但是，福建省经济在快速发展过程中，也十分突出地存在支柱产业和优势产业作用不突出，经济结构调整步伐偏慢，相对缺乏新的经济增长点，经济发展后劲不足等问题。这些困难和问题若得不到有效解决，将严重制约福建省经济在下世纪的发展。

应该看到，在世纪之交，福建经济发展遇到前所未有的严峻挑战。从国际形势看，受亚洲金融危机的影响，东亚和世界经济增长率下降，将进一步牵制我国经济增长。周边国家货币贬值和国际市场的竞争日益加剧，使我国出口和吸引外资面临十分困难的形势，并直接影响出口企业效益，间接影响就业增长。从国内形势看，由于受亚洲金融危机和经济周期低谷的影响以及各种深层次矛盾的作用，国内经济增长率不断下滑，制造业生产能力相对过剩，商品市场出现供过于求，形成买方市场，消费需求不旺，物价持续走低。通货紧缩趋势越来越明显，生产者积极性受到打击。城镇失业人口增加，成为影响经济发展和社会稳定的突出问题。国有企业改革迎难而进，企业效益差的现状短期内难以根本改观。通过财政手段加大投资扩大内需的效应逐步减弱。

上述宏观环境势必对福建的经济发展产生深刻的影响。与此同时，福建省原先经济发展的优势也正在弱化：

一是随着改革开放的不断深入和国家加大对中西部不发达地区的支持力度，内陆和中西部地区的政策、资源优势日益突出，将削弱福建吸引外资的竞争力；

二是广东、上海等经济大省随京九线的建成和长江流域经济协作区的提出，在全国经济格局中的龙头地位更加突出，福建的区位优势弱化，闽台经贸合作受政治、政策性因素制约以及台海关系趋紧的影响，福建对台经贸的发展面临新的不定因素；

三是随着省市区综合经济实力竞争日趋激烈，福建综合实力的缺陷日益显现，受历史因素影响，福建科技水平及人才培养跟不上经济发展，企业创新能力差，高新技术产业化程度低，人才紧缺，在竞争中处于不利的地位，发展后劲显得不足。

在这样复杂严峻的形势下，为使福建经济在跨世纪发展中能更好地迎接挑战，继续保持经济社会的快速健康发展，一个历史性的选择就是，加快培育和发展新的经济增长点，营造21世纪福建省发展的新优势。

二、培育和发展新的经济增长点的思路

加快培育和发展新的经济增长点，应从福建的实际出发，既要立足当前，又要着眼长远，注意把握好指导原则。

一是应以市场需求为导向，把握好市场需求的变化趋势，发现和培育新的经济增长点；

二是应以提高质量和效益、扩大就业为目标，培育在国内、国际市场上有竞争力，高出口、高经济效益、高市场占有率的国内外名牌产品；

三是应以技术创新为核心，积极采用新技术、新工艺、新设计，用先进适用技术改造传统产业，有重点地开发新产品、发展新产业，同时继续发展适应初级阶段省情、能大量吸纳就业的劳动密集型产业；

四是应以发挥比较优势为重点，根据福建人文、自然和区位条件，形成具有地方特色的经济；

五是应以可持续发展为基础，正确处理人口、资源、环境、经济、社会之间的关系，走社会、经济、生态三大效益相统一的路子。

基于上述原则并结合福建新一轮创业和经济社会发展规划，在未来五到十年的中长期发展进程中选择、培育和发展新的经济增长点，应把重点放在加强基础设施建设，发展普通民用住宅业，培植高新技术产业、环保产业、海洋产业，壮大乡镇企业，积极发展旅游业，加快小城镇建设和发展等方面。其中在“九五”末、“十五”初的近期，要力争把乡镇企业、旅游业、环保产业、小城镇建设发展作为优先培育和发展的新经济增长点。

（一）壮大乡镇企业

1. 福建省乡镇企业发展基本状况

（1）发展现状。1998 年全省乡镇企业总数已达 77 万个，从业人员 510 万人，实现总产值 4 658 亿元、工业产值 3 116 亿元、营业收入 4 275 亿元、出口交货值 724 亿元、上交税金 92 亿元、纯利 186 亿元。至 1997 年底全省年产值超 1 000 万元的乡镇企业有 2 200 个，产值超 5 000 万元的企业 300 个，产值超 1 亿元的企业 100 个，组建各类企业集团 240 个。有 74 家企业被农业部确认为全国大中型乡镇企业，还有 14 家企业被农业部确认为全国乡镇企业集团。全省乡镇企业总产值超 100 亿元的县（市、区）有 7 个，总产值超 5 亿元的乡镇有 151 个，总产值超 1 亿元的村有 365 个。“八五”以来全省乡镇企业开发省级新产品 500 余项，其中 90%以上达到国内先进水平，乡镇企业主要产品的质量抽检合格率达到 83%。许多乡镇企业开始走上制度化、规范化、科学化管理的轨道。

(2) 制约发展的主要因素。一是认识存在误区，企业内外压力加重。受多年来计划经济体制形成的传统观念影响，乡镇企业在吸引人才、融通资金、引进技术、对外贸易等方面遇到很大困难，不合理负担有增无减，制约了乡镇企业结构调整、产品质量提高和企业规模扩大。二是机制弱化，管理不善，企业发展困难。随着市场经济的不断完善发展，企业的现代化管理上升到重要地位，但福建省的中小型乡镇企业大部分还处于创业时期的家族式、经验型管理阶段，远不能适应现代经济发展的要求，难以做大。三是资金缺乏等多种因素制约发展。中小乡镇企业融资渠道少、难度大，开户难、贷款难、结算难等问题长期困扰企业，影响生产经营和效益的提高。企业增本减利因素不断累加，经济效益下滑，发展后劲不足。

2. 壮大乡镇企业的目标和重点

(1) 发展目标。一是在注重经济效益的前提下，保持较快的发展速度。争取到 2005 年，全省乡镇企业总产值在“九五”末的基础上翻一番以上，达 12 000 亿元，发展速度按每年平均增长 15%以上，税利同步增长；工业产值达 9 400 亿元，增加值达 2 500 亿元，出口交货值达 1 900 亿元；安排农村剩余劳动力达 700 万。二是在提高企业整体素质的基础上，积极培育大中型企业，形成规模优势。争取到 2005 年，全省组建乡镇企业集团(公司)达 600 个，营业收入超亿元的企业 200 个，出口交货值 100 万元以上的企业 6 000 个。三是加快结构调整步伐。重点培育30个产值5亿元以上，实行种养加、产供销一条龙、贸工农一体化的农业企业集团。建成年产值达到150亿～250亿元的食品、鞋类、服装、建材、竹木加工、玩具等重点行业。四是大力提高产品质量和档次。“十五”期间，大力开发名、特、优、新产品，培养20个驰名国内外的名牌产品。

（2）工作重点。一是加快深化改革力度，进一步完善乡镇企业经营机制；二是大力推进科技进步，全面提高乡镇企业的整体素质；三是调整产业产品结构，努力实现资源的优化配置；四是坚持发展外向经济，积极拓宽国内外两大市场；五是舞活工业小区“龙头”，因地制宜繁荣乡村小城镇；六是广辟资金投入渠道，坚持群众自筹和争取各方支持；七是继续反哺农业发展，促进农业产业化健康成长。

3. 壮大乡镇企业的对策建议

（1）营造良好氛围。大力宣传乡镇企业在建立市场经济体制、维护社会稳定、促进经济可持续发展等方面的积极作用，解决“所有制成分论”的认识偏差，发挥舆论监督和保护的作用。

（2）提供公平环境。出台福建省乡镇企业法实施细则，规范企业经营行为，保护企业合法权益，推动乡镇企业有序经营、健康发展。打破所有制界限，适应多种经济成分并存格局，建立相应的信贷、税收、行政监管机制，创造平等竞争条件。加强“银企对话”，扩大银行对乡镇企业的贷款规模，支持建立乡镇企业发展基金和担保基金，协调解决企业办理土地、房产两证问题，提高乡镇企业融资能力。坚决查处“三乱”行为，减轻企业不合理负担。

(3) 推进科技进步。完善行业技术政策体系和鼓励创新的积极财政政策，加大企业技改投入，加强乡镇企业与大专院校和科研机构的合作，加快新产品开发和技术更新、设备改造，帮助乡镇企业人才培训，增强企业创新能力。

(4) 改善政府服务。行政管理要本着“少干预、不增负、重引导、促发展”的原则，帮助解决生产经营中单个企业无力解决的问题，坚持依法办事、依法行政，走出一条“围绕市场、服务企业、依靠社会、间接调控”的社会主义市场经济条件下政府管理企业新路子。

(二) 积极发展旅游业

1. 福建省旅游业发展的基本状况

(1) 旅游资源。近年来福建省旅游业发展较快，入境游客数和创汇数这两项指标已连续10年保持全国第四位。1998年入境游客121.78万人次，创汇6.51亿美元，国内游客2 100万人次，国内旅游收入为148亿元人民币，旅游总收入达200亿元人民币。福建省现有国家级旅游度假区2个、全国优秀旅游城市2个、历史文化名城4个、风景名胜区9个、自然保护区3个、文物保护单位29个、省级自然保护区13个、文物保护单位204个、历史文化名城4个、名乡（镇）6个、名村5个、风景名胜区26个、旅游经济开发区7个。

(2) 旅游产业。全省现有旅行社247家（其中国际社37家）。星级饭店143个，定点饭店53个，已建成和在建高尔夫球场12个，还有相当数量的保龄球馆、旅游车船公司和旅游商品生产定点企业。旅游系统内国有企业直接从业人员4.3万人，间接从业人员约20万人。开办旅游系（专业）的大专院校8个，旅游中专和职校53个，旅游培训学校1个。

（3）基础设施。福建省主要景区均已通公路，并与国道或省道相连。高速公路通车里程280公里；机场4个，国内外航线几十条；万吨以上泊位35个；新增横南铁路、漳泉肖铁路；电力发展迅速，能满足近期全省经济发展的需要；程控电话、移动电话、传呼机四通八达，方便快捷。

（4）制约因素。一是缺乏高知名度的旅游系列产品。福建省旅游资源数量不少，但是全国著名的景点（区）少，旅游产品系列开发、深度开发、高水平开发不足。二是旅游立法步伐较慢。福建省旅游市场管理法制不够健全，旅游市场规范和行业管理缺乏地方法规依据，依法治旅的基础还比较薄弱。三是旅游基础设施水平较低。主要景区公路等级偏低，港口配套建设不够完善，滨海沙滩度假区的基础设施不配套。四是旅游从业人员素质亟待提高。福建省旅游直接从业人员知识水平、专业技能和职业修养还不能适应发展的需要，对一线职工的文化教育、法律教育、业务培训需要进一步加大力度。五是旅游骨干企业偏弱。对旅游业的投入不足，缺少能有效整合资源、形成品牌优势的大型旅游企业，旅游国有企业缺乏竞争力。

2. 旅游业发展的规划思路

（1）发展目标。到2010年全省接待国内外游客大约4 500至5 000万人次，其中境外游客220万人次，旅游创汇25亿美元；国内游客4 280 ~ 4 800万人次，国内旅游收入322亿~ 380

亿元人民币。旅游总收入达522亿～580亿元人民币，大约占全省国内生产总值5 800亿元人民币的9%～10%，使福建省成为旅游设施完善、景点布局合理、文化品位高雅、员工训练有素、交通通讯便捷、旅游商品丰富、环境舒适优美、管理水平先进的著名旅游区。

(2) 发展重点。

一是开发旅游资源。推出一批比较成熟的观光度假型旅游产品和富有吸引力的旅游专线，提高旅游的科技文化含量，推动旅游业发展再上新台阶。

——闽南旅游区。包括厦门、漳州、泉州三个地级市。建设重点是三个市的国家级、省级风景名胜区，推出“海上丝绸之路”考察旅游、郑成功史迹考察旅游、泉州世界宗教史迹旅游、集美学村修学旅游及海滨度假娱乐旅游等专项旅游线路。

——闽中闽东旅游区。包括福州、莆田、宁德三地市。建设重点是三个地市的省级以上风景名胜区和度假区，推出妈祖朝圣之旅、空海之路考察、闽人三十六姓寻根旅游、现代名家史迹寻踪之旅、近代中国船政文化之旅、鸳鸯溪之旅、海蚀地貌科考之旅。

——闽西北旅游区。包括南平、三明、龙岩三地市。建设重点是三个市的省级以上风景名胜区和度假区及武夷山古汉城等，推出客家旅游、土楼旅游、丹霞景观旅游、溶洞景观旅游、森林浴旅游等。

二是扩大旅游客源。按照市场导向，建立和完善旅游市场竞争合作机制。以台湾、港澳和东南亚市场为重点，积极开拓日本、北美、西欧、北欧等国外市场，形成结构合理、持续有量的境外客源市场。建立稳固的国内旅游客源市场。

三是完善旅游设施。在旅游热点地区配套建设一些新的接待设施，加强对旧饭店的更新改造，进一步提高饭店的接待服务质量。完善机场设施，增辟通往东南亚各国和日本等地的空中航线，创造条件争取开通台湾经澳门至武夷山的包机航线，提高运力，改善服务。提高通往国家和省级风景名胜区及旅游经济开发区、旅游度假区的公路等级。推出适合周末旅游的新项目、新线路。

四是开发旅游商品。根据福建省资源优势，发展具有福建地方特色的工艺美术品、土特产品、旅游纪念品及旅游用品。搞好旅游产品销售市场建设，重点建设中心批发市场。加强旅游商品的宣传促销，提高旅游商品的市场占有率。

五是培养旅游人才。制定旅游人才培养规划，调整旅游教育结构，加大旅游专业人才培养力度，逐步形成长中短期相结合的旅游培训网络和高中初等齐备的旅游教育体系。

3. 旅游业发展的对策建议

（1）抓旅游规划。在深入分析福建省旅游业发展的现状、优势和制约因素基础上，高水平高标准编制福建省旅游业发展十年规划，明确发展目标，论证重大项目，提出政策措施，引导和推动全省旅游业健康快速发展。

（2）抓宣传促销。亚洲金融危机对福建省旅游业造成一定影响，要抓住我国“入世”在即的有利时机，发挥武夷山成功申报“世遗”成为继黄山、泰山、峨嵋山之后我国第四处文化与自然双遗产地的积极效应，改进促销手段，提高宣传能力，进一步扩大福建省旅游产品在欧、美、日、韩和澳大利亚等市场的影响，争取更大份额的海外市场。

（3）抓政策扶持。各级政府要将发展旅游业列入经济社会发展计划，统筹配置资源，赋予优惠政策，营造良好发展环境。省级以上风景名胜区、旅游度假区、自然保护区所在地政府要利用多种资金渠道，加大对景区景点基础设施建设投入，并积极引导社会投资投向旅游项目建设和旅游商品开发。旅游基础设施建设，要与全省基础设施建设规划布局紧密结合，做到有统有分、充分共享，提高基础设施对旅游业发展的适应性和保障能力。

（4）抓薄弱环节。要加强旅游系列产品的开发，挖掘文化内涵，突出地方特色，重视游客心理，力求物美价廉，让游客爱不释手且便于携带。要重视发展旅游娱乐活动，做到既高雅健康又喜闻乐见，成为旅游产品的新亮点。

（三）培植环保产业

1. 福建省环保产业发展的基本状况

福建省环保产业经过二十多年的发展，目前已初具规模，发展速度居全国的前列。1997 年全省从事环保产业的单位达 385 个，比 1993 年增长 27.5%。其中，专业单位 298 个，增长 106.9%；职工达 82 889 人，增长 178.4%。环保产业总产值达 20.3 亿元，比 1993 年增长 262.5%。其中，环保产品产值达 3.52 亿元，增长 10.6%；实现利润 1.09 亿元，增长 109.6%；环保产业固定资产达 18.0 亿元，增长 29.0%。

发展中存在的主要问题。

一是总量小，福建省环保产业总产值仅占全国环保产业总产值的3.98%，约占福建省当年国民生产总值的0.7%；

二是规模小，全省没有一家大型的环保企业，没有拳头产品，除龙净股份有限公司外也没有其他骨干企业；

三是档次不高，高科技含量的技术、产品和设备少，存在低水平重复、低水平竞争的现象；

四是结构不合理，在环保产业总产值中，“三废”综合利用产值占60.7%，环保产品的生产与销售占20.7%，低公害产品占3.2%，自然生态保护产品仅占0.5%；

五是市场不规范，地方保护、部门封锁、行政干预等不平等竞争现象比较严重，市场引导与监督薄弱，业内存在的合同纠纷、债务纠纷以及侵犯知识产权等情况需要引起重视。

2.福建省环保产业发展的主要目标

要努力推进环境保护市场化、产业化，逐步建立结构合理、机制灵活、有福建特色的现代化环保产业体系，形成开放、规范、有形的环保产业市场，为实现福建省环保目标、实施可持续发展战略提供有效的技术和物质保证。

一是到2005年全省环保产业产值达到50亿元，到2010年全省环保产业产值达到120亿元；

二是形成3个以上的大型企业，组建10个以上的企业集团，建立一批环保产品生产基地、生态示范区、环保技术中试基地和重点实验室等；

三是主要环保产品中30%以上达到国内先进水平，有50%以上的环保产品通过国家技术认定；

四是主要环保产品的设计、生产实现系列化、标准化，环境工程设计和施工推行标准化，治理设备实现国产化；

五是建立公开公平的市场竞争机制，组建五六个环保产业专业市场，逐步实现环保投入多元化、环境保护社会化、污染治理集约化、设施运营产业化。

3.加快发展环保产业的对策建议

一是力推市场化。转变环保由政府包办的传统观念，顺应市场需求，按照市场规律，制定和推行促进环保产业发展的政策措施和规范标准，支持环保产业企业发展，实现环保投入多元化。

二是促进绿色化。加强对环保产业发展的宏观引导，扶持一批环保技术、环保产品、示范性环境工程和环保产业企业，鼓励全社会生产和使用环境标志产品、有机食品和低无公害产品。

三是加快产业化。加强环保领域的产学研、政银企合作，推动环保科技成果转化，引导环保企业技术创新，扶持先进环保技术开发和产品推广。加强环境保护国际合作，积极引进、消化吸收国外先进技术，加快转化为现实生产力。

四是实现基地化。加快培育福建省环保产业的龙头骨干企业，引导有条件的国有大中型企业转向开发环保产品和技术，组建有竞争力的企业集团，加快建立电除尘器、水处理设备、生物防治产品和有机食品等重点生产基地。

五是推行法治化。建立开放、规范、有形的环保产业市场，所有大中型环境工程、重大环保产品采购、大型科研攻关项目等都应实行公开招投标。大力培育和发展市场中介组织，开展各种技术、信息、经纪人等市场服务，促进环保产业的健康发展。

（四）加快小城镇建设发展

1. 福建省小城镇建设发展的基本状况

近年来各级政府对小城镇建设较重视，投入有所增加。据统计，全省“八五”期间用于村镇建设的资金达 361.99 亿元，比“七五”期间增加约 2 倍。“九五”期间进一步增加对村镇建设的投入，1998 年投资达 129.74 亿元。

小城镇基础设施建设得到加强。全省基本形成与国、省道相连互通的镇村道路网；小城镇自来水普及率达 72%；生活用燃气普及率达 67.1%；道路铺设率达 61%；电话总装机容量平均达 5 072 门，每百人拥有量可达 34 部；全年平均用电量 2 499.7 万千瓦小时；镇区居民生活配套设施日益城市化。据抽样调查，镇区住宅面积占镇区面积的 14.2%，园林绿地面积占 10.6%，垃圾处理率达 61.4%。基础设施的日趋完善，改善了镇容镇貌和投资环境，增强了吸引力和辐射力，方便了人民群众生活。

小城镇综合实力快速增强。根据全省 80 个小城镇抽样调查测算，全省建制镇镇区固定资产净值平均为 1.86 亿元；镇区经济总收入平均 7.49 亿元；当年全镇财政预算内和预算外收入平均 0.19 亿元；居民纯收入为 3 551 元，比全省高 20.5 个百分点；居民年末存款余额是全省人均存款余额的 2.05 倍。小城镇的发展对于加快农村剩余劳动力转移，优化城乡经济结构，缩小城乡差别，改善农村生产和生活方式，推动国民经济发展和社会进步起到重要作用。

福建省小城镇发展面临的主要制约因素。

一是规模偏小，集散能力弱，企业规模小，规模效益差，影响对农村剩余劳动力、资金等生产要素的吸纳。

二是规划滞后，盲目铺摊子，无序建设，浪费土地，加大了基础设施配套难度，增加了服务业成本，影响了城镇环境面貌。

三是资金不足，设施不配套，建设水平难以提高，一些地方生活垃圾、工业废水等污染较严重。

四是体制束缚，行政管理和审批权限不适应小城镇发展的需要，现行户籍制度制约农户向小城镇转移，延缓小城镇建设步伐。

2. 福建省小城镇建设的总体格局

（1）两区。以福州市区为中心形成闽江城镇密集区；以厦、漳、泉为重点形成闽南金三角城镇密集区。

（2）四带。从诏安、东山、龙海经过泉州、莆田、福州到宁德、福鼎，形成沿海城镇带；从龙岩经过三明到南平、武夷山，形成内地城镇聚集带；从福州、闽清经过南平、顺昌、邵武、光泽，形成沿闽江城镇聚集带；从厦门、漳州经过龙岩到长汀，形成赣龙厦铁路沿线城镇带。

（3）近郊镇。在大中城市周围的近郊城镇，要逐步融入市区，成为大、中城市的重要组成部分。

（4）卫星镇。与大中城市有一定距离的城镇，要发展成为各类卫星城镇。

（5）沿线镇。主要交通干线沿线 5 公里以内分布的小城镇，应强化城镇的集聚功能，引导和吸引乡镇企业以多种形式向镇区集中，成为一定区域农村经济发展的集结点，带动周边地区社会经济发展。

（6）县域镇。根据目前农村经济现状，在县城范围内，城镇建设应逐步形成“县城—中心镇——般镇”的梯次布局。依托县城，提高农村社会经济发展水平和劳动力非农化水平，为实现农村城镇化、农业现代化服务。

（7）集镇群。闽东南地区的小城镇相互距离近，日趋连绵发展，要组合成集镇群，推动人口和产业的集聚，促进城乡发展一体化。

3.加快小城镇建设发展的对策建议

（1）改革小城镇户籍制度。在全国户籍管理制度改革之前，进一步放活小城镇户籍管理，逐步建立以居住地划分城镇人口和农村人口、以职业划分农业人口和非农业人口的新型户籍登记制度，为农民进城创造条件。可以考虑100个省级试点小城镇全部参加小城镇户籍制度改革试点，原则上凡在集镇务工、有住所、有持续稳定生活来源的农民，在小城镇投资兴办二、三产业，购买住房的人员，都可以转为城镇常住人口。条件成熟后，可将户籍制度改革逐步扩大到其他小城镇。

（2）完善土地开发管理制度。严格执行新《土地管理法》，征地用地要严格审批手续，推行统一规划、统一征地、统一开发、统一出让或划拨、统一管理的“五统一”办法。集约利用土地，鼓励异地开发非耕地资源。鼓励更新改造旧村旧镇，盘活小城镇存量建设用地。采取优惠政策，吸引乡镇企业向小城镇工业小区集中。实行多样化的土地供给方式，在土地有偿使用和严格用途管制的前提下，允许集体土地使用权通过转让、出租、作价入股等方式直接进入小城镇土地市场。严格划分小城镇的土地权属关系，实行政府收税、所有者收租、管理者收费，并降低税、租、费的征收标准，禁止地方政府和有关部门向土地使用者搭车收费，禁止借机圈地、卖地牟利。正确处理进城农民与承包地和宅基地的关系，稳定土地承包期30年不变的政策，保留进城落户的农民对承包地的承包权利不变，鼓励其有偿转让承包地的使用权，允许进城农民利用原有的旧宅基用地按一定的折算标准置换城镇住宅用地。结合自然村合并和新村建设及小城镇商品房开发，逐步对分散农民居住点进行搬迁改造、退宅还田。力争做到占地造地，总量平衡，有所节余。

（3）建立小城镇建设多元投资机制。

一是用好国家安排的农村基础设施建设资金，各级政府的计划、建设、土地、环保和农口部门从不同渠道加大村镇建设投入。

二是按照“谁投资、谁受益”的原则，鼓励镇级财政、乡村集体经济、各类企业、个人和外商等参与村镇建设。

三是发挥乡镇工业的反哺作用，支持乡镇企业成为合适的公共领域经营性项目投资主体。

四是在统一规划指导下，推行综合开发机制，促进统建、代建与商品房开发有效结合。

五是采取市场化办法，推行基础设施和公用设施项目的筹资、建设和运营。

（4）规范村镇建设秩序。强化建设工程质量监管制度，在小城镇规划区内承建工程项目的施工企业，必须符合资质要求、持证承建经营。村镇公共建筑工程、生产性建筑工程、基础设施工程以及成片开发的住宅小区，必须建立项目法人责任制，加强质量监督，有条件的地方可委托监理。个人住宅的质量监督由业主自行负责，二层以上（含二层）的个人住宅及其附属物必须有证设计、有证施工。村镇个体建筑工匠经过培训，领取村镇建筑工匠许可证，方可承接三层以下个人住宅建筑工程。

（5）健全社会保障制度。要将既有城镇人口和新增城镇人口纳入统一的社会保障体系，在小城镇中建立和完善住房、医疗、教育、劳动就业和社会保险等社会保障制度。允许农民将其拥有的已经量化的集体资产变现流动或保留其迁移后的分红权利，根据当地经济发展水平，在进城农民自愿的前提下，逐步建立以农民工和所在企业共同负担为主、政策支持为辅的新型社会保障体系，为农民在小城镇安居乐业提供保障。

（本文为1999年省重点调研课题成果，
尤思德、钟军同志参与调研与撰写）

林纸结合的对策与措施

（一九九三年四月）

实行林纸结合，中央有精神，部委有要求，国外有借鉴，地方和企业有积极性。但长期以来由于林纸分家体制的局限，林业生产经营周期长、投资大、回收慢、季节性强、牵涉面广的特点，以及在领导任期内看不到明显效益等原因，林纸结合改革起步艰难，推进不同步，政策不配套，进展比较缓慢。1988 年初国务院确定的全国四个林纸结合试点，只有福建的南平纸厂与附近林区这个试点已经启动、初步运转，取得了一些经验和体会。为了切实搞好这项试点工作，为全国林纸结合改革探索一条新路提供借鉴，在调查研究的基础上，提出如下的对策建议。

一、成立省林纸结合工作领导小组及办公室

省政府应尽快成立“林纸结合工作领导小组”，最好有一位副省长任组长，省计委、经委、林业、轻工、财政等领导参加，领导小组下设办公室负责处理日常事务。领导小组的主要任务是：

（一）研究制定林纸结合的政策措施。

（二）审批全省林纸发展规划和大中型林纸联合企业建设项目。

（三）理顺相关方面的关系，协调解决林纸结合过程中出现的重大矛盾和问题。

（四）协助推动有关地（市）组建林纸结合领导小组并展开工作。

二、统一制定全省林纸结合的发展规划和实施方案

在调查研究的基础上，首先对林业厅1988年4月编制的《福建省造纸原料林基地建设和造纸工业发展规划建议书》和省轻工业厅1985年编制、省科委1988年10月出版的《2000年福建省造纸工业科学技术发展调研和预测报告》，进行更科学、更权威的论证，协调统一各方意见，制订全省林纸结合发展规划和实施方案，明确发展目标和发展重点。

三、完善加强林纸产业发展法规

为促进林业分工，确保造纸材定向培育、定向供应，保障林业投资者的合法权益且长期有效，建议省人大根据《森林法》等相关法律制定《福建省林纸产业振兴条例》，省政府制定《福建省工业专用林实施细则》，以法规的形式确认福建省林纸协调发展的目标、重点和措施，增强政策的稳定性与连续性，依法兴林、依法兴业。

四、建立南平林纸结合改革实验区

建议将南平造纸厂（包括新近设立的福建省星光造纸集团公司）与附近林区确定为省林纸结合改革实验区，实行林纸一条龙经营、一体化管理，相应组建林纸联合体公司。该实验区可以划归南平地区行署主管，由省林纸结合领导小组领导，在领导小组成立前可授权省计委领导。省里应赋予南平林纸结合改革实验区必要的扶持政策：

（一）土地政策

根据省、地有关部门的统一规划，由集团公司选择相对集

中连片的Ⅰ、Ⅱ类或Ⅱ、Ⅲ类地培育造纸材，按土地有偿使用的原则（现行林地占用费为林价的30%）自下而上签订合同协议，报县（市）政府审查，由县（市）人大批准实施，以确保林纸结合有长期稳定的原料林基地经营区。

（二）林权和经营权政策

（1）根据所有权和经营权可以适当分离的原则，造纸林基地内新造林的林权、基地内所有林木经营权和砍伐权归属林纸联合体公司。森林经营方案由公司统一编报，经林业部门批准实施。

（2）公司根据多种形式并存、择优发展的原则，建立自营、联营或合作等多种形式的林场。

（3）建立林纸经济乡（镇）、村，有条件的乡（镇）、村的林木林地可折价向公司入股，由公司统一经营，按股分配林纸超基数利润，先分后税。

（三）投资政策

（1）国家计委已提供拨改贷2 000万元（利率2.4%，15年偿还），建议再申请增拨2 000万元。

（2）省计委提供拨改贷150万元，省经委提供周转金100万元，建议利率和还贷年限参照国家计委拨改贷执行。

（3）公司（或纸厂）按木材进厂价的3.5%提取原料林基地建设基金，目前测算为12元/立方米，可摊入生产成本，有偿周转使用。省地林纸结合领导小组办公室每年组织审计，纸厂当年未提未用部分由省里一次性上收，统一安排基地建设。

（4）国家计委计农经（1988）33号文批复的“南平造纸厂

与附近林区林纸结合试点方案”和省计委闽计农（1988）008号文批复的“关于南平造纸厂与附近林区林纸结合项目设计任务书”应认真贯彻落实，基地内生产木材提取的育林基金中地、县留成部分的50%应用于造林基地建设，乡、村的更新造林费全部用于基地的迹地更新。

（5）建立和完善林业投入激励机制，林业专业户和林农的投资、投劳可以折价入股，并实行优惠政策，提高其分配比例，鼓励林农把更多的资金、劳力投入营林。

（四）科技进步政策

（1）按浆纸产品销售额的1.5‰，提取造纸科研试验费，并在成本列支，主要用于对速生针阔叶树制浆造纸性能的研究，引进国内外速生树种的制浆造纸新技术等。

（2）按营林投资的1%提取营林科研试验费，用于引进良种和壮苗培育，如马尾松容器育苗新技术等，引种前期生长量大的桐棉松、火炬松，筛选7年内亩年生长量接近和超过2立方米的尾叶桉、赤桉、大叶相思等阔叶树，研究推广适用技术。

（3）林纸联合体公司的创汇可用于引进国外先进技术、设备、良种和管理，以及组织出国进修培训；外汇留成可享受厦门经济特区的优惠政策；利用外资项目的以产顶进产品，由外贸部门支付外汇收购。

（五）计划单列政策

林纸集团企业的生产、原材料供应和交通能源等计划，在国家或省计划管理中单列下达。

（六）企业集团管理政策

世界造纸业发达国家的经验证明，造纸工业是最大的林产工业，林业和造纸必须统一管理。在国家明确林纸体制新的改革方案之前，建议林纸联合体公司作为省属企业集团暂挂靠省计委归口管理。

（七）税费政策

（1）在保证国家税收稳定增长的前提下，免除林纸企业集团的中间环节的税收和不合理收费，改按最终产品——纸或浆统一计税，超基数利润按比例分配。

（2）基地内生产的枝丫、梢头、废材、板皮、木屑等免征税费。

五、推动林纸结合重点项目建设

（一）推进青州造纸厂扩建15万吨／年商品木浆工程和配套160万亩造纸林基地的林纸结合

针对当前青州纸厂和三明市林委在推进林纸结合中存在的不同意见，建议：

（1）由省计委牵头，召集林业厅、轻工厅、财政厅、三明市政府、林委、省造纸公司、青州纸厂等有关部门，在正确测算的基础上，协调理顺林纸体制和经济效益分配等关键问题。

（2）三明市成立林纸结合工作领导小组，根据三明农村经济改革实验区的工作部署和要求，参照南平林纸结合的有关政策和措施，制订以青州纸厂160万亩基地为主体的区域林纸结合总体规划，报省有关部门论证、审定。

（二）做好上杭20万吨浆、纸项目和林业基地的前期工作

省林业厅计划在龙岩地区建设林纸一体化企业，新建20万吨CTMP浆及新闻纸项目，拟在上杭、武平、永定、长汀、连城五个县内建设130万亩造纸原料林基地。建议抓紧研究落实原筹资方案中考虑的筹集林业部门营林基金、利用贴息贷款以及林业部速生丰产林低息贷款等资金来源，深化项目可行性研究工作。

六、建立造纸林基地专项基金

从长远看，新建或扩建大中型纸厂必须实行木材浆厂与木材原料林基地同步建设、同步落实，才能保证稳定可靠的原料供应。国内外发展林业基地的经验表明，林业基地建设必须赋予特殊优惠政策。比如巴西，为了支持林纸结合和原料林基地建设，法律规定实行财政鼓励政策，在林基地建设初期企业所得税的22.5%留下来用于造林投资。按照省林业厅规划，到下世纪初全省要建成1 200万亩造纸原料林基地，这样一个宏大的造林工程需要解决资金来源问题（据《二〇〇〇年的中国研究资料》，2000年我国造纸林基地面积1 190万亩，约需投资10.3亿元，其中拟由国家拨款和补贴5.6亿元，2000年造纸材规划量为520万立方米，2010年达到880万立方米）。为此，建议：

（1）福建省作为南方林区，可以争取与国家有关部门建立类似于农业部与黑龙江省共同建设粮食生产基地那样的部省合作关系，福建省为国家提供造纸材，国家对福建省造纸材基地建设安排更多的投入。

（2）由国家或省（市）设立造纸林基地建设专项基金，使

用利率参照国家计委提供南平造纸营林总公司的贷款条件（建行拨改贷，利率2.4%），还款期限一般以第一轮伐期所需年限为准。这笔费用只作为基地启动费，待基地开始采伐产出后即逐步偿还本息。对第二轮伐期内的造林投资，国家或省不再投入，以促进基地进入以林养林的良性循环的目标实现。

(3) 省林业厅收取的育林基金每年拨出一部分专项用于造纸林基地建设。

(4) 充分利用外资、侨资、台资和横向联合资金等，多渠道筹集造纸林基地建设资金。

七、依靠科技进步提高林纸结合水平

林纸结合需要政策，离不开投入，但最终还要靠科技。

(1) 在营林技术方面，中近期应以推广适用技术为主，筛选速生丰产树种，大幅度提高林木生长率；远期从无性系林业突破，运用高科技改良遗传，实现林木的无性繁殖、工厂化育苗等。

(2) 在造纸技术方面，要对制浆造纸工艺进行技术改造，如将原木制浆的老式链条磨木机或袋式磨木机改为盘磨机，改普通磨木浆为木片磨木浆生产新闻纸，最大限度地利用等外材、小径材、板皮、枝丫等，提高木材利用率和扩大造纸用材范围，以充分利用福建省林区良好的自然条件和自然资源。

综上所述，林纸结合面临体制、资源、技术、资金等多方面困难，应统一认识，增强合力，因地制宜，分步推进。在造纸企业与林农、林场的合作方面，可以由易到难，由初级到高级，由合同制、合作制、股份制逐步过渡到一体制。在原料林基地建设和原料供应方面，可以跨部门、跨地区、跨所有制，开展多边、交叉、全方位联合。在改革推进方面，可以自下而上、自上而下或上下结合。特别要集中力量推进作为全国试点的南平纸厂及其附近林区林纸结合改革实验区建设，在先行先试的基础上总结经验，为其他老纸厂和新项目提供可以借鉴的经验，促进造纸业和林业协调健康发展。

（本文为《福建省林纸结合发展战略及其对策》课题研究成果的一部分，
课题于 1993 年 4 月获得福建省第二届科技工作者优秀建议奖，
课题组成员有陈庆蔚、王祖谦、邱武元等同志）

湄洲湾乙烯工程建设条件和外部配套分析

（一九九一年十二月）

一、改革开放以来福建经济社会面貌发生了巨大变化

改革开放十二年来，福建省认真贯彻党的十一届三中全会以来的路线、方针和政策，以经济建设为中心，坚持四项基本原则，坚持改革开放，在中央各部门的大力支持下，积极运用党中央、国务院赋予的特殊政策和灵活措施，努力发挥自己的优势，改革开放和经济建设取得了可喜的成绩。

（一）全省提前三年实现了国民生产总值第一个“翻番”目标

1990 年，全省国民生产总值达 232 亿元（按 1980 年不变价，下同），比 1978 年增长 2.3 倍，年平均递增 10.6%；国民收入 210.6 亿元，比 1978 年增长 2.5 倍，年平均递增 11.0%。

（二）农业大多数年份获得好收成

1990 年农业总产值达 94.6 亿元，比 1978 年增长 1.2 倍，年平均递增 6.5%。粮食产量 879.64 万吨，达到历史最高水平。绝大多数经济作物获得丰收，林、牧、副、渔全面发展。

（三）工业生产持续发展

1990 年工业总产值达 406.6 亿元，比 1978 年增长 5.2 倍，年平均递增 16.5%。治理整顿以来，工业结构趋于好转，能源、原材料工业生产稳步发展。

（四）财政金融形势逐年好转

1990年财政收入55.63亿元，比1978年增长2.7倍，年平均递增11.5%。银行各项存款达255亿元，比1978年增长7.8倍，年平均递增19.9%。

（五）能源、交通、通信等基础设施建设得到加强

20世纪80年代，全省固定资产投资586.3亿元，其中有约100亿元用于电力、机场、港口、公路、铁路等基础设施建设，投资环境明显改善。

（六）外经外贸迅速发展

福建省已同世界上130多个国家或地区建立和发展了经济贸易往来，1990年出口总值达22.4亿美元，比1978年增长10.5倍；利用外资逐年扩大，到1990年底，全省累计批准“三资”企业3 751家，协议金额40.3亿美元；已开业投产的达1988家，实际利用外资金额17.2亿美元，1990年工业产值86.9亿元，占全省工业总产值的21.4%。

（七）人民生活水平逐步提高

1990年城镇居民人均生活费收入达1567元，农民人均纯收入达764元，分别比1980年增长3倍和3.5倍，年平均递增分别为14.9%和16.1%，扣除物价上涨因素后仍有一定增长。

由于种种原因，福建经济发展起步较晚，潜在优势尚未充分发挥，经济技术基础比较薄弱，国民经济与社会发展仍存在一些比较突出的问题和制约因素。主要反映在，农业基础设施

水平低，抗御自然灾害能力差；铁路、公路、港口、机场等交通运输以及通信和供水、道路等城市基础设施建设任务较繁重；大中型企业少，原材料工业薄弱，工业发展缺乏后劲，成为影响福建经济发展的最大制约因素；控制人口增长、安排城镇就业任务很重；地区经济发展不平衡，闽东、闽西等一些老革命根据地、少数民族聚居区、沿海岛屿及突出部还比较落后，解决这些问题是今后福建省面临的重大任务。

二、90 年代是福建实现发展新突破的重要时期

根据省七届四次人代会审议通过的《福建省十年规划和“八五”计划纲要》，福建省今后十年经济建设总的指导思想是：在党中央、国务院和省委的统一领导下，动员和组织全省人民，团结奋进，艰苦创业，坚定不移地贯彻执行党的基本路线，一心一意抓紧经济建设，坚持不懈地深化改革、扩大开放，全面推进社会各项事业的进步，努力实现社会主义现代化建设第二步战略目标，把福建建成一个稳定、繁荣、文明、小康的开放省份。围绕这个指导思想，今后十年福建省的主要奋斗目标是：

（1）国民生产总值，按照 1980 年不变价格计算，十年平均递增 8.5%，1995 年达到 354 亿元，提前实现翻两番；2000 年达到 530 亿元。

（2）农业总产值平均递增 4.5%，按 1980 年不变价格计算，1995 年达到 120 亿元，2000 年达到 145 亿元；粮食总产量 1995 年达到 100 亿公斤，2000 年达到 110 亿公斤。

（3）工业总产值年平均递增 10% 以上，按 1980 年不变价格

计算，1995 年达到 650 亿元以上，2000 年超过 1000 亿元。其中，“三资”工业总产值年递增 19.5%，1995 年达到 250 亿元，2000 年达到 500 亿元。

（4）财政收入争取与国民生产总值大体同步增长，1995 年达到 85 亿～ 90 亿元，2000 年达到 145 亿～ 150 亿元。

（5）全社会固定资产投资十年合计为 2 000 亿元，平均每年增长 10.8%。“八五”期间为 750 亿元，平均每年增长 11.1%。其中，全民所有制单位投资 360 亿元（包括基本建设投资 250 亿元，更新改造投资 110 亿元），集体所有制单位投资 60 亿元，个体投资 250 亿元，商品房建设投资 80 亿元。

（6）外贸出口总额，十年平均递增 13.6%，1995 年达到 40 亿美元，2000 年达到 80 亿美元左右。十年争取利用外资 100 亿美元。

（7）农民人均纯收入，1995 年达到 1 350 元，2000 年达到 2 400 元；城镇居民人均生活费收入，1995 年达到 2 600 元，2000 年达到 4 500 元。扣除物价上涨因素，城乡居民人均实际收入水平平均每年增长 3% ～ 5%。

实现十年奋斗目标，除了国家有关部门大力支持外，福建省特有的有利条件很多。

—— 主要基础设施的保证程度将优于前十年。今后十年全省发电量平均增长速度可达 10% 左右，国家支持建设的一批港口、机场、铁路、公路、邮电等重点基础设施将陆续投产，对改善投资环境，适应经济社会发展、对外开放及海峡两岸“三通”将发挥重要作用。

——利用外资、台资，加强基础设施建设方面已积累了一定的经验，随着海峡两岸关系的缓和，闽台经贸交往的扩大，进一步争取侨、港、台、外商投资建设大型基础设施项目，进而促进福建省经济发展是完全有可能的。

——经过十二年的改革开放，全省上下商品经济意识有了较大的增强，市场机制逐步完善，资金、土地等实行有偿使用原则已有共识，实施电力、机场、铁路、公路、邮电等专项集资政策已普遍得到接受，今后十年从内部筹集建设资金的能力会有较大提高。

——中央赋予福建综合改革试验区的一系列特殊政策、灵活措施，将继续成为福建省改革开放事业更快发展的强大动力。福建省旅居世界五大洲90多个国家和地区的华侨、华人有800万人，港澳同胞有80万人，台湾民众80%祖籍在福建。充分运用“特殊政策，灵活措施”吸引侨、港、台、外资金条件很好。

——经过改革开放十二年来的发展，民间资金已较为充裕。目前城乡居民结余的购买力近300亿元（人均1 000元）。1991年福建省开始发行企业债券、股票，形势很好，供不应求，为今后大中型基建项目推行社会主义股份制，建立长期资金市场，将消费资金转化为建设资金开辟了新的路子。

——调整产业结构，加强基础设施和原材料工业建设已成为全省上下的共同呼声。改革开放以来，经济发展迅速，基础设施、原材料工业相对滞后，越来越不适应形势发展的需要，全省人民都迫切希望90年代尤其是“八五”期间福建省原材料工业能有重大突破，为实现国民经济持续、稳定、协调发展创造有利条件。

三、湄洲湾在福建经济发展战略中具有重要地位

围绕实现今后十年的奋斗目标，福建省90年代发展战略是要逐步形成“南北拓展，中部开花，连片开发，三点一线”的新格局。“南北拓展”，即南面以厦门特区为中心，向海沧、杏林和九龙江两岸直至泉州、漳州拓展，形成闽南“金三角”开放地带；北面以福州和马尾经济技术开发区为中心，向福清、长乐和闽江两岸拓展,形成闽江“金三角”开放地带。“中部开花”，即以湄洲湾的开放开发为中心，以福厦公路和漳泉肖铁路为主轴，形成中部开放地带。“连片开发”，即通过成片土地开发和沿海卫星城镇建设，带动全省开放开发。这样，以福厦线为轴，以厦门（南）、福州（北）和湄洲湾（中）为重点,全省将形成“三点一线”的开放开发格局。

正在开发建设中的湄洲湾，位于福建沿海一线的中部，水深港阔，能利用的深水岸线长达21公里，可建万吨以上深水泊位30多个，具有建设综合性、多功能深水港的条件，是一个位置适中、不冻、不淤、避风条件好的天然深水良港。开发湄洲湾对于振兴福建经济、促进台湾回归统一有着十分重要的意义。早在1984年，国家计委就将湄洲湾区域国土规划列入全国27个国土规划试点之一，省政府批准成立省湄洲湾开发领导小组，并设立办公室（隶属省计委），开展国土规划工作。经过四年的深入调查研究，1988年提交湄洲湾区域国土规划报告成果，提出湄洲湾逐步建成我国东南沿海对外开放的深水大港、福建省重要的重化工业基地和新型港口工业城市的总体发展规划。经过论证，修订规划内容和深度达到国家规划纲要的要求。

由于地理位置和人文关系特殊，湄洲湾地区（包括湄洲岛）对海外侨胞、港澳台同胞具有很强的吸引力。地处湄洲湾湄洲岛上的妈祖庙，是全世界妈祖信徒的祖庙。自1988年省政府把湄洲岛开辟为对外开放旅游经济区以来，到湄洲岛朝拜进香旅游观光的台胞已达30万人次。1991年10月30日，由台湾著名人士、香港华阳机构股份有限公司董事长丁楷恩先生投资10亿港元建设的湄洲岛成片土地开发项目正式开工，标志着湄洲岛将成为一个沟通海峡两岸往来的朝拜、旅游、度假、文化交流和经济贸易中心。为了加快湄洲湾地区开发，省委和省政府决定把开发湄洲湾作为今后经济发展战略布局的重点，得到国家领导人和有关部门的大力支持和赞同。目前湄洲湾地区基础设施建设已有一定规模，已经建成肖厝和秀屿两个万吨级泊位杂货码头、笏石22万伏和仙境11万伏两个变电站、肖厝二级公路；正在建设中的有福建炼油厂和惠安塘头变电站；正在准备开工建设的有漳泉肖铁路、福厦高速公路泉厦段、湄洲湾南岸供水工程等项目。许多外商、台商对开放湄洲湾抱有极大的兴趣。如果我们在湄洲湾地区有更大的动作，对吸引外资、台资，促进海峡两岸往来，将起更大的作用。我们相信，30万吨乙烯工程项目若能很快上马，湄洲湾地区将会以更加崭新的姿态出现在祖国东南沿海，真正成为海峡两岸的“强磁引力站”。

四、湄洲湾乙烯工程具有切实可行的外部配套条件及其建设规划

乙烯工程所在的湄洲湾地区基础设施条件较好，“八五”发展规划比较落实，可以为乙烯工程提供良好的建设和运营条件。

（一）用地

湄洲湾南岸的肖厝规划区，地处湄洲湾区域的下半部，南北分别距泉州、莆田市 50 公里左右，拥有深水岸线 4.4 ～ 5 公里。陆域开阔平缓，可供安排使用的土地约 60 平方公里，大都为低丘旱地和荒山。此外，南埔圈垦工程围海造地 7 000 多亩，正在加紧施工，预计 1992 年合拢，为增加用地创造条件。

（二）供水

为了满足湄洲湾南岸大规模开发的需要，肖厝工业区用水需从邻近的晋江水系引水。据预测，肖厝工业区 1995 年需水量为 1.04 亿立方米，2000 年为 2.08 亿立方米。为解决近期用水，现已建设福建炼油厂供水工程，从菱溪水库接 10 公里的输水管涵到炼油厂，供水流量为 0.5 立方米 / 秒。为了从根本上解决湄洲湾南岸工业用水问题，计划“八五”期间建设湄洲湾南岸供水工程，从晋江金鸡桥闸上游 3.1 公里处取水，经过 40 多公里的输水管涵将水引到肖厝，供水流量按 6 立方米 / 秒设计，近期按 3 立方米 / 秒建设、运行，远期留有扩至 10 立方米 / 秒的余地。近期提水、引水和供水三部分工程投资约需 3 亿元左右，资金准备从省财政预算内拨款、银行贷款、发行贴息债券、社会集资和争取水利部投资等方面多渠道解决。工程计划 1992 年 10 月开工，1995 年建成投产。水利部已初步表示愿意投资。

该工程金鸡桥闸取水口上游集雨面积 5 084 平方公里，平均年来水量 45.97 亿立方米，97% 枯水年来水量 26.61 亿立方米，水闸有效库容 665 万立方米，可进行完全日调节。据计算，97% 枯水年该区域总需水量 12.33 亿立方米，通过上游山美水库（总库容 6.56 亿立方米）调蓄，供水可完全保证。

经水质分析，菱溪水库水质为 I 类标准，金鸡桥闸水源水质为 II 类标准，全封闭引水，无区闸污染，可满足工农业生产及生活用水要求。

（三）供电

福建省 1990 年全省发电装机容量 388.3 万千瓦，发电量 136.65 亿千瓦时。90 年代在抓好水口水电站续建的同时，将新建和扩建厦门嵩屿、华能福州、湄洲湾、永定棉花滩、穆阳溪芹山—周宁等大型火电厂和水电站，计划 1995 年装机容量达到 641 万千瓦，发电 225 万亿千瓦时，2000 年装机容量达到 890 万千瓦，发电 350 亿千瓦时，电力电量基本能够适应全省经济发展的需要。

湄洲湾地区供电电源，北有 70 万千瓦的华能福州火电厂（二回路），西有 140 万千瓦的水口水电站（三回路），南有厦门杏林、嵩屿以及龙门滩梯级水电站（二回路），将来还有湄洲湾火电厂，电源是可靠的。

供电配套设施条件也很好。北岸已建成笏石 220 千伏变电站，主变容量 2×12 万千伏安；南岸现有肖厝仙境 110 千伏变电站，主变容量为 2×3.15 万千伏安（现已投运 1 台）。由国家能源投资公司和福建省联合投资、电力部门负责建设、直接为肖厝工业区服务的塘头 220 千伏变电站，主变容量为 3×12 万千伏安，正在加紧建设，1992 年 3 月可建成投产 2 台，保证福建炼油厂供电需要，还有 1 台主变视用电负荷增长情况安排装置，完全可以满足 30 万吨乙烯工程用电的需要。

（四）交通设施

1. 港口

湄洲湾南岸靠近炼油厂已建成肖厝万吨级杂货码头，年吞吐能力 34 万吨，经改造和配套后，可进行集装箱装卸作业；北岸已建成秀屿 5 000 吨杂货码头，由省交通部门负责组织建设的 1 万吨杂货码头正在紧张施工，1992 年可建成投产，3.5 万吨煤码头已经国家计委批准立项，“八五”期间可望上马。直接为福建炼油厂服务的 10 万吨原油泊位和 5 000、3 000、1 000 吨级成品油泊位各 1 个的油码头正在加紧建设，1992 年 5 月前将建成投运；10 万吨级航道经过整治已经疏通，目前正在设置导航标志。省交通部门投资 3 000 万美元购买的一艘 10 万吨级油轮已经到货，海运设施日趋完善。

2. 铁路

贯穿福建中部的漳泉肖铁路（包括肖厝工业和码头支线），设计任务书和集资方案已经国务院批准，建设资金已经落实（总投资 7.4 亿元，其中利用日本协力基金贷款 65 亿日元，国家安排贷款 1 亿元，铁道部投资 0.5 亿元，省铁路建设附加费 2.5 亿元），计划 1992 年开工，1996 年建成投产。该工程由漳泉肖铁路公司负责组织建设，投产后可满足肖厝工业区和 30 万吨乙烯工程的运输需要。

3. 公路

由省交通部门负责组织建设的南岸肖厝二级公路已与福厦二级公路连通；北岸已建成莆田城关至秀屿二级公路，与之相接的新厝店至文甲三级公路改建工程正在施工，1992 年可建成交付使用；临近肖厝工业区的福厦高速公路泉厦段建设项目，主干线 77.14 公里，连接线 10.4 公里，投资估算 13.42 亿元，所需资金除申请利用世界银行贷款 1 亿美元（国家计委已列入利用世界银行贷款 1992—1994 财政年度备选项目计划）外，其余部分由过桥费和财政等多渠道筹措，资金基本落实。该项目国家计委已以计交通（1991）1816 号文批准立项，前期工作正在加紧进行，1992 年做施工准备，计划 1993 年开工，1997 年建成。

（五）邮电通信设施

湄洲湾南岸的南埔邮电所已建成 500 门自动交换机，湄洲岛上 500 门程控电话也已开通，福建炼油厂正在建设 1 200 门程控交换机和南埔至惠安一趟的 34 兆光缆系统，可提供 480 条电路，惠安至泉州的电路可由邮电局提供中继线。1991 年开工的国家重点工程——沪闽、榕穗光缆工程从惠安、泉州经过，1992 年可建成投运。福厦移动电话也已开通。邮电通信设施日趋完善，完全可以满足乙烯厂至省内外及国际的通信要求。

（六）湄洲湾南岸社会化服务区建设的打算

按照国务院领导同志指示，肖厝工业区的配套社会化服务区将本着改革的精神，综合考虑未来港口工业城市的发展要求，改变以往企业办社会的办法，实行二、三产业分离。按商品化的要求，引进市场机制，实行统一规划和组织社会各方力量进行开发建设、综合经营。省里决定由省建工总公司研究提出组建肖厝社会化开发总公司的方案，承担服务区的规划、组织、招商、开发、经营等职能。有关社会化服务区的总体规划（包括8平方公里内的详细规划）工作，由省城乡规划设计院总揽。省测绘局正在抓紧绘制1 ： 1 000的地形图。目前各项前期工作正在进行中，1992年上半年可以完成前期工作。南岸社会化服务区的建设用地将实行土地预征，省里将赋予一定的优惠政策，支持服务区的建设，走出一条组织社会力量开发建设社会化服务区的新路子。

“八五”福建产业结构调整与投资导向

（一九九一年八月）

一、福建省优化产业结构的目标模式

区域经济的发展，实质上是产业的成长；经济发展的各个不同阶段的演进，实质上是主导产业的更替。因此调整产业结构一方面要协调产业间的关联方式和生产规模的比例关系，更主要的是选择和培育主导产业，并在主导产业与其他产业之间建立起关联机制，从而使产业结构向高度化推进，带动经济的良性循环。对福建省来说，过去十年全力加强交通、能源、原材料等“瓶颈”产业的发展，这种对短缺部门的补偿性倾斜发展取得了显著成效。因此，“八五”时期需要研究和确立新的倾斜政策，使补偿性倾斜向主导性倾斜过渡，致力于建立主导—支柱—基础产业的关联机制，从而不失时机地把产业发展引上提高结构层次和结构效益的轨道，加快国民经济的发展。

（一）主导产业的选择

“八五”时期福建省主导产业的选择要从四个方面来考虑，一不能脱离产业结构演进的总体趋势和一般规律；二不能脱离现阶段福建省产业结构的基本状况和现实水平；三不能脱离福建省的资源优势和地理位置特点；四应能发挥前后关联、带动其他产业发展的先导作用。据此分析，把机械工业和电子工业作为福建省的主导产业比较合适。其一，从福建省产业结构现状看，机械电子工业产值在全省工业总产值中所占比重较大，企业数量同样居第一位。此外，福建省机械电子工业中的工程机械制造业、电机电器制造业、农业机械制造业、船舶工业及消费类电子工业等都有相当基础，其中工程机械已有一半产品达到世界八十年初的水平。其二，从发展趋势看，不论在发展中国家，还是发达国家，机械工业的收入弹性系数都比较高。其三，机械电子工业兼有劳动密集型、资金密集型、技术密集型产业的特点，有利于福建省发挥劳动力资源优势和地处沿海便于发展出口的区位优势。特别是机械电子产品出口具有较高附加值和换汇率，是优化出口产品结构的方向。其四，机械电子工业是国民经济的装备部，其发展水平往往体现了科学技术的最新成果，选择机械电子工业作为主导产业对于推动科学技术转化为生产力、带动其他产业的技术进步和升级换代、促进产业结构向高度化转换具有其他产业不可替代的作用。反之，不抓紧发展机械电子工业，继续维持以五、六十年代的陈旧设备、落后工艺生产老产品，将直接制约福建省产业结构水平的提高，那么加工工业的改组和工业现代化就是空中楼阁。

机械电子工业门类很多，作为福建省主导产业的只是其中有优势、有潜力的一部分行业，同时尽可能避免与沿海其他省份选择的主导产业过多“碰车”，并同全国的产业区划形成默契。符合这些要求的主要有工程机械制造业、机床工具制造业、农业机械制造业、电机电器制造业、船舶工业；电子工业中视听器材等消费类，微机、图文传真机、移动通讯等投资类，集成电器、元器件等基础类电子产品制造业。为了提高产业关联度，作为主导产业的机械电子工业要突出五个发展重点：第一，为能源、交通通讯等基础产业提供先进装备；第二，为传统产业更新改造提供先进设备；第三，促进农业机械化水平的提高；第四，开发生产名优新“拳头”产品，增加出口创汇和有效供给；第五，增强机械电子工业自身的配套能力，提高机电仪一体化水平。

毋庸讳言，即使在上述行业中，也不同程度存在技术工艺落后、产品结构不合理、配套能力差、机电产品一体化水平低等现实问题，这些因素并不能从根本上动摇机械电子工业作为福建省主导产业的选择，而正是“八五”乃至更长远时期的发展中需要着力解决的问题。因此，在产业结构的调整中，对作为制造业的机械电子工业，不应简单划一地采取“压”的办法，而要按照产业结构演进的内在规律，因势利导，通过改组提高和择优扶持，培育和发挥其主导产业的功能，带动产业结构合理化。

（二）支柱产业和重点基础产业的确定

福建省的支柱产业应确定为：创汇农业、食品工业、森林工业及造纸工业、纺织工业。其依据是支柱产业必须是总产值比重较大，利税高，经济效益好，能有效提高福建省资金积累水平的部门。而上述四大产业都具备这些条件，且在“八五”期间不会丧失其固有的支柱地位。

基础产业包括的部门很多，为与主导产业及支柱产业构成衔接，应确定钢铁工业、石油化工、建材工业、电力工业以及交通运输业作为福建省重点发展的基础产业。钢铁是机械工业的基础，福建省钢材供需紧张，特别是机械、轻工行业需要的薄板、小型型钢、优质型材等产品长期缺口，依赖省外调入或进口，钢铁工业应作为机械工业的前连锁工业得到相应发展。石油化工在福建省是空白，造成有机化工原料缺乏，限制了化学工业、纺织工业的发展，纺织工业支柱地位的确立很大程度上有赖于石油化工的崛起。为了支撑生产性和非生产性建设的发展，建材工业的发展势在必行，特别是玻璃、新型建材等应成为“八五”建设的重点。此外，电力工业和交通运输业作为重点基础产业的重要性已是各方面的共识，无需赘述。

值得指出的是，尽管提出了优化产业结构的目标模式，但是由于市场发育还不成熟，资源配置受需求调节仍弱于受供给调节，计划经济与市场调节相结合在创造条件使资源配置合理化方面的优越性还没有发挥出来。因此在确定了主导产业之后，并不意味着主导产业的优先发展就能一蹴而就地带动其他产业的发展，自发地引导产业结构向高级化推进。在这种情况下，除了尽可能创造条件发挥主导产业对其他产业的内在关联效应和牵动作用外，支柱和基础产业的发展显然离不开供给的推动，只是在供给的轻重缓急上，主导产业居于更优先的地位，这种产业结构非均衡发展转换与均衡发展转换并重的状态，正是“八五”时期甚至更长时期我们调整产业结构的特点和难点。因此，必须通过产业政策具体化和区划化，科学把握主导性倾斜发展的操作力度，既使机械电子工业作为主导产业得以有效改组和择优发展，发挥带动其他产业发展的功能，又不至于造成主导产业与支柱、基础产业的发展脱节、失调，使基础产业重新陷入“瓶颈”制约的境地。

二、产业结构调整所要求的投资导向

（一）投资主体的分工

投资主体多元化和投资渠道多源化的格局决定了在调整产业结构中，必须根据发展的需要和现实的可能，合理划分各投资主体的投资范围，并有效引导和调节投资运行过程，使新上基本建设项目主要发展主导、支柱、重点基础产业的扩大再生产，更新改造项目也相对集中于主导、支柱、重点基础产业的改组提高，增强主导—支柱—重点基础产业的关联性和协调性。

（1）作为主导产业的机械电子工业的建设发展要适当加强宏观计划管理，以产业政策导向和市场导向相结合，选准项目。“八五”期间主要依靠省里投资，同时积极争取利用外资和国家投资；其中省里投资应在前十年持续低水平投入的基础上有一定增长。在福州、厦门安排基建和技改项目，建设若干个以大型机电成套设备、机电仪一体化产品、高附加值的出口创汇产品为龙头的专业化生产企业集团。

（2）作为支柱产业，除创汇农业重点发展创汇农业生产基地和农产品加工工业，主要依靠省投资，并吸引国家投资和国际经济金融组织优惠贷款外，食品工业、森林工业及造纸工业、纺织工业都具有价高利大的特点，行业、地区、企业具有在比较利益导向下的投资动力，可由行业、地区、企业自筹资金及利用银行贷款和外资来安排项目。

（3）作为重点基础产业的钢铁、石化、建材、电力工业和交通运输业，投资规模大，建设周期长，投资回收慢，且在财务评价中价低利小，主要应依靠国家投资，不能列入国家计划的着眼于利用外资尤其是外商直接投资，省里尽可能提供必要的配套条件。特别是钢铁(如湄洲钢厂)、交通(如福厦高速公路)等项目建设,如果不从争取外资、侨资、台资入手,就难以办成。

(二)投资方向的引导和调节

产业政策、计划管理、财政税收、价格、信贷、物资供应等手段在投资导向上具有至关重要的作用,是不言而喻的。值得强调的是,"诱导投资"在投资导向中具有的重要作用。"八五"期间福建省省级掌握的预算内固定资产投资仍然相当有限,这部分资金的使用方式面临两种选择,一是"重点投资";二是"诱导投资"。从实际出发,只能选择以诱导投资为主。这主要基于下述因素:

第一,"六五""七五"时期福建省大力加强交通、能源、邮电通讯等基础设施和原材料工业建设,其生产能力将在"八五""九五"期间陆续发挥出来,"瓶颈"制约有所缓解;

第二,"八五"期间后续的"双基"建设仍然项目规模大,投资多,加上"七五"结转的续建项目,其投资规模绝非本省财力所能承受。因此,省里掌握的有限资金只能用于"诱导投资",通过合作、控股、贴息、配套、示范等方式引导其他资金投向,达到调整投资结构的目的。当然,在诱导"力度"上应有所侧重,以主导产业为最强,基础产业次之,支柱产业最弱。对于主导产业,诱导投资对发展方向、建设性质、规模、布局、项目选择均起主导作用,并且用"配额"的方式由行业主管部门和企业按一定比例自筹资金参与投资;对重点基础产业,主要是省里出"菜单",国家投资和外资"点菜",诱导投资的作用是凑足拼盘,以自筹资金落实和配套条件具备争取国家投资和外商投资;对支柱产业,诱导投资只是在政策性需要和经济上有利的条件下，参与建设投资，在调控的同时兼顾投资的经营目标。

需要说明的是，诱导投资与“撒胡椒面”有着本质区别。“撒胡椒面”是在投资主体单元化、投资渠道单源化的条件下，国家或省包办一切建设事业，平均使用财力、物力，必然造成基建战线、建设周期拉长，经济效益流失；而在投资主体多元化、投资渠道多源化的新形势下，诱导投资主要起吸引、规范预算外投资合理投向的作用，表现为控股、拼盘、示范性质，实际上还具有为预算外投资承担风险保险的功能。诱导投资政策是投资领域计划与市场相结合的有效手段之一，就数额巨大的社会资金而言，特别是随着长期资金市场的逐步建立，诱导投资的引导和调节作用比经济杠杆更直接，更有效。

需要强调的另一个问题是，加强基本建设和更新改造项目的前期工作，对合理引导投资方向所具有的往往被人们忽视的重要作用。长期以来，福建省一直存在这样一种局面，一方面财力薄弱，建设资金匮乏；另一方面又缺乏合适的项目去吸引国家投资、预算外资金及外资。因此，“八五”期间要根据调整产业结构的目标，按主导、支柱、重点基础产业的格局，做好项目前期工作。研究、储备一批不同类型、不同层次的建设项目，吸引各种渠道的建设资金。把各类投资主体的目标模式与调整产业结构的目标结合起来，使福建省的产业结构调整迈出扎实有效的步伐。

（本文发表于《福建经济》1991 年第 8 期）

咨询原理与实务

投资项目技术宏观评价

（一九九二年八月）

一、技术评价的两个层次问题

技术评价是投资项目成败的基础之一。它的内涵应该包括宏观和微观两个层次。微观层次的技术评价是对技术原理、工艺流程、物料转化过程、生产设备、专业化协作、规模合理性的评价；宏观层次的技术评价是对技术选用指导思想和政策、技术类型、技术层次、技术结构、技术对环境条件的要求和影响的评价。可以认为，微观评价解决的是技术的可靠性（可用性）问题，宏观评价是解决技术的经济性、适用性、先进性问题。

一般来说，微观评价的基础比较充实，具有既定的规程、规范、参数，拥有可借鉴的运作经验，较易进行比较、分析、计算、判断；而宏观评价涉及社会、经济、政治、自然条件，要遵循国家的经济方针、发展战略和技术政策，要进行技术系统的综合研究，包括技术的开发、进步、转移、应用、管理等一系列问题，具有很强的政策性、全局性、导向性。

就技术的宏观评价与微观评价比较而言，在理论和实践上得到更多重视的是微观评价。伴随着现代科技的发展，一方面分工愈来愈细，专业化趋势日益强化，对微观层次的技术评价要求越来越精深；另一方面不得不看到，技术的整体化、综合化趋势也更为明显。从宏观看，技术的选用不是孤立和单纯地为了达到某个生产目的而获取利润，它要受地区的资源约束、需求约束、预算约束、环境约束，表现为很强的时间性、地域性、循序性。国外经验表明，许多曾经促使北美、欧洲、日本等发达国家经济和社会迅速发展的先进技术，一旦被引进到比较贫穷落后的发展中国家，由于缺乏与引进技术相适应的社会、工业和教育结构，非但不能从引进技术中获益，反而带来沉重的债务负担和失业、社会动荡问题。因此，系统地研究技术的共性问题，通过技术宏观评价，促使投资项目选用合适的技术类型、技术层次、技术系统，有利于发挥最佳的技术效果。而长时期的、对大量投资项目展开的技术宏观评价实践，将有助于经济区域从总体上形成合理的技术结构、技术体系、技术发展水平、技术开发能力，从而提高投资的综合经济和社会效益。

二、宏观层次技术评价的经济性、适用性和先进性问题

（一）从技术效果分析，评价技术的经济性

技术发展是经济发展的前提和手段，技术的选用必须服务和服从于经济发展的需要。从技术与经济相结合的角度看，必须根据贡献于经济增长的效果来评价技术。可以运用四种评价理论，进行技术的经济性评价。

1. 产值标准理论

按照一定的投入所能获得的产值亦即按产值计算的投资效果系数，进行技术的比较和评价。这一标准较适合建设资金紧张的地区和项目。

2. 社会极限生产效率标准理论

按照投资收益率（包括资金利润率、产值利润率、成本利润

率等)、资金周转率、国际收支效果等指标，综合评价技术。这一标准适合于劳动工资低，生产初级产品的农业、轻加工业项目。

3. 扩大投资率标准理论

从长远看，经济增长离不开资本的有效积累，按照资本积累效果和再投资率水平（包括投资利税率等)，选用能显著推动经济高速增长的技术。这一标准适合于附加价值高、资本密集的重化工业项目。

4. 时间序列标准理论

为了保持经济长期、稳定、协调发展，应根据不同时期条件的变化和要求，在上述三种标准的选用上有所侧重，构成最佳的组合标准。

需要说明的是，上述各类评价指标的测算，原则上不针对所要评价的具体项目进行，而是假设一个中性的投资项目模型，设定中等程度外部环境和正常状态市场供求条件，项目达到经济规模,来计算各种技术“固有”的经济性特征指标。只有这样，各种技术方案才具可比性。比如，运用上述理论，进行钢铁生产技术的评价(表1)。从中可以看出,对于需要大规模“重、厚、长、

表1　钢铁生产技术评价

评价标准＼工艺流程	高炉与转炉	废铁与电炉
产值标准	优	劣
收益率、资金周转率标准	劣	优
国际收支效果	优	劣
积累率、再投资率标准	优	劣

大”钢铁产品以推动经济高速增长的地区，应选用“高炉与转炉”工艺，建设钢铁联合企业；对于需要“轻、薄、短、小”钢铁产品，并具备“两头在外”条件，以争取较高投资效益的地区，宜选用“废钢与电炉”工艺，建设比较经济灵活的市场钢厂。

（二）从技术类型分析，评价技术的适用性

技术的适用性是指技术作为载体和手段对于环境条件的适应性和效用性。按照生产产品所耗费的生产资料与工人的活劳动的比例，技术类型可分为劳动密集型和资本密集型。前者侧重于节约生产资料，后者侧重于节省劳动力。此外，还有一类技术不以资本或劳动密集为特征，而是侧重于靠使用较多的复杂劳动创造较高产值，即知识密集型技术。发达国家大多经历过劳动密集—资本密集—知识密集的技术发展过程，而这一过程相应于经济发展的劳动、资本、知识密集形态是互相适应、同步发展的。并不是各类技术都能够在各种社会经济条件下移植和模仿。但发展中国家具有后起条件，通过引进资本和技术，在技术选用和发展道路上可以两步并作一步走。即充分发展劳动密集型技术，用以创造有效供给，提高就业率，节约建设资金；有选择地发展资本密集型技术，用以建立完整和有一定结构高度的经济体系，提高物质生产水平和经济增长速度；有重点地发展知识密集型技术，用以加快产业技术更新，推动新技术革命，逐步发挥经济发展的主导作用。这种三类技术并存的格局是适合国情的，要因地、因时、因项制宜，选择发展适用技术。

在市场经济国家，生产要素的市场比价能够自发地调节技术类型的选用。当工资率相对于利润率上升时，选用减少活劳动、

增加资本用量的技术比较有利；当工资率相对于利润率下降时，则相反；而在市场机制不完善的条件下，技术类型的选用更大程度上取决于决策者的主观偏好。因此，对于劳动力富余、资金比较短缺的地区，必须使劳动和资本密集型技术的应用形成适当的配置，避免造成劳动力投入和资本投入规模与社会经济状况失调。在此基础上，尽可能提高技术中复杂劳动的程度。在投资项目技术评价中，既要防止不顾主客观条件选用资本密集度过高的技术，像浙江湖州丝绸印染厂从日本引进串码定攀机，结果缺少备品备件，国内无法生产配套，进口困难，项目长期处于停产状态。同时，也要注意克服囿于传统、落后技术，不求提高技术中资本、知识构成的倾向。如1982年到1986年全国新增78家汽车整车生产厂，其中不少年产量不到3 000辆，劳动生产率低，生产成本比一汽同类产品高一倍，实际上是低水平复制“古董”。

技术的劳动或资本密集型是相比较而言的，一种技术的劳动和资本密集程度可以用生产成本中有关要素的构成比例来度量，：

$$\text{技术的劳动密集度} = \frac{\text{人工费用}}{\text{生产成本}}$$

$$\text{技术的资本密集度} = \frac{\text{原辅材料、燃料动力费用} + \text{折旧}}{\text{生产成本}}$$

比如，运用上述原理及公式，进行电力生产技术的评价(表2)。从中可以看出，就技术的劳动密集程度比较，水电最高，核电次之，火电最低；就技术的资本密集程度比较，火电最高，核电次之，水电最低。因此，发展火电特别是燃油电站，需以充裕的资本为条件，在财力薄弱、经济发展水平不高的地区，个别投资主

表 2　电力生产技术比较

指标 \ 技术类型	水 电	烧煤电站	烧油电站	核 电
装机容量（万千瓦）	140	140	140	120
投资（万美元）	114 576	91 000	50 400	76 800
发电量（亿度 /年）	50	50	50	72
燃料费（万美元 /年）	/	79 000	481 000	2 424
运行维修费（万美元 /年）	1 146	2 730	1 512	864
中间更新费（万美元 /年）	162	319	176	3 966
成本合计（万美元 /年）	1 308	82 049	482 688	7 253
技术的劳动密集度	87.6%	3.3%	0.3%	12%
技术的资本密集度	12.4%	96.7%	99.7%	88%

体难以承受资本密集度过高的技术，应优先发展水电；对于工业化开始起步、具有较高增长率和投资率的地区，缓解电力“瓶颈”制约成为燃眉之急，发展核电就成为更合适的选择。

（三）从技术层次分析，评价技术的先进性

技术有其从原始向现代，从传统向创新，从低级向高级的成长过程。在层次上可以分为领先技术、成熟技术、传统技术、落后技术。项目技术评价的目标应该是：在适用的前提下，争取领先技术，立足成熟技术，淘汰落后技术，特殊情况下保留传统技术。所谓“适用”就是要求把技术的先进性调整到与经济目标适应、与环境兼容的最佳状态。

领先技术代表一定时期技术发展的最新方向、最新高度、最新进步、最新成就，领先技术能够使原有技术系统扩大、增

强或提高效能，提高可靠性、灵敏度、精确度、运行速度，并最大限度地克服负效应。衡量技术的先进性有四个标准：

（1）替代性标准：技术代替人的体力和智力的程度；

（2）科学性标准：科学原理在技术中的应用水平；

（3）协调性标准：人通过技术与自然的协调程度；

（4）社会性标准：技术发挥社会功能的广度和深度。

成熟技术指与领先技术比，发展水平略为落后，资金投入较为低廉，生产运行比较可靠，操作经验较为丰富，能够有效满足供给和就业需要的技术。对于发展中国家来说，片面追求需要高科技和巨额投资的领先技术，可能出现消化困难、运行阻滞、负债沉重、就业效果不好等弊端。考虑到领先技术与成熟技术间存在一定的继承关系，有时成熟技术的应用是领先技术的发展和应用不可逾越的基础步骤，因此成熟技术不失为理想的选择。

为了度量技术的先进性，可以采用“柯布 - 道格拉斯生产函数”来计算。

$$A(t)=\left(\frac{L}{Y}\right)^{-\frac{K}{Y}}\left(\frac{Y}{K}\right)^{1-\frac{K}{Y}}$$

式中 $A(t)$ —— t 时期的技术水平（无单位）；

L —— t 时期投入的劳动力；

Y —— t 时期的净产值；

K —— t 时期的投入资金。

这个生产函数表明，技术的先进程度与生产产品的价值量成正比，与劳动投入和资金投入成反比。

表 3　玻璃生产技术评价

指标＼生产工艺	美国ＰＰＧ公司浮法	英国皮尔金顿公司浮法	中国洛阳提高型浮法	六机无槽垂直引上法
项目投资	1亿美元	4.7亿美元	1.4亿元	0.9亿元
产量（万重箱/年）	360	500	300	157
成品率	80%	78%	60%	60%
产品售价（元/重箱）	90	95	62	62
生产成本（元/重箱）	62	60	50	50
职工人数（人）	400	900	1 400	1 800
净产值￥（万元）	25 920	37 050	11 160	5 840
耗费资金Ｋ（万元）	22 320	30 000	15 000	7 850
技术水平Ａ	37.11	21.14	18.03	5.40
技术层次评价	领先	成熟	成熟	落后

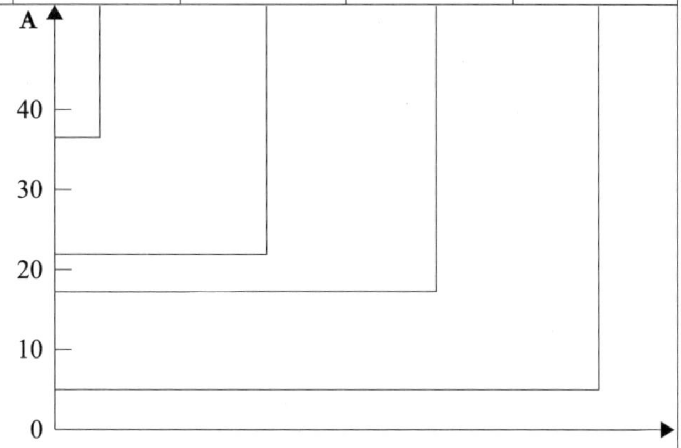

比如,运用上述原理及公式,进行玻璃生产技术的评价(表3)。从中可以形象地看出各种技术的先进程度差距，同时也说明发达国家的先进技术与一般技术相比，往往表现为较高的产品价值量，明显减少的劳动投入量和规模大得多的资金投入量。这种分析结果对于投资者根据所在地区的资源、劳动力、资本、需求环境等条件，选用合适的生产技术是有裨益的。

（本文获得福建省投资学会第二届科研成果优秀奖，
发表于《投资研究》1992年第8期）

公共效益费用分析技术的应用

（一九八九年三月）

人们已经有很成熟的方法对生产性建设项目进行投入产出经济评价，也就是钱衡效益—费用分析。

对于交通、城市建设等基础设施或公共工程，由于传统的资金记账方式很难对这类项目进行定量描述，故往往只能用非数量化的文字描述来定性地评价项目的效益和费用。为了超越这种局限性，发达国家尤其是美国发展了公共效益—费用分析技术。

钱衡效益—费用分析之所以在交通、城建等公共项目计划决策中难以奏效，是因为这类项目具有非钱衡效应。譬如建一座新桥，并对过往车辆征收过桥费，可以预计到的效应是：工农业和商业运输的便利、迅捷及由此带来的运输费用的降低。随之而来的促进生产的发展，使通行者旅途愉快，使市容面貌有所改观，使原来偏僻的地带变为繁荣地带，该地域地价也随之上涨；使承建大桥的施工单位因承担这一工程而比承担其他工程多赢利。大桥交通给两岸居住区带来反效益是汽车废气和噪声的污染；每年管理维护大桥的费用；造桥征地拆迁移民的费用及造成的损失，等等。这些因素在钱衡效益—费用分析中很难得到量化计算和确切体现。

随着决策科学化水平和精确性程度的提高，要求对这些非钱衡的效应进行哪怕是非常粗略的数量化分析和经济性评价，否则决策者要么完全忽略了这些效应，要么主观臆断地任意夸大或淡化这些效应，这对于科学决策都是不利的。

在国外，处理非钱衡效应主要使用影子价格和补偿变异两种方法，他们认为从理论和实践上看补偿变异是更理想的办法。它处理公共项目计划决策问题，可以用模型来描述：政府代表公共的一方，通过向社会（主要是各经济行业、私人企业和市民）征收企业税、所得税等手段筹集资金，使公共社会计划得以实施，从而使效益最大限度地回到社会，或以最小的公共费用取得同等效果的社会效益。

补偿变异（Compensating Variation，CV）指，为兴建某一项目，项目的受益者愿付出的某一数量的钱，有了这个项目并支付这笔钱，与他没这个项目也不支付这笔钱一样好；或者兴建某一项目，受项目消极影响的受损者应得到某一数量的钱（补偿），有了这个项目并得到这笔收入，与他没这个项目也没这笔收入一样好。那么，这一数量的钱就是他的正、负的补偿变异。以建桥为例，对一个通行大桥的受益者来说，他使用这座桥至多只愿意支付某一数量的钱（这笔钱实际上是过桥费与过桥效益之和）。如果实际支付超出了这一数量，在他看来还不如不建这座桥，那么这笔钱就是他的正补偿变异。相应的，由于建桥给居民带来污染等负面影响，受污染者至少应得到某一数量的钱，使他有了这笔补偿而甘心承受污染等负面影响带来的后果。如果实际收入低于这一数量的钱，在他看来还不如不建这座桥，这笔钱就是他的负补偿变异。有了各项正、负补偿变异，就可以把项目的各项非钱衡效应量比，那么只要把一个项目的所有正、负补偿变异都汇总后，就会出现以下两种情况中的一种：

（1）总和为正，说明该项目的“得者”可以完全补偿该项目的“失者”，从而不使任何人认为有了这个项目比没有这个项目更糟；

（2）总和为负，说明该项目的结果失大于得，进行这笔支付后，可以保证不至于有人认为有这个项目比没这个项目更好。

在公共项目计划决策中有一个卡西准则：代表钱衡和非钱衡两种效应的补偿变异之和为正，是实施任何项目的必要和充分条件。所有补偿变异之和为正的项目，都是潜在的帕累托改进，其意义是有了项目带来的利益再分配，使得至少有一个人比没有项目时更好，而没有人比没项目时更差。

借助补偿变异和潜在的帕累托改进原理，以假设的数据进行建桥项目的公共效益—费用分析：

（1）大桥建设投资

假定大桥投资1.5亿元，建桥时间为1年。那么把一年总付的1.5亿元折成每年支付形式，假定政府贷款年利率为10%，无通货膨胀，由于维护得当大桥可望无限期使用下去。则每年支付投资

$$A=P \cdot r,$$
$$A=15\ 000\times0.1=1\ 500\text{ 万元}$$

即一次性建设投资相当于每年支付1 500万元，直至无限多年。

（2）维护费

假定大桥每年维修、管理费用为50万元／年。

（3）过桥费

假定经过测算，每天双向车流量为 5 000 辆／日，不考虑增长率。每车次征收 4 元，过桥费收入为 730 万元／年。这样，投资者每年只需支付

$$1\ 500+50-730=820\text{ 万元}$$

相当于投资者每年至少要得到 820 万元的补偿变异，才能使他们觉得建大桥与不建大桥相比一样好。

（4）通行的消费者盈余

假定一个大桥通行者（运输者）每年通过大桥 20 次，每次付过桥费 4 元。我们必须知道他的补偿变异是多少，相当于他所愿支付的过桥费最大值是多少。

经过抽样调查，通行者可愿支付的最高过桥费为 10 元，那么他的正补偿变异

$$CV=10\times20-4\times20=120\text{ 元／年}$$

这等于说，他认为有这座桥并付 4 元过桥费比没有这座桥要好。120 元／年，这个正补偿也叫“消费者盈余”。那么所有过桥者的消费者盈余合计为

$$5\ 000\text{ 次／日}\times365\times(10-4)\text{ 元／次}=1\ 095\text{ 万元}$$

（5）境内的消费者盈余

对于本地居民来说，由于有新桥，使他们购买外地产品的价格随运费降低而降低。假定即使交了过桥费，该地区生活必需品零售价平均降低 0.05 元／吨，假定每车次货运量平均 4 吨，过桥总货运量为

$$4\times5\ 000\times365=7.30\text{ 万吨／年}$$

经调查其中进口货物 330 万吨／年，出口货物 400 万吨／年。进口货物中居民生活必需品 150 万吨／年，总的商品的消费者盈余为

$$150\times0.05=7.5\text{ 万元／年}$$

（6）境内生产者盈余

建设大桥后可以降低商品外运费用和损耗率，使当地工农业生产者节省运输成本 0.1 元／吨，总的境内生产者盈余为

$$400\times0.1=40\text{ 万元／年}$$

（7）境外消费者盈余

由于运输成本降低带动出口货物在外地的售价也下降，在此效应下，境外消费者获得一部分盈余（另一部分盈余为生产者获得，包括在第 6 项中），假定有了桥使境外消费者获得 10 万元／年的盈余。

（8）境外生产者盈余

与第（6）项同理，进口货物运输费用降低后既给本地居民带来消费者盈余，也给外地生产者带来盈余，假定这笔盈余为 30 万元／年。

（9）生产者损失

由于建设大桥，占用岸边某船舶修造厂岸线，导致该厂需要改造，转营汽车修理，由此引起裁减员工、更换技术设备。经调查，对于该厂的业主和工人来说，因建桥带来的负补偿变异为每年 30 万元。

还有一些生产者也受到大桥的消极影响，由于降低了他们

竞争对手的运费，使竞争对手的进口货物成本降低，竞争力增强，导致本地产品被迫压价。同理，由于本地产品出口竞争能力增强，导致外地产品被迫压价。这类生产者损失引起的负补偿变异为 9 万元／年。

（10）建筑业盈余

工程承包公司由于承担这个项目比承担另外的项目可多盈利 80 万元／年，参加施工的工人可增加工资收入和奖金，这部分建筑工人的正补偿变异为 10 万元／年。这样建筑业与工人年总增益 90 万元。

（11）地价上涨

建桥带动邻近地区的繁荣，使该地带地价从 500 万元上升到 1 500 万元，使土地拥有者增益 1 000 万元。

大桥附近地区由于日益繁荣吸引了众多投资者，新建餐厅、旅店、停车场等盈利性设施。这些投资者实现的利润比他到别的地方投资所得要高，高出部分表示为补偿变异为 15 万元／年。

由于大桥附近的繁荣使其他地带的饭店、旅馆、餐厅营业额降低，比之原先生意兴隆时期每年损失 15 万元／年，这是一笔间接的负补偿变异。

（12）污染效应

大桥附近居民不打算迁移或出租房屋，大桥建设对他们的主要效应是污染，假定这些居民认为这种效应等价于每年 20 万元的负补偿变异。

假定经过论证，各种主要的效应都包括在上述 12 项之中，现将建设大桥每年的增益和损失以 *CV* 形式汇总（表 1）。

表 1　建桥的补偿效益分析

效 应	受影响者	增 益	损 失
建 桥	投资者	/	1 500
维 护	投资者	/	50
过桥费	投资者	730	/
通行的消费者盈余	通行者	1 095	/
境内的消费者盈余	本地消费者	7.5	/
境内的生产者盈余	本地生产者	40	/
境外的消费者盈余	境外消费者	10	/
境外的生产者盈余	境外生产者	30	/
生产者损失	境内、外生产者	/	39
建筑业盈余	建筑业主和工人	90	/
地价上涨	土地拥有者	1 000	/
饭店业主增益	幸运的饭店业主	15	/
饭店业主损失	不幸运的饭店业主	/	15
污 染	居 民	/	20
合 计	/	2 927.5	1 624

由表 1 可计算有关指标：

(1) 项目净增益 $=+cr-cv$

$=2\ 927.5-1\ 624$

$=1\ 303.5$ 万元

(2) 项目效费率 $=\frac{+cr}{-cr}=\frac{2\ 927.5}{1\ 624}$

$=1.80>1$

这说明此建桥项目在公共效益—费用分析上是可行的，正补偿变异接近负补偿变异的2倍。此外，还可计算诸如增益—损失效费率、结合效费率、公共—民间效费率、预算效费率等各种指标，从而从各个角度判定项目的优劣。

（本文发表于《引进与咨询》1989年第3期）

项目咨询评估在投资新格局中的作用

（一九八八年二月）

随着经济体制改革的深化，计划体制和固定资产投资管理体制的改革已揭开序幕。投资领域逐步呈现新的投资格局和运行机制，其表现形式主要是：

（一）投资渠道多样化

“一五”时期，基本建设投资基本上是单一的国家预算拨款。“二五”时期至1978年这二十年间，基本建设投资由预算拨款和各地区、部门的自筹资金这两部分组成。三中全会后到1987年，纳入国家计划的投资渠道就有国家预算内投资（含拨款和“拨改贷”）、国家特别贷款、银行贷款、利用外资（含统借统还、统借自还、国外直接投资、中国银行外汇贷款等）、煤代油专项资金投资、自筹投资（包括地方和部门自筹）等。国家预算内投资在全社会总投资中所占的比重逐年递减，银行贷款和自筹投资的比重上升很快。就全国看，1986年国家预算内投资在社会总投资中所占比重为15.6%，银行贷款所占比重为25%。就福建省看，1986年国家预算内投资在全民所有制基建和技改投资中所占比重为17.5%，银行贷款所占比重为42%。

（二）投资主体多元化

初步形成中央投资、地方投资、全民所有制企业投资、集体所有制单位投资、个体投资等层次和范围的划分。1986年全民所有制投资在社会总投资中的比重，全国为65.3%，福建省为89.7%。集体和个体投资在社会总投资中的比重，全国为34.7%，福建省为10.3%。就福建省全民所有制基建和技改投资的构成看，1986年中央项目（含直属和直供项目）占21.6%，地方项目占78.4%，企业自筹投资在全民所有制技改投资中的比重为13.5%。同时,改革还强化了各个投资主体的自我约束机制，实行包投资，包建设工期，包新增生产能力，包产量，包效益等投资包干责任制。

（三）建立中央和地方基本建设基金制

保证国家基建投资和重点投资有一个稳定的资金来源，这是投资渠道和投资管理的又一大改革。成立专业投资公司，对国家投资实行企业化经营管理，提高政府投资的经营效益。

（四）建立项目咨询评估制度

委托有资信的工程咨询机构对建设项目进行评估论证，提高项目决策的科学性和投资效益。

（五）推行招标投标竞争

在设计、施工、物资供应等诸环节全面推行招标投标竞争、承包或租赁经营。

这种投资的新格局和新机制反映了经济体制改革的方向和有计划商品经济的发展趋势。在这个新格局中，建立项目咨询评估机制相对于其他环节的改革而言，方向比较明确，进展比较顺利，地位比较超脱，成效比较显著，改革的步伐相对较快，基本没有什么风险。因此，咨询评估工作在投资新格局中，为多种投资主体和多层次投资决策的服务，可以归纳为以下五个方面。

（一）承担中央投资范围内的关系国民经济全局和社会发展的能源、交通、原材料、邮电、科教文卫、国防等重大工程项目或大型集团投资项目的咨询评估

其工作形式为：

(1) 为国家科委审批项目建议书（立项）、可行性研究报告、初步设计、开工报告提供评估咨询意见；

(2) 为国家计委编制投资计划，统一管理限额以上基建和技改投资提供咨询意见；

(3) 为投资公司筹集重点建设资金，实施投资计划，实现投资效益提供咨询服务。

咨询评估项目的重点是论证建设项目是否符合国家政策和法规，是否符合中央投资的正确、合理的投向，布点是否合理有利，在技术和工程上是否适用、可靠，经济效益、社会效益、环境和生态效益是否良好等。咨询评估主要是从宏观经济的角度研究中央投资和国家基建基金投入产出的最优方案，从而提高中央投资的社会、经济效益，实现基建基金投入的保值和增值。这方面咨询业务一般由中央一级、全国性的工程咨询机构承担。

（二）承担地方投资范围内的农业、能源、交通、原材料、邮电、机电、轻纺、科教文卫、社会公用和服务设施等工程项目的咨询评估

主要是为地方政府、计划部门、地方建设投资公司选择建设项目，分级审批本地区限额以下建设项目，管理本地区基建和技改投资提供咨询服务。咨询评估的重点是，建设项目的必要性，是否符合本地区的经济发展战略，区域规划和地方投资或地方基建基金的合理投向，项目是否发挥了地方的优势，技术和工程是否适用、可靠，布局和选址是否可行有利，效益是否良好等。从而从中观经济的角度研究地方投资最优方案，提高地方的投资效益。此外这一层次的咨询工作还应该研究咨询地方投资与中央投资的互相补充、衔接以及共同投资的机会、措施和可行方案，一方面吸引和配合中央投资在本地区兴建项目，做好外围研究，协调落实配套项目；另一方面根据财力和项目效益，参加中央项目的投资，从而实现国家长期资源的合理配置。这方面咨询业务一般由省市一级、地方性的工程咨询机构承担。

（三）承担企业投资范围的基本建设、技术改造项目的咨询评估

随着企业财力和投资决策权的扩大，咨询工作帮助企业研究论证基建和技改项目所发挥的投资智囊作用日益重要，包括为企业的设备更新、技术改造、扩大再生产、调整规模实现规模经济效益等提供技术、经济、管理咨询服务。由于企业具有相对较强的自我约束机制，利用软科学咨询的智囊优势，就能更好地提高投资效益，扩大和搞活微观经济。面对改革后的投资新格局，咨询要鼓励和辅助企业走向资金市场筹集投资，并积极参与中央和地方的基础设施、重点建设项目的投资，以及在企业之间组成群体联合投资。咨询要从宏观和微观两方面研

究企业投资的自筹资金、贷款、发行股票和债券、参股联营、认购股票和债券等可行方案发挥咨询导向的作用。使企业投资行为合理化，强化企业的自我改造、自我发展、市场竞争能力。

（四）承担引进外资兴建三资企业和工程项目，发展“三来一补”项目的咨询业务，为沿海地区发展外向型经济提供投资咨询服务

引进外资兴办三资企业或利用国外贷款兴建工程项目，必须以投资环境为前提，以经济效益为立足点。因此，掌握市场动向，合理确定产品方案和建设规模，科学制订投资方案，准确测算投资效益的各项技术经济指标，是提高项目投资命中率，实现投资效益的先决条件。咨询机构可以利用国际咨询业协作的优势，按国际通行的准则和惯例为外资项目的可行性研究、评估、洽商谈判、签订协议或合同等提供咨询服务。在宏观上，咨询要深入研究国家产业结构和产业政策、投资结构和投资政策，合理引导外商的投资行为与宏观经济的要求趋于一致，引导外资项目转向外向型经济发展战略上来，从而起到咨询导向、调节的作用。如福建省要以国际市场为导向，大力发展有地方特色的劳动密集型的出口产业，引进先进技术和装备，改造传统产业；发展技术密集型和资金密集型的新兴产业，带动整个国民经济发展。

（五）探索咨询在多元化投资主体的横向联合，发展多种形式的集资、融资和长期资金市场方面的积极作用

中央、地方、企业投资决策和范围的分级管理，全民所有制、集体所有制、个体投资多种构成的发展，带来了前所未有的分片分层次分渠道独立投资、自主经营、自负盈亏、优胜劣汰的局面，增强了各投资主体的自我约束、自我发展、自发追求投资的增值循环的机制。但是，各投资主体追求自成体系，搞“小而全”“一条龙”的倾向，也造成资金分散、重复建设、工期延长、投资难以实现规模经济效益、资源的不合理配置和浪费等问题。从而使控制投资规模，优化投资结构，提高投资效益，保持社会总需求与总供给的平衡面临新的不确定因素和难度。软科学咨询要依据国家建设的方针政策，从国民经济和社会的长远发展出发，科学地研究、合理地协调多种投资主体和投资渠道之间的横向联合、参股联营、互相投资、资金融通，以及促进银行与企业之间的融合，建立金融—产业集团。此外，投资主体还可以发行股票和债券的形式筹集资金，扩大投资能力，如国家基本建设基金就可以发行重点建设债券，强制金融机构和自筹资金的全民、集体企业及个体投资者认购，等等。任何形式的横向联合都离不开一个好项目，这就要求咨询机构提高综合咨询能力，开展超前咨询，研究各类储备项目，并对建设项目的投资方案进行比较优选，及时发布投资信息。推荐适合的好项目，当好各投资主体的投资参谋。

从咨询评估工作发展的过程看，它属于改革的产物和先行行业。咨询评估工作以决策的民主化和科学化为发展的动因和契机，以国家宏观经济的方针政策为向导，以软科学的技术经济研究为主要手段，在投资领域发挥科学公正、投资智囊、咨询导向、辅助建设的作用。至于投资的新格局和新机制能在多大程度上产生积极的效能，更主要地取决于投资体制和整个经济体制的进一步深化和扩大改革，业已出台的仅仅是一个开端。

（本文发表于《福建省基本建设经济研究会会刊》1988年第2期）

利用外资项目评估实务

（一九八八年一月）

一、股权式合营还是契约式合营

中外合营企业是国内企业与外商在国内共同投资、共同经营、共担风险、共负盈亏承办的生产型、非生产型企业。它包括两种类型：

(1) 股权式。合营各方按注册资本中的比例分享利润，分担风险和亏损，权利和义务按出资比例决定；

(2) 契约式。合营各方的权利和义务经协商谈判签订合同加以规定，不按出资多少决定。

（一）股权式的特点

(1) 有限责任：对外债务可承担的责任以它认缴和资本（注册资本）为限；

(2) 中资比例：中外可以两家以上，但中方、外方缺一不可，且外方投资不小于25%；

(3) 法律管辖：合资企业是中国法人，受中国法律保护和管辖；

(4) 共同体：共同投资，共同经营，共负盈亏，共担风险。

（二）契约式的特点

(1) 形式灵活：组成的契约式合营企业，可以形成一个中国法人；也可以由合营各方各自以法人的身份进行合营，而合作企业本身不具有法人地位。其管理方式有：①各自派代表组成联合管理机构；②一方委托另一方管理企业；③委托第三方管理。

（2）约定为主。不以货币对各方出资进行计算以确定股权。各方出资的方式、额度，承担的责任和权利均通过谈判协商以合同来决定。利润分配不受出资限制。一般中方出不动产、劳动力；外方出设备、资金、技术。投资回收主要以固定资产折旧或采用扩大利润分成比例等方式，使合营方的总收益达到并超过原投资额，合营各方各自还贷。利润分配形式通常是，外方回收投资前，在利润分配中占大头；外方回收投资后，中方在利润分配中占大头。在合作经营一定年限后，外方退出合营企业。因此，契约式合营必须深入调查、细致测算外方在整个经营期回收的资金是否适当、合理。

（3）分别纳税。外方按外国企业所得税法，按纳税所得额超额累进计算，税率 20% ~ 40%，另交 10% 的地方税；中方按国有企业纳税办法，大中型企业 55%，小型企业八级超额累进税率。

（4）残值归中。合作期满后，全部财产无条件归属中方，不另行清算。

二、组建合营企业要履行的步骤

（1）开展机会研究，提出利用外资的项目。由投资者、政府部门共同承办。

（2）列入地区或部门利用外资计划。由政府部门承办。

（3）对外介绍项目寻找融资和合作伙伴。由投资者、政府部门、相关金融机构承办。

(4) 投资合作者签定意向书、备忘录。由投资者、政府部门承办。

(5) 提出项目建议书。由投资者、政府部门承办。

(6) 报批项目建议书。由上级政府部门按权限审批。

(7) 展开项目可行性研究。由中外双方共同承办，或委托第三方完成。可行性研究报告必须中外双方认可。中外双方认可的可行性研究只作财务评价；中方须向主管部门单独编报国民经济评价。

(8) 可行性研究报告报批。由上级政府部门按权限审批。

(9) 谈判合同、章程、协议。由中外双方承办。这个阶段有关契约只能草签。

(10) 合同、章程征求意见。中方送律师事务所等机构，报上级政府部门。

(11) 合同正式签字。

(12) 上报合同、章程等文件。由中方所属主管部门、上级政府部门按权限审批。

(13) 领取项目批准证书。由外经贸部门或地方政府制发。

(14) 登记注册，领取营业执照。由工商管理部门制发。

(15) 开业。

三、合营企业出资

（一）注册资本认缴比例

需要注意的是，成立中外合营企业时，外方认缴注册资本往往达不到国家规定的比例，缺额部分采取由合营企业向国内或国外银行贷款等办法解决，并由中方担保，这样外方投资者的投资杠杆效益就大到不合理的程度。因此，在谈判中必须按国家规定明确注册资本认缴比例和到资方式。

（二）注册资本出资方式

合资企业法规定外商可以用现金、设备、专利、诀窍、固定资产出资；中方可以用厂房、设备、自有资金出资。由于外商以技术入股，一方面可以收取转让费、提成费；另一方面还要分红，因此外商以技术入股的比例一般不得超过注册资本的20%，必须同时投入相同数量的现金或实物。外商租赁的设备只有使用权没有产权，租赁的设备不能作为注册资本出资。

（三）注册资本出资的时间

要根据建设进度，适应项目用款计划，合理规定注册资本出资时间。一般要力争中外双方同步等量投入。

（四）贷款问题

合资企业除注册资本外，不足部分向银行贷款。银行贷款需要的担保，应根据注册资本中认缴的出资额由各方分别寻求担保相应的贷款额度，不应由中方包揽下来。

（五）注册资本在合资期间不得减少

四、技术转让费用支付

中外合营企业往往伴随着外方向合营企业转让技术，技术转让收益构成外方收益的重要来源，也是谈判中难度较大又十分微妙的一个问题。技术转让费的支付方式有三种。

（一）一次总付

这是外方愿意采取的方式。

（二）技术提成

在一定的期限内每年按净销售额和提成率提取支付，这是中方愿意采取的方式。

提成费＝净销售额 × 提成率 %

净销售额（使用该技术后净增的销售额）＝净销售价 × 销售数量

净销售价就是使用引进技术带来销售价的升值。它按照产品在正常交易中出售的实际销售价（发票价）扣除与技术转让无关的各项价格因素加以确定。这些因素包括：包装费、保险费、运输费、包储费、各种税收、佣金等商业费用，以及安装费、为使用引进技术生产产品而进口零部件、配件及材料费用，即使用引进技术带来销售价的升值。

确定提成期限要考虑技术进步的因素，提成期限确定后，每年提成率要递减。确定提成率要考虑工厂的经济规模。

（三）入门费加提成费

入门费＝技术转让文件、图纸准备费＋培训费＋考察费

在谈判中也可以用提高提成率的办法来取代入门费的支付，或支付一定的入门费而相应降低提成率。谈判中不应就软件谈软件，要软硬结合，技贸结合，结合买硬件，作为压低软件费的筹码。

五、成本中折旧和摊销

合营企业往往采用比中资企业高的折旧率，加快折旧的提取。加速折旧实质上推迟了对国家的纳税，提前回收资本。因此加速折旧要从严掌握，只有在确有特殊原因时才允许：

（1）合营期比税法折旧年限短，且合营期满资产归中方所有的；

（2）处于酸、碱腐蚀性强或强烈震动状态下的设备；

（3）常年处于日夜运转状态的机器设备。

合资企业折旧费的使用范围：属于用贷款购置的固定资产提取的折旧费，只能用于还款，还清贷款后用于设备改造；属于注册资本所形成的固定资产的折旧，只能留用于企业，不能作为利润分红。不能把折旧、摊销费作为合资各方的股本资金回收。

摊销费是使无形资产和开办费进入成本的科目，它是为了解决无形资产和开办费的回收问题。一般的，无形资产按 10 年回收，年摊销 10%；开办费按 5 年收回，年摊销 20%。

六、合营企业工资

合营企业的劳动工资由三部分构成：

（1）实得工资（含标准工资、津贴、奖励）。一般由董事会酌按同类国有企业的 20% 确定，并按效益好坏调整。

（2）养老基金、待业基金、保险福利基金。

（3）住房补助基金。虽然工人实际领到的是实得工资，但几项基金应按劳动部门规定的标准计提。

高级职员工资一般采取两种办法确定：

(1) 中外双方享受高薪的人数对等，按外方人员标准支付，但外方人员的保险、福利、海外津贴由外方担负；

(2) 按同一标准给双方人员支付工资，人数不限，外方人员的保险、福利、海外津贴由合资企业支付。

七、合营企业场地使用费

(一) 场地使用费包括土地开发费和土地使用费

土地开发费＝征地＋拆迁＋补偿＋三通一平费用

土地使用费＝地租（按地域分类分级）

(二) 场地使用费的交纳方式分为两种：

(1) 中方可以以土地使用费入股（分红上交国家），合资企业出资开发土地（计入总投资）；

(2) 中方不以土地使用费入股，合资企业出资开发工地，并每年向国家交纳土地使用费。

(三) 对于技术先进型、产品出口型两类企业，场地使用费的收取标准一般为：

(1) 已经开发好的土地，两费综合计收 5 ~ 20 元 /（平方米·年）；

(2) 开发费另行一次性计收，或由企业自行开发，土地使用费最高 3 元 /（平方米·年）。

八、不同资金主体的效益区分

考察合营项目的优劣、评估合营投资的得失，不能笼统地谈企业的效益如何，必须清晰地区分整个项目全部投资的效益、企业自有资金的效益、外方投资者的效益、中方投资者的效益以及国内投资的效益，分别计算五种不同主体的现金流量、内部收益率等经济和财务指标，从中才能比较准确地看出项目及其合营各方的收益对比，从而有助于寻求真正平等互利的合营方案。

建立建设项目评估机制的几个问题

（一九八七年十二月）

一、建设项目评估机制

改革固定资产投资和基本建设管理体制的主要措施之一，就是建立和推行建设项目全面评估制度。国务院、国家计委规定从1986年起大中型建设项目必须由项目审批部门委托有资格的咨询机构进行前评估，为项目决策提供科学依据和咨询意见。项目开工建设以后，要普遍实行期中评估，建成投产一段时间后要进行后评估。这是我国计划体制和投资管理的重要改革，这一措施使“建设决策”与“决策研究”实现了分离，并使“决策系统”、“智囊系统”、“监督系统”、“反馈系统”初具分工的雏形，它是建立和完善决策民主化和科学化体系的重要一步，对于提高投资效益，调整投资结构，控制投资规模发挥重要作用。根据这个改革的方针，中国国际工程咨询公司和不少省（市）的工程咨询机构，作为承担国家和地方建设项目评估和技术经济咨询的专门组织，发挥起政府和综合部门进行建设决策的参谋作用。这种建设项目评估机制的职能是：

(1) 对建设项目的技术方案、工艺流程、投资概算、经济效益等进行评估审议，为决策部门审批项目和安排建设计划提供咨询意见。

(2) 协同计划部门组织落实建设项目前期工作计划，搞好项目储备，并为计划、建设部门清理在建项目，停、缓建项目提供咨询意见。

(3) 经过评估的建设项目，开工以后可进行期中评估，跟踪分析工程进展；建成投产一段时间后，组织进行项目的后评估，对技术使用、经济和社会效益进行鉴定和总结，反馈决策部门作为借鉴。

(4) 为建设项目决策和实施而沟通部门之间、部门与地方之间的关系，落实建设条件。承担工程业主、建设单位与设计、施工单位，以及投资的贷方与借方之间的协调鉴证咨询业务。

二、建设项目评估机制的特点

项目评估作为一类决策研究，属于官方或半官方的性质。它有三个特点，也可以说对项目评估机制有三方面要求。

1.建设项目评估是软科学的一门分支，有其特定的智能结构

在横的方面，需要兼备交通、能源、原材料工业、加工业、非工业等多行业专业知识；在纵的方面，需要具有综合经济、技术、财会、法律、金融、贸易等多领域知识和技能。这纵横两维的交织和延伸，要求评估人员知识面广、博学多才，成为专家中的杂家、专才中的通才，从而构成了评估机制的专业性和科学性特点。

2.建设项目评估机制为项目决策服务，是项目管理体系的一个法定程序，但它本身并不具备决策权力

评估机制有其特定的职能和责任，接受政府委托，对政府部门负责，评估与决策之间的对应关系就决定了评估作为智囊的不可替代性，即评估机制的程序性和权威性特点。

3. 建设项目评估必须代表国家长远规划和社会经济效益，替国家把关，不偏向哪个部门、行业、地区、单位

只有坚持独立、客观的原则和实事求是的科学态度，才能立足国民经济全局，把握各行业、各区域经济关系，使评估结论趋于科学、公正、可靠，这是评估机制的公正性和独立性特点。

基于项目评估机制的这些特点和要求，与推行建设项目评估制度的改革相配套，工程咨询机构作为项目评估机制的载体应运而生，在我国经济建设领域开始发挥重要作用。

三、项目评估与工程咨询的兼容性

1. 咨询业与项目评估工作在性质上是统一的

从咨询业的性质看，大致可以归结为三种类型：

（1）建议性咨询；

（2）审议性咨询；

（3）诊断性咨询。

而项目评估既具有审议性咨询的科学评判和严格把关功能，也需要建议性咨询和诊断性咨询的出谋献策、释疑解难功能。

2. 工程咨询业具有综合咨询的特点

目前国内咨询业初步形成五个较大的门类：政策咨询，就社会、政治、经济、军事、外交等方面的方针、政策、策略问题提供研究咨询；经济咨询，着重经济发展战略、产业发展规划和经济理论的研究咨询；科技咨询，以产品技术服务和企业经营管理为主；法律咨询，长于国内和涉外经济法律的咨询；

工程咨询，主要承担建设项目自规划筹建到交付使用的全过程或分阶段的咨询业务，包括制订规划、可行性研究、工程设计筹集资金、招标评标、采购设备、工程管理、竣工验收等等。工程咨询在研究论证建设项目的必要性、可行性、合理性、经济性、可靠性中，必须综合运用政策咨询、经济咨询、科技咨询、法律咨询等相关工具，可以形成各类咨询业务的综合优势。

3. 工程咨询技术方法先进成熟

工程咨询业发展史已有150年，逐步形成了一套专业理论和技术，包括数量化方法、预期方法、可行性研究、技术经济论证、模拟方法、多方案比选、信息方法等。这些分析研究方法比较接近和适合项目评估的要求，为建设项目评估机制的建立提供了技术方法的基础。

4. 工程咨询业务体系完善适用

工程咨询机构业务范围广、联系渠道多、地位中立，同政府部门，设计、建设、施工单位，金融机构，科研单位等有广泛的业务和人脉关系，可以组织跨部门力量开展综合和专业研究，能够多渠道听取和吸收各方面专家学者的意见建议，这是它作为项目评估机制载体能够进行全面论证和客观评估的一个重要条件。

由此可以看出，工程咨询机构作为项目评估机制的载体有条件有优势，应当坚持咨询、评估两手抓，有针对性地防止工程咨询退化为单纯的项目评估，要以项目评估带动工程咨询各类业务的全面发展、以咨询业务发展为项目评估提供强大后盾，从而使项目评估与工程咨询的良性循环成为中国式工程咨询业发展的一个特点。

四、建设项目评估的分层次机制

项目评估作为项目决策的智囊和参谋，相应于国家建设项目分级管理和审批权限的划分，也存在国家与地方两个层次。国家有国家的项目管理范围及其相应的项目评估层次，地方有地方的项目管理权限及其对应的项目评估层次。在广义上，两个层次的评估都是根据国民经济发展的要求，研究建设项目在固定资产再生产以及国民经济全局中的地位、作用、利弊，对项目进行科学评估。但具体施行中，两个层次的评估在职能、依据、效果上都有所差异。

1. 就项目评估的职能而言，地方项目评估机制的职能是当好地方政府和计划部门的项目决策参谋

对于需要报请中央审批的大中型项目，地方项目评估仅组织进行涉及地方配套工程和协作条件（如运输、原料、电力、环保等各种外围条件）的评估，提出评估意见随同主体部分可行性研究报告上报上级决策部门参考。对于由地方审批的项目，地方项目评估承担整个项目的综合评估，为地方计划部门审批项目和安排建设计划提供咨询意见。

2. 在项目评估的依据和准绳上，全国有全局性的经济问题，地方有地方的经济问题

地方项目评估是在全国的宏观经济框架指导下，研究本地

区的经济关系，立足于中观经济的综合平衡和协调发展。所谓中观经济，就是范围小些、区域性的宏观经济，是介于宏观与微观之间的一个经济层次，它是地方项目评估必须把握的经济层次。

3. 在评估的成效上，对同一个建设项目，地方评估与国家评估不一定结论一致，国家评估可能否定地方评估的意见

尽管这样，并不简单地意味着地方评估不科学或不公正，这是由两个层次评估在职能和依据上的差异决定的，是局部与全局的关系。

建设项目评估机制的层次划分，要求我们重视国家层次项目评估对地方评估的指导作用，以及地方层次项目评估对国家评估的补充作用，二者客观存在、互不替代。

（本文为上海经济区咨询理论研讨会论文）

决策民主化科学化与工程咨询

（一九八六年十一月）

发展工程咨询、实行项目评估，是实现经济建设决策民主化、科学化和制度化的重要措施，其目的的实现同时取决于决策者和咨询者两方面因素。

一、从决策者方面来说，要为咨询评估创造良好的外部环境

决策是各级领导部门和领导者最基本的职能。然而至今我们仍然没有建立一整套严格的决策制度和决策程序，没有完善的决策支持系统、咨询系统、评价系统、监督系统和反馈系统。领导者凭经验拍脑袋决策的做法仍司空见惯、畅通无阻。“这种盲目拍板、轻率决策的状况，现在已到了非改不可的时候了。”

工程咨询作为咨询系统，项目评估作为评价系统，已在短短的两、三年内进入经济建设决策过程，初步成为促进和实现经济建设决策民主化和科学化的有效机制。这套机制能改变建设中项目前期工作粗浅仓促、调查研究不够、科学论证不足，以至凭经验拍脑袋批项目的状况。从实现决策民主化和科学化的高度看，咨询评估工作应该被提高到经济体制甚至政治体制改革的层面来认识。

现阶段在我们周围仍存在忽视决策民主化和科学化，轻视智囊、参谋、咨询和评估作用的倾向。或者认为咨询评估工作

是无端增设的一道“关卡”，或者断言咨询评估无所作为、“搞不出什么名堂”，或者视咨询评估为替决策者拼凑科学依据的“工具”，等等。可以说，实现决策民主化和科学化，推进项目咨询评估工作，最大的阻力和困难来自于这种对决策咨询和项目评估必要性重要性缺乏认识的旧观念旧习惯。如果咨询机构和评估人员身在轻视、不信任甚至排斥的环境氛围里工作，如果他们面临的是陈规限制和求全责备，如果他们不得不耗费大量人力物力处理行政事务、应付不属于智囊机构解决的非业务性问题，就不能指望他们拿出有水平高质量的咨询评估成果。所以，发展工程咨询业、建立项目评估机制，实现决策的民主化和科学化，必须唤起全社会特别是决策部门的真正重视。

二、从咨询者方面来说，咨询评估中应正确处理好几个关系

1. 微观与宏观

每一个项目都有微观与宏观两重性，对于专业咨询机构而言，要论证微观的技术可靠性、财务盈利性并不困难，难的是确定宏观可行性、经济合理性。因此咨询评估必须掌握国民经济发展全局和一定时期的战略目标、具体步骤和政策措施，注意在经济结构和总体布局中考察项目的作用和利弊，注重跨部门、跨行业、跨地区进行系统研究，做到瞻前顾后、统筹兼顾、综合分析判断。否则，如果局限微观、就事论事，忽视宏观、无所适从，就必然陷于盲目，甚至要犯错误。

2. 静态与动态

现代项目建设既是对过去状态的继承，又是对现在状态的

改变，更是对将来状态的造就，各种因素的相互联系、互相影响，纵横交错、复杂多变，人们往往容易用静止和片面的观点看问题。必须运用系统工程、信息技术、电子计算机等先进工具和相关计量、测试手段，把静态计算、典型调查同动态测算、系统研究结合起来，特别是要重视动态的趋势和结果，防止仅仅停留于静态，不考虑“时间价值”，时过境迁、物是人非。

3. 预测与反馈

软科学研究的巨大价值，在于它通过知识和信息的综合，能够在很大程度上预见和再现各种宏观和微观过程，使我们能在较小的范围内、以较低的代价预测出事物的发展变化。经济预测是项目咨询评估的前提，它包括：经济增长速度、市场供求变动、收入和价格变动、劳动力再生产等。这些预测比较准确，项目评估就有可靠的基础，否则将失之毫厘谬以千里。反馈是对已建项目、既有项目运行情况的回顾总结，不仅能使不完善的决策得以及时修正和弥补，而且也是开展原有项目追踪咨询和新的类似项目评估的依据和借鉴。资本主义国家在建立反馈系统方面有成功经验，对我们具有参考价值。

4. 自然科学与社会科学

现代科学技术发展和社会进步，正把自然科学和社会科学日益紧密地结合起来，使两者互相渗透和交叉，产生了一系列交叉学科和边缘学科，使得跨学科的综合研究成为可能。咨询评估工作要求在传统研究和计算方法的基础上，进一步学习系统论、控制论、信息论等相关知识，应用系统论的观点和模型化、最优化、综合评价技术，控制论的反馈原理，信息论的编码、记录、传输、储存方法等等，完善咨询评估手段，提高咨询评估水平。咨询评估人员还应具备文艺、历史、地理等社会科学方面的知识和素养，掌握社会事业发展情况，形成较高层次的综合能力。

5.服务决策与独立评估

咨询评估是为决策服务的，与决策机构之间是服务与接受服务的关系，但不是主从关系。在咨询评估中可能面对：建设单位争投资、上项目的强烈愿望；政府部门对项目好恶褒贬的成见和压力；设计单位不愿接受评估和作出修改的职业习惯；以及咨询评估人员自身的局限和偏向等等，这些因素都在不同程度上干扰和制约项目咨询评估的公正、客观、科学、可靠。因此，一定要把服务决策与独立评估正确结合起来、坚持贯彻下去，排除个人因素、利益因素、面子因素的牵制，树立严谨正派的学风，按科学精神办事，站在国家利益的立场上，对人民负责，对历史负责。

6.权威与民主

工程咨询机构承担着计划部门委托，按照建设程序对建设项目执行评估任务，这种受权评估工作具有一定的权威性，同时更应该重视的是它体现了决策的民主性。决策民主化的进程不应到了单个咨询机构就停步了，应该通过个别咨询机构向一切有识之士传递和扩散，使决策民主化在全社会得以实现。因此在咨询评估中应广泛聘请各路专家学者参与研究论证，做到兼听则明、集思广益。

总之，工程咨询是个新兴行业，也是改革的先行行业。咨询评估机构要发挥自身特长、各显其能，更要打破封闭心理、广开言路，发挥好联系更多人才、集中各方面智慧的枢纽作用，努力促进决策咨询普及化、社会化、制度化，为实现经济建设决策民主化和科学化多作贡献。

（本文发表于《福建经济》1986 年第 11 期）

工程咨询业的基本机能

（一九八六年六月）

工程咨询业本世纪初创始于英国，第二次世界大战后，随着英、美、日、联邦德国和澳大利亚等资本主义国家国民经济的恢复和发展，工程咨询业逐步活跃、发展和完善。近年来，工程咨询作为独立的行业已移植到我国经济建设领域，综合性及各类专业性的工程咨询机构脱颖而出。然而，它并不是资本主义国家工程咨询业的简单翻版，在社会主义经济体制改革进程中应运而生的工程咨询业，必然有其自身的特点和规律。就社会主义工程咨询业的基本机能来看，突出了辅助政府以及综合性经济管理部门科学地进行经济建设决策的机能，强化了在国民经济运行中进一步实现和完善宏观控制的作用，从而直接或者间接地构成经济建设中一个举足轻重的环节。从对比中分析，社会主义工程咨询业主要有以下四种基本机能：

一、作为政府及综合经济管理部门进行经济建设决策的参谋机能

《中共中央关于经济体制改革的决定》指出了政府机构管理经济的八大职能，相应的，工程咨询业通过下述途径起到辅助政府机构正确制订战略规划、经济开发方案和部署重点工程建设的作用。

1. 对经济建设中关系全局的问题，包括大中型工程建设项目，进行可行性研究和论证

提出多种可供比较的方案，为计划部门综合平衡，为政府科学规划与决策提供依据。这项工作应该作为国民经济计划决策程序的一个重要环节进而以经济法律的形式予以确定。

2. 对其他部门和机构提出的建设项目建议书、可行性研究报告和工程设计进行验证和评估

提出综合性工程咨询机构具有权威性的见解和结论，作为综合经济部门权衡和进行项目决策的依据。

3. 工程咨询机构受政府机构的委托，组织有关设计咨询单位进行建设项目的前期工作全过程咨询

提出项目工作总体计划和专项方案，对建设项目的实施过程进行技术经济督促，从而成为政府机构对建设项目进行决策和管理的参谋和助手。

从本质上说，工程咨询机构不是决策机构，它的工作只能是帮助而不是替代决策机构执行职能。在工程咨询活动中，既要坚持技术试验研究和投资效果分析的科学性和客观性，又要认真执行党和国家关于经济建设的方针政策，成为贯彻党和国家方针政策的一支重要力量。

二、作为企业生产、建设和发展的顾问机能

工程咨询是以服务经济建设为主要方向和特长的咨询行业，它能够对企业的生产经营、更新改造和扩大再生产提供调查、论证、策划和设计等咨询服务。随着经济体制改革和国有企业

改革的深入发展，企业经营自主权的逐步扩大，基本建设项目与更新改造措施不断增多，迫切需要工程咨询业帮助开展项目论证和技术经济分析，以更好地挖掘自身潜力、提高经济效益、扩大竞争能力、增强企业活力。这种作为企业顾问机能的发挥，有利于贯彻国家方针政策，在社会再生产过程中合理引导财力、物力和人力投向，调整产业结构和生产力布局。从这个意义上说，工程咨询是国家对企业进行直接引导和间接控制的又一途径。

三、作为支持配合经济杠杆发挥作用的辅助机能

经济杠杆对于国民经济的调节作用，是通过价格体系、税收体系、财政体系、金融体系对经济运行过程的干预和影响实现的，在经济建设领域反映得特别充分。近年来，伴随着“三价并存”“拨改贷”“利改税”等一系列变革的出现，综合运用经济杠杆加强宏观控制，已经对基本建设和企业技术改造、生产力布局和产业结构、发展速度和比例关系、经济开发和对外引进等产生了重大影响。工程咨询业通过发挥智力优势，可以向物价、税务、财政、审计、银行等部门提供技术经济咨询和调查信息，为价格、税收、利率、信贷等经济杠杆发挥作用创造条件，从而使经济杠杆的调节方向和尺度同项目建设实际更切合，发挥更具针对性、实效性的作用，促进国民经济有计划、按比例、高速度发展。

四、作为组织科研和工程设计的总包机能

工程咨询业处在政府部门、企业、设计机构、科研院所和

大专院校的结合部，是连接和沟通各方的重要纽带。可以根据政府的战略目标和计划要求，组织和协调各方面专业技术力量，承担重点、大型、疑难和综合性项目的设计、攻关和开发业务。通过这种方式组织形成的综合协同优势和集中突破能力，是一家一户机构单位所无法比拟的，而现阶段只有综合性工程咨询机构有这种牵头的能力和资质。

社会主义工程咨询业是经济体制改革的产物、是对外开放和对内搞活的产物，这是我们研究工程咨询业发展问题不能忽视的前提和背景，也是我们的立足点、出发点和归宿。

（本文发表于《福建经济》1986 年第 6 期）

理论学习与探究

南橘北枳与去伪存真
——由当代西方经济学家带来的思考（三则）

由布坎南离世想到的

（二〇一三年一月）

前几日，詹姆斯·麦基尔·布坎南（James McGill Buchanan，1919—2013）去世了。这是进入21世纪以来离开人世的又一位思想巨匠，2006年米尔顿·弗里德曼（Milton Friedman，1912—2006）去世，2008年塞缪尔·亨廷顿（Samuel Phillips Huntington，1927—2008）去世，2009年保罗·萨缪尔森（Paul Anthony Samuelson，1915—2009）去世，他们的学说和他们的名字一样从此凝结成为历史的永恒。

布坎南的公共选择理论和宪政经济学，弗里德曼的货币学派理论和新自由主义主张，亨廷顿的比较政治学和政治发展理论，萨缪尔森的新古典经济学和后凯恩斯主义流派，一直深刻地影响着这个世界特别是西方的经济政治发展，从20世纪直到如今。读西方名家的著述，进入他们的理论建构，在为其思维创造之独到、逻辑推演之精确而叹服和受益的同时，总不免为其语境之特定和范畴之囿限而踌躇和困惑。布坎南生前就明确说过，他的理论不适用于当代中国。与其说这是学者的严谨，不如说是智者的高明。西方大学问家们在谈及中国问题时，无不表现出与他们在谈及西方国家问题时的尖锐和鲜明大相径庭的沉吟和审慎，印象中只有蒙代尔等极少数学者是例外。原因就在于中国的国情、文化、体制具有太多的特殊性，它的历史积淀、人文传统、政治逻辑、产权制度、社会构成、经济机理、发展阶段都与众不同。这就决定了基于西方资本主义发展的经济政治理论，无论是对规律的认识还是对问题的应对，都不能简单地移植和套用到当今中国来。比如,布坎南的公共选择理论，运用方法论个人主义、经济学的交换范式和经济人的假说，将政府的模式归纳为三种完全不同的类型："慈善的专制者"、"拥有独立利益的巨物"以及介于两者之间的"西方民主政府"，逻辑上顺理成章，但哪一种模式也对应不上中国的现实。

虽然南橘北枳是不得不面对的现实，但是西方思想巨匠的学术建树始终是人类文明进步的伟大成果，其所具有的精神力量的确给予我们深远的启迪，其所到达的思想高度依然足以让我们抱以专业的敬重。近现代以来中国就有西学东渐的优良传统，对于当代西方名家的理论应当持有的科学态度是在跟进中怀疑、在怀疑中探究。首先要跟进，了解先哲认识发展的前沿和境界；其次要怀疑，实际上是将信将疑，信其特定条件下的成立，疑其不同条件下的适用；进而要探究，作现实语境下的探究，以他山之石攻此地之玉。比如，布坎南对公共部门在提供公共物品时趋向于浪费和滥用资源，从而致使公共支出规模过大或者效率降低的研究，以及对"政府失灵"的几种主要表现形式及其根源的剖析，和对如何补救"政府失灵"的政策建议，对于我们建设公共服务体系和进行行政体制改革就不无借鉴意义。诸如此类的人类文明果实，我们不该弃失。

由西姆斯和萨金特获奖想到的

（二〇一一年十月）

西姆斯（Christopher Albert Sims）、萨金特（Thomas John Sargent），两位今年诺贝尔经济学奖得主，都是计量经济学领域的翘楚，都以宏观经济理论和政策研究见长。而关于政府作用与市场作用的探究，也就是古典经济学鼻祖亚当·斯密推崇的“看不见的手”与凯恩斯政府干预理论主张的“看得见的手”之争，历经近百年了，至今仍然没有定论，还是东边日出西边雨，三十年河东三十年河西。此番两位经济学家的得奖体现了诺贝尔奖的现实关怀，对于促使世人更加重视宏观经济政策与市场经济运行的良性互动以及政府作用的正确发挥，具有积极意义。

西姆斯在获奖后的新闻发布会上表示，目前美联储主席伯南克敦促制定长期财政政策以减缓短期财政赤字对经济造成的负面影响这样的做法是正确的，并且美联储运用的相机抉择的货币政策是一个好主意，80% 的经济学界人士会同意美联储的这一做法。目前问题的关键是如何让经济学经典理论在现实中能够奏效。萨金特则从理性预期理论角度出发，认为公众对于政策的预期将会影响政策制定，而现实政策反过来也会影响预期。“即将发生的事将部分取决于公众对于即将发生的事情的预期。”他说，美国财政政策充满着不确定性，因为美国公共财政涉及方方面面，而公众形成的预期也纷繁复杂。这就告诉我们，企业、公众和社会不是被动地等待和接受政策的施行及结果，他们经过预期会提前或同步作出反应，用中国话来说就是“上有政策、下有对策”。打个比方，这就如同四个人玩升级炒地皮时来回反主的博弈一样。因此，对于政策制定者而言，一方面，在制定政策时必须考虑到这个相向而动的变量；另一方面，应当及时释放正确的政策信号以引导人们的理性预期。道理是如此，这两条真要做到位都很难。

对于欧元区债务问题，西姆斯的看法较为悲观，他认为，欧元如果想继续存在下去，欧元区就需要一个更为集中的财政体系。在目前情况下，需要欧元区各国寻找到共同承担欧元区债务以及连接各国财政当局与作为最后贷款人的欧洲央行的办法。但目前看来，这样的办法并未明朗。萨金特则用实例来支持这一观点。他说，在美国建国初期宪法还未颁布之前，美国当时的 13 个州各自有自己的征税权和发行货币权，同时联邦财政体系十分薄弱，各个州财政赤字严重，最终联邦政府接管全部债务，并逐渐形成更为集中的联邦财政体系。

由此联想到最近中国政府在宏观调控方面采取的一些新举措，逐步增强了财政政策解决长期问题的稳定性、前瞻性、导向性，也注意到货币政策解决当下问题相机抉择的针对性、灵活性，给人以必要的信号、信用、信心，这对于处理好保持经济平稳较快发展、调整经济结构、管理通胀预期的关系具有重要作用。特别是支持中小企业发展的政策措施，十分专业、具体和明确。

一是落实并完善对小微企业贷款的差异化金融监管政策。对符合有关条件的小企业贷款进行专项考核，提高对小企业不良贷款比率的容忍度。

二是将小微企业作为重点支持对象，支持专为小微企业提供服务的金融机构。要督促各类银行切实落实国家支持中小企业特别是小微企业发展的信贷政策。完善激励约束机制，鼓励各类金融机构改进对小微企业的金融服务，强化银行特别是大中型银行的社会责任。按照新的企业划型标准，明确银行小微企业贷款比例和增速要求，并加强统计和最终用户监测，确保政策落实到位。清理银行不合理收费和保证金存款要求，查处违规行为，切实降低企业信贷资金成本。

三是加大财税政策对小微企业的支持力度，延长相关税收优惠政策的期限，研究进一步加大政策优惠力度。

四是切实防范金融风险。

对中小企业的金融支持，要遵循市场原则，减少行政干预，降低市场风险和道德风险。要加强对民间借贷的监管，引导其阳光化、规范化发展。这种定点、定向、定性、定量相结合的调控措施，在当前错综复杂的经济形势下尤为宝贵，对中小企业的长远发展也极为有利。

市场机制就像一个钟摆，它是在供求偏离均衡状态下逐步、动态地发挥作用的，具有其自身的周期和内在的频率。宏观调控可以顺势给力，也可以逆势阻滞，但都应当在正确的方向、正确的时点上，以正确的力度、正确的冲程施加影响，才能达到预期的效果。操之过急或施之不当，就可能打乱市场机制固有的感应、传导、生效、复位的过程和节奏，造成机能紊乱、机制失调或机构停摆。社会主义市场经济体制，本应具有用政策引导理性预期的优势。真正把优势发挥好，还得靠对市场经济规律的认识和对社会主义经济制度的把握。认识不到位，越俎代庖，市场的基础性作用就发挥不出来；把握不准确，放任自流，宏观调控的效果就好不了。西姆斯、萨金特的获奖，可以引发更深层次的思考，推进更加精细的实践，呼唤更为管用的制度。

由读布拉德利·希勒的著作想到的

（二〇〇五年二月）

布拉德利·希勒（Bradley R. Schiller）的《当代宏观经济学》（第8版）并不是在中国流传最广的西方经济学著作，但确是一部深入浅出、鞭辟入里的好书。读过之后，觉得它有三个特点：

1. 理论架构的经典性

布拉德利·希勒从经济学的核心问题稀缺性入手，围绕“生产什么”、“如何生产”和“为谁生产”，展开宏观经济学原理及其应用的条分缕析的解说。它开宗明义地阐明了宏观经济学和微观经济学的联系与区别、市场机制和政府干预的作用和结合，进而分门别类地论述了供给与需求、通货膨胀与经济周期、税收与财政、货币与银行、经济增长与全球经济等基本原理和政策选择，体现了理论体系和知识点的包容性、完整性、规范性。

2. 讲授方法的现实性

这本书在体例和结构上，充分体现了现代网络社会信息多元、知识交互的时代特征。在每章每节之后都附有网址导引，可以进行相关资料的链接查询。每一章都编写了“新闻分析”、“世界瞭望”和“经济展望”栏目。其中，“新闻分析”专栏主要是引用大量令人关注的真实新闻事件，比如失业工人的困境、上涨的学费成本、忽略移动电话使消费物价指数偏高、1997 年的“儿童免税”以及“痛苦指数”等等，并逐一作出分析点评；“世界瞭望”专栏把视野扩大到全球范围，通过陈述遗产基金会的经济自由度排名、古巴的小企业部门、亚洲金融危机、俄罗斯的无现金经济、热带风暴米奇对经济的影响等经济现象，进行专业解读，引导相关讨论；“经济展望”专栏则是对每一章内容进行梳理和提炼，帮助读者可以更好地领会核心经济思想。比如，运用美联储确定利率、微软反托拉斯诉讼等事例，说明宏观干预的机理，展开是市场还是政府能够更好地解决问题的讨论；运用“社会健康指数”对国民收入核算提出挑战的事例，考察隐含于国民负债中的“代际核算”，引发对全球市场如何以及为何正在变得更加一体化的思考等等。这些栏目以翔实资料和贴切的分析，加深了人们对宏观经济现象的认识和对重要理念、重要原理的把握，很有实用价值。

3. 问题分析的参考性

与大多数经济学著作不同，这本书用贯穿始终的理论热点聚焦和现实问题导向，充分反映出将其标示于书名中的“当代”视角。紧密结合当今世界经济以及美国和中国等国家经济发展的实际，来提出问题、分析问题、解答问题，通过具体案例诠释宏观经济规律及其应用。其中给人印象较深的主要有：

（1）关于解决经济核心问题的决策机制选择。针对市场与政府的关系问题，应该让亚当·斯密的“看不见的手”来指挥经济，还是应该由政府干预来改变市场结果；财政与货币政策是如凯恩斯所说起到稳定经济的作用，还是如批评者所说扰乱了经济；各国应干预以“保护”其货币，还是应该让金融市场单独决定国际汇率等等。通过深入分析市场失灵和政府失灵的可能性，证明了决策机制对经济福利的重要性。通过讨论从实际计量到政治约束等诸多限制条件对经济政策发挥作用的阻碍，进行宏观经济理论运用及其现实局限性的总结。

（2）关于金融市场。从讲解哥伦布的新大陆远征筹资开始，到讨论当今的风险资本运作，强调金融市场的经济作用而不是制度作用。这在类似的教科书中是很少见的。股票和债券市场，也被看作为风险仲裁人和资源配置的机制以及现值贴现的机制。

（3）关于预算盈余。提出预算赤字是首要的政治和经济问题，介绍了平衡预算、预算盈余使用以及“首先拯救社会保障”等一系列新观点。

（4）关于市场全球化。强调不断增强的电子商务影响不容忽视，电子零售业把虚拟商场扩展到国界之外，扩大了竞争范围，改变了宏观评判机制。减少贸易壁垒的全球性组织（如世贸组织）和区域性条约（如北美自由贸易区）以及新的区域货币（如欧元）的出现，对加速统一的全球化市场趋势的意义。从宏观经济全球联动的视角，对亚洲金融危机的影响进行讨论，对市场结构和壁垒等进行重新审视，说明全球市场如何相互作用并限制了国内宏观经济政策的空间。

（5）关于短期宏观经济波动。把凯恩斯主义理论置于总需求和总供给的框架下，着重关注其对短期波动的解释。运用总需求曲线移动以及整条总供给曲线向右上方倾斜来说明乘数。

（6）关于增长理论。更加鲜明地强调了短期波动与长期增长的区别，深入分析了最近20年间增长率下降的表现和原因，并评价“新增长理论”，讨论了经济制度环境的重要性。

总的看，布拉德利·希勒的这本《当代宏观经济学》，之所以称之为“当代”，并不在于经济理论前沿性，它不是一本介绍当代西方经济理论新成果的的书；也不在于运用当今最时髦的“数学语言”来阐述经济理论，而是在于它联系当代实际讲解经济理论、结合当代实际运用经济理论。这种“当代性”为我们提供了运用宏观经济学理论看待世界、研究现实的重要工具，而这实际上也为宏观经济学自身的发展增添了新活力、开辟了更为广阔的前景。

“两难”刍议（六则）

（二〇一一年）

放任与干预的分疏契阔

经济发展受经济政策调节，经济政策受经济理论影响。过去100年世界经济的发展过程，若从政策和理论发展的脉络来看，几乎可以归结为以凯恩斯有效需求理论为渊源的包括萨缪尔森新古典综合经济理论、琼·罗宾逊新剑桥学派等“政府干预派”，与以萨伊定律为渊源的包括弗里德曼货币主义以及理性预期学派、供应学派等“自由放任派”的分庭抗礼、交替主导的过程。伴随着经济的起伏兴衰，不同政策理论的成败长短日益得到了验证，逐步呈现出一种并行两立、融合互补的趋向。因此，邓小平在1992年南巡讲话中所说的：“计划多一点还是市场多一点，不是社会主义与资本主义的本质区别。计划和市场都是经济手段。”确实是用大白话讲透了真道理。

一个时期以来，中国经济学家林毅夫致力构建的“新结构经济学”受到各界的重视。“新结构经济学”大体上由发展经济学的模式分析和结构研究理论创新而来，鉴于作者的身份、经历、背景的特殊性，其对于发展现实的体察可能更加细致贴切，对于不同学派主张的兼容并蓄可能更为客观全面，对于中国发展的政策建议可能更具针对性和可行性。

“新结构经济学”的基本主张包括：

(1) 强调市场对于配置资源的中心作用，政府对产业升级过程中企业面临的外部性和协调问题起因势利导的作用；反对违背经济体比较优势原则，通过行政手段和价格扭曲来优先发展资本密集型产业。

(2) 强调在资本稀缺、软性和硬性基础设施落后的情况下，资源从已有产业向资本密集型产业配置并不能给发展中国家带来利润；不把产业结构难以升级的原因归结为市场失灵或要素的不可流动。

(3) 强调从“发展中”到“发达”是一个由不同发展阶段和发展水平组成的连续频谱，每一个遵循自身比较优势的国家都有机会在每一个发展阶段调整形成其最优经济结构而参与全球化的分工，产业升级必须与反映物质人力资本积累和要素禀赋结构变化的比较优势变化相一致才能确保新企业具备自生能力；反对把世界分为“低收入的外围国家”和“高收入的中心国家”这两极，不同意所谓发达国家让初级大宗商品价格进入下降的恶性循环而使发展中国家成为受害者的“依附理论”。

(4) 强调政府在产业升级中的作用应被限制在五个方面：为新产业提供信息、为同一产业的不同企业相互关联投资提供协调、为先驱企业补偿信息外部性、通过鼓励外商直接投资来培育新产业、在提供硬性和软性基础设施过程中承担领导作用。

林毅夫的“新结构经济学”中的“结构”指的是不同发展水平下的结构性特征，它主要是由发展中国家要素禀赋结构及其市场力量所内生决定的。在这一点上，“新结构经济学”与旧结构主义的权力分配或其他外生固有刚性因素决定论（这一理论经不起发展现实的验证）的观点迥然不同，而集中关注三个方面结构问题：①经济体的自然资源、劳动力、人力资本和物质资本等丰裕程度和结构，即资源结构、要素结构；②由低收入的农业向高收入的工业化持续过渡的阶段性特征和经济结构，即产业结构、需求结构、所有制结构、区域结构、城乡结构等；③在特定发展阶段市场机制根本作用与政府协调补偿作用的衔接和配合，即制度供给结构、调控手段结构、政策结构等。

从中可以看出，经济学的基本问题始终脱不开"政府"与"市场"的关系、离不了"干预"与"放任"这个对子，它的出路和突破也在于矛盾两方面的各自分疏和彼此契阔。

效率与公平的戎骖纠结

最近美国国会消减赤字特别委员会宣布，美国国会关于减赤计划的谈判以失败告终。这主要是由于近六成的共和党人反对向富人增税，理由是增加富人的税负即是打击创富、抑制消费；同时也有近六成的民主党人反对民生福利领域的减支，理由是社会财富分配已经呈现出向1%富人集聚的不平等格局。双方都言之凿凿、针锋相对。而税收不增加、支出不减少，财政赤字危机就只能继续蔓延。天上掉不下馅饼来，美国的天也一样。

看起来是党派角力、贫富矛盾，而从经济学的意义上则可以理解为效率与公平之争。"杀富济贫"，把"蛋糕"分匀了，是"公平"的诉求和套路；而"鼓励先富"，把"蛋糕"做大了，则是"效率"的理念和选择。在没有"蛋糕"时，大家都饿着肚子，谁都不反对效率优先；当"蛋糕"多得吃不完时，谁想要都有，大家也都不会反对公平优先。难就难在“既有还缺”之时，这是人类社会发展的漫长阶段，谁去做“蛋糕”，用什么办法让人去做，“蛋糕”怎么分配，谁来分配，就成了大问题。

效率与公平的关系问题，也是中国发展面对的实际问题，如何看待它着实走过了一个历史的过程。改革开放初期，我们重点反对平均主义，强调贯彻“按劳分配”原则，提倡效率优先；到党的十四大，提出要“兼顾效率与公平”；党的十四届三中全会，提出“效率优先，兼顾公平”；党的十五大作了重申；党的十六大报告提出，“初次分配注重效率，再分配注重公平”；党的十六届四中全会提出，“注重社会公平”；党的十六届五中全会强调，“更加注重社会公平”；党的十七大提出，“初次分配和再分配都要处理好效率与公平的关系，再分配更加注重公平”。

效率与公平的问题，只要有人群就必然存在，就必须面对。它没有天经地义的定律，只有根据发展阶段、供求状况、人文生态等实际情况，历史地、具体地、辩证地、务实地去把握和排解。

膨胀与紧缩的矫枉过正

平衡是相对的，不平衡是绝对的。适中只是瞬间，膨胀与紧缩才是常态。因此，矫枉过正总是难免的。问题是不要过“度”，关键在于宏观调控的手法和分寸。要通过适时、适度、渐进、复合的微调预调，既对要素产生直接作用，又对预期施加间接影响，使经济摆动周期的频率慢一些、振幅小一些、过程速率低一些。从而，以良性的膨胀刺激增长，以适度的紧缩调整结构。

当前中国经济正处在从膨胀的高位掉头向下的过程，这是一种“乍寒还暖”、“畏寒畏暖”的状态，宏观调控的精确和细致至关重要。既要使“缩”的趋势得以延续，防止通胀卷土重来；又要使“缩”的动能逐步递减，避免通缩接踵而至。这里很需要借用林毅夫“新结构经济学”的概念和理念，施行“结构性”的宏观调控政策是当务之急。财政、货币、投资政策应当根据不同对象、不同需要而量身订制，“宽松”应当是定向的，“从紧”应当是有差别的，“积极”应当是有条件的，“稳健”应当是有活力的，不应当一把尺子、一个水龙头、一刀切。

中国经济面临的一个巨大的不确定性在于剪不断、理还乱的国际因素，全球化的深入使外部变化对中国经济影响的权重越来越大，而世界政治经济的走向和结果是我们难以左右，甚至难以预测的。国外需求、国际贸易竞争、汇率较量、外来投资包括热钱进出、气候谈判，日益成为不能仅仅予以定性判断和背景式看待、而必须予以量化分析和逐项应对的重要变量。因此，余地和预案显得格外重要，做最坏的打算、争取最好的结果，取法其上、得乎其中，同样是谋划和驾驭经济发展的理性选择。

再有一个中国特色的问题就是国家太大，各地情况千差万别。仅就在“膨胀—紧缩”这个频谱中的相位而言，各地的症状、症结、隐患、趋势都不相同，有的该降火，有的该补气，有的既要降火又要补气，“一剂药”解决不了所有的问题。应当在总体目标一致、大政方针统一的前提下，让各地可以并且能够因地制宜、相机而为、趋利避害、良性发展。为了走出“一统就死、一放就乱”的循环，必须加大市场取向的改革力度。市场管不好的需要人来管，人管不好的可以交给市场去管。我们在懂得市场、用好市场、依靠市场方面还有很长的路要走，但步子应当更大一些了。

情感与理智的鬭冒冲突

睡前设了闹铃，时间是凌晨 4:50，为的是看皇马与巴萨的又一次巅峰对决。它无疑是这个礼拜天的高端享受。

自穆里尼奥执掌皇马后，每每关注银河战舰与宇宙队的超级德比厮杀，结果都使自己对皇马的拥趸、对穆帅的推崇受到挫伤，特别是去年的那场 0:5 更称得上毁灭性一击。一年过去了仍在期待着，近期留意到有所谓“穆帅的第二赛季”说法，便寄希望于此役能成为伯纳乌主场的雪耻之战、王者归来之战。然而，94 分钟的比赛，1:3 的比分，以及所进的 1 球还是巴萨守门员巴尔德斯失误送给的，使得这个早起的清晨充满了沮丧和悲凉。不忍心去看素来风度翩翩而今天穿着便装的穆帅离场的表情，或许他有所预感。

真正的王者已经确立，不管你带有怎样的成见和偏向。早在一年前皇马与巴萨的气象其实就已经形成。一个走“重金”路线，巨星云集，但配合、防守、突破，尤其是心志，始终没有集成到位；一个走青训营路线，从“娃娃”抓起，加上世界杯冠军队的主力班底，全队的融合和气势都堪称空前。只要理智地分析，就不难看出两个队在个体上的差距是意志，在整体上的差距是灵魂，这种差别已经深入骨髓，不是一时半会儿、靠技战术可以弥补的，胜算的天平在向巴萨倾斜。但是，穆里尼奥的个人魅力和传奇经历确实太过光彩照人，令人记忆犹新的是上个赛季带领国米连夺意甲冠军、意大利超级杯，并时隔40多年后重获欧洲冠军联赛冠军，骄人的战绩让所有皇马的球迷对他续写点石成金（何况要点的已然是“金”）的辉煌充满期待。人们总不愿相信巴萨会是穆帅的一道过不去的坎，这种寄望和憧憬在皇马此前的15连胜辉映下，几乎成就了皇马球迷的必胜信念。但是现实是无情的，瓜迪奥拉是无情的，梅西、伊涅斯塔、哈维、普约尔、桑切斯是无情的。球迷期待皇马的成功，但拒绝不了巴萨的精彩，不得不承认巴萨的每一个进球都是必然且极具观赏价值的。

情感与理智的苦斗，总是会困扰着很多人。哲学家周国平说过：“人是情感动物，也是理智动物，二者不可缺一。在人类一切事业中，情感都是原动力，而理智则有时是制动器，有时是执行者。无论哪一领域的天才，都必是具有某种强烈情感的人。区别只在于，由于理智加工程度和方式的不同，对那作为原材料的情感，我们从其产品上或者容易认出，或者不容易认出罢了。”一般意义而言，理智对于情感的加工方式和操控程度，取决于人的价值判断。而在很多情况下情感超越了价值权衡，故有明知不可为而为之。因为有的人有的时候宁愿沉湎于情感的迸发、流淌、浸润之中，而得到释放、陶醉和慰藉。它与有的人有的时候更愿意选择理智的取舍、进退、亲疏，而得到安宁、实有和成功，完全不可同日而语。这就注定了执著于穆帅的人，必定会不舍弃、不抛弃、不放弃，从而一次又一次忍受挫败的煎熬，同时再一次又一次享受迷恋的慰藉。飞蛾扑火与浴火重生，究竟是一个过程的两种结果，抑或是一个结果的两种意义，谁知道呢？

理性预期与非理性预期的滞重胶着

预期，是一个经济学概念，但在人的现实生活中普遍存在。它指人们对于未来的估计和判断，并以此作为采取相应行动的依据。今年的诺贝尔经济学奖，就是授予研究预期问题的两位美国经济学家的。

预期既然是主观的估计和判断，就有对与错，在经济学上归结为理性与非理性。影响预期的因素有三项：①经验，包括自身的经验与他人的经验。②信号，包括正面的信号与反面的信号。③意志，包括个人的主观意志与群体的主观意志。

举一个股市的例子，某投资者在现阶段对于投资股市的预期。一、根据历史的经验，沪指下到 2 000 点，基本见底了。二、根据宏观调控的政策信号，在深绿的情况下，再出利空的可能性不大，出利好的可能性很大。三、根据自己的情况，已经深度套牢了，做梦都盼着涨，主观上更愿意接受关于涨的说法。于是他的预期是在未来半年内股市会起来，相应的行动是增资抄底。结果他错了，行情恰恰史无前例地破了 2 000 点的底，宏观管理部门始终没有任何救市行动，套牢者越是盼涨看到的却是继续下跌。

人们只要理性地分析决定预期的这三个因素，就能看出其中的每一项其实都可以作不同的解读，都存在上、中、下三个可能的选项。不同的人，囿于不同的经验与认识水平、信息及其解读能力、主观愿望和偏向，就会得出迥然相异的结论。而所谓“理性”，不仅要求你更加全面地考虑相关变量，而且要求你更加客观地考虑不利因素。①历史的经验到了今天，别人的经验到了你这，可能出现一次例外和逆反。②各种信息给予的意味，既有可能出现单项的误判，也有可能形成综合的错觉。③个人的一厢情愿可能“情人眼里出西施”。因此，很多在自己看来属于“理性”的预期其实并不理性。

要使预期尽可能理性，功课还得回到经验、信号、意志这三个方向来做。①经验，应当放到时势中去归结。成是经验，败则经验主义。一切历史经验只有放在当下能够成立才有意义，此一时彼一时，现时才是“时”。②信号，应当放到实际中去验证。信号的甄别和确认，既要判断真伪、强弱，还要考虑条件、时效，必须去粗取精、去伪存真、由表及里、由此及彼。③意志，应当放到客观中去拿捏。事物总是不以人的主观意志为转移的。期望值是个好东西，没有它就没动力，但要是过高了就会犯糊涂，像汽车爬坡加档一样，难免引擎空转甚至车毁人亡。人，无欲则刚，无私则正，无妄则明，无我则成。理性的预期还要从合适的欲望做起，持有用行舍藏的境界，便会有料事如神的预期。

道德判断与价值判断的发托卖像

人对事物的判断其实都有两个标准，一看有没有理；二看有没有利。“理”讲的是是非，是道德层面的判断；“利”讲的是得失，是价值层面的判断。是非问题必须用实际来检验，讲的是实事求是；得失问题必须看人们是否满意和乐意，讲的是以人为本。

“理”与“利”这两方面问题的要害就是不能割裂开来讲。现在很多事情自以为有“理”就不讲“利”，结果成了空头道理；也有很多事只求有“利”而不讲“理”，结果便师出无名。凡事，光讲“理”不行，寓“理”于“利”才行得通；光讲“利”也不行，予“利”在理才说得通。比如，我们看境外一些国家和地区的选举，竞选的过程让人眼花缭乱，但那些候选人都有一个特点，就是很能讲“理”，又很能讲“利”。讲“理”，就是给选民好感，觉得你代表的是“正面”的理念和价值；讲“利”，就是许诺给选民好处，在诸如经济、就业、环保、税收、社会保障、社会福利等方面给以积极的愿景。虽然其中不乏“理”虚“利”实、“理”实“利”虚、甚至“理”“利”皆虚的“双簧”式游戏，但是“理”与“利”确实不失为争取人气、笼络人心的法宝。当然，不同的选民群体对“理”与“利”的诉求也不一样，衣食无忧的人对“理”的诉求更高一些，忙于生计的人对“利”的需求更多一些。同时，选民对眼前的问题会更注重“利”的考量，对长远的问题会更注重“理”的评判。

“理”与“利”的这种关系，让人想到凯恩斯在《就业、利息和货币通论》中的一段话。他说，短期预期具有高度的连续性，作为理性的经济人预期最近的实得结果仍会继续，实在是很合理的；而对于长期预期则不能完全依据严格的冷静盘算，决定长期预期的大部分动因，与其说是决定于冷静计算，不如说是决定于一种油然而发的乐观情绪。他还说，在需要原动力之处，理智不能不依赖想象、情绪或机缘。这启示我们，应客观认识“理”与“利”的关系，合理把握道德判断与价值判断及其二者的相互结合。

劳动价值论学习笔记

（二○○五年十二月）

一、劳动价值论是马克思主义政治经济学的出发点，弄懂劳动价值论的基本原理是运用马克思主义政治经济学的前提

1. 商品和商品的二因素

商品是为交换而生产的劳动产品。任何商品都具有自然属性和社会属性。从自然属性来看，商品都具有使用价值，它反映人和自然的关系；从社会属性来看，商品都具有交换价值，它反映人和人的关系。使用价值不同的商品可以按一定比例相交换，是因为它们都是劳动产品，都具有价值。价值是凝结在商品中无差别的人类劳动。商品具有使用价值和价值二因素，是两种因素的对立统一体。

2. 生产商品的劳动二重性

商品的二因素是由生产商品的劳动的二重性决定的。一方面，生产商品的劳动是具体劳动，具体劳动创造商品的使用价值；另一方面，生产商品的劳动，不管具体形式怎样千差万别，都是人类体力和脑力的消耗。在商品生产中，这种抽掉了一切具体形式的、无差别的、一般意义上的人类劳动，叫做抽象劳动。抽象劳动形成商品的价值。商品的价值量是由生产商品的社会必要劳动时间决定的。社会必要劳动时间是在现有的社会正常的生产条件下，在社会平均的劳动熟练程度和劳动强度下制造

某种使用价值所需要的劳动时间。社会必要劳动时间是随着劳动生产力的发展而改变的。劳动生产力也称劳动生产率，指的是劳动的生产能力或效率。劳动生产力的水平取决于各种经济和技术等因素。随着现代科技的发展，科学技术工作和经营管理作为劳动的重要形式，在社会生产中起着越来越重要的作用，使得劳动生产力迅速提高。特别是自动化生产工具的广泛应用，生产中劳动力的消耗日益减少，甚至有些产品从原料加工到成品包装完全是在自动化机器控制下完成的。即便在这种情况下，商品价值的实体仍然是人类一般劳动的凝结。

3. 私有制商品经济的基本矛盾

生产商品劳动的二重性是由私有制商品经济的基本矛盾——私人劳动和社会劳动的矛盾决定的。在私有制商品经济中，由于每个商品生产者都是生产资料的私有者，生产什么，生产多少，都由他们自己决定，劳动成果归他们自己所有，经营的盈亏也由他们自己负责，所以商品生产者的劳动具有私人的性质。但是，每个商品生产者的生产都不能离开社会而存在，都是社会总劳动的一部分，因而他们的劳动又都具有社会性质。生产商品的劳动既是私人劳动，又是社会劳动，两者是对立统一的。私人劳动首先表现为具体劳动，由于具体劳动性质不同，在交换中无法确定交换的比例，因而也无法通过交换表现为社会劳动，而能够确定交换比例的只能是在质上相同的抽象劳动。这样私人劳动和社会劳动的矛盾就决定了生产商品的劳动二重性：具体劳动和抽象劳动。私人劳动和社会劳动的矛盾，是私有制商品经济中各种矛盾的基础，它是私有制商品经济的基本矛盾。在资本主义社会，私人劳动和社会劳动的矛盾发展成为生产的社会化与资本主义私人占有之间的矛盾。

4. 货币是固定地充当一般等价物的商品

商品价值的表现形式，只有在它和别的商品相互交换时才能表现出来。商品价值表现形式发展的结果就产生货币。货币的本质是固定地充当一般等价物的商品，它是商品内在矛盾运动的必然产物。货币的本质体现在它的职能上，随着商品经济的发展，货币具有价值尺度、流通手段、贮藏手段、支付手段、世界货币五种职能。在货币的五种职能中，价值尺度和流通手段是它的基本职能。纸币是由国家发行的、强制流通的价值符号，它代表金、银等贵金属货币执行流通手段的职能。如果纸币发行量超过了流通中所需的金属货币量，就会发生纸币贬值、物价上涨，引起通货膨胀。

5. 价值规律是商品经济的基本规律

商品的交换比例以商品的价值量为基础，但由于供求矛盾的客观存在，使得价格总是时而高于价值，时而低于价值，这种价格围绕价值上下波动的规律就是价值规律。价值规律是商品经济的基本规律，它支配着商品经济的发展。价值规律在私有制商品经济中的作用，主要有以下几个方面。第一，价值规律自发地调节着生产资料和劳动力在各社会部门之间的分配，即调节社会资源的配置。第二，价值规律自发地刺激商品生产者改进生产技术，改善经营管理，促进社会生产力的发展。第三，价值规律促使小商品生产者两极分化，并在一定条件下引起资本主义生产关系的产生。

6. 市场经济是商品经济发展到一定程度的必然产物

随着商品经济的发展，市场成为在整个社会经济中起决定性作用的因素，这就是市场经济，其特点是市场对资源配置起基础性作用。市场经济是同商品经济发展相联系的范畴，而不是同社会制度相联系的经济范畴，它是商品经济发展到一定程度的必然产物。市场经济是通过市场即由价值规律这只“看不见的手”来调节经济运行的。市场的作用是通过市场机制实现的。所谓市场机制是指市场中各种市场要素之间的相互制约和互为因果的联系与作用。它包括：价格机制，它是市场实现对资源有效配置的最主要的机制；竞争机制，它是整个市场机制存在和发挥作用的前提条件；供求机制，它引起商品市场价格的涨落，推动市场竞争关系的改变；信贷利率机制，它支配和调控金融市场；工资机制，它调控劳动力在社会各经济部门和地区之间流动。各种市场机制从不同侧面反映了市场经济的内在要求，它们分别在市场中起着调节作用。不管在哪一种社会制度下的市场经济，其基本运行规律、运行机制是相同的。

二、马克思对劳动价值论的论证和阐述，从简单商品生产时期到自由资本主义和垄断资本主义时期，从简单劳动到复杂劳动，是与时俱进、不断发展的

1. 简单商品生产时期价值规律的直接表现形式

简单商品生产时期，农民和手工业者彼此都相当准确地知道花费在各种商品上的劳动，因而花费在这些商品上的劳动时间是进行交换的唯一合适尺度。马克思对劳动价值曾赋予两种

不同的含义：耗费在某种商品中的社会必要劳动时间，是供给意义上的社会必要劳动时间；社会需要分配在某种商品中的社会必要劳动时间，是需求意义上的社会必要劳动时间。“要使一个商品按照它的市场价值出售，也就是说，按照它包含的社会必要劳动来出售，耗费在这种商品总量上的社会劳动的总量，就必须同这种商品的社会需要的量相适应，即同有支付能力的社会需要相适应。”这就是说，只有供求均衡的社会劳动时间，才是真正的社会必要劳动时间。恩格斯指出：“总之，只要经济规律起作用，马克思的价值规律对于整个简单商品生产时期是普遍适用的。”也就是说，直到简单商品生产由于资本主义生产形式的出现而发生变化之前是普遍适用的。因此，人们常说的“价值决定价格，价格围绕价值上下波动”，是简单商品生产时期价值规律的直接表现形式。

2. 自由资本主义时期价值规律通过生产价格的形式间接发挥作用

到自由资本主义时期，由于价值转化为生产价格，商品价格不再围绕价值而围绕生产价格上下波动，价值规律通过生产价格的形式间接发挥作用。显然，生产价格的形成需要资本主义的相当发展，没有完全竞争，没有平均利润，也就不会有生产价格。

3. 垄断资本主义时期商品价格规定的价值总额界限并未消失

到垄断资本主义时期，由于人为或自然垄断，出现垄断价格。马克思说过，垄断价格一般只由购买者的购买欲望和支付能力决定,而与一般生产价格或产品价值决定的价格无关。这就是说,在生产过剩的垄断资本主义时期,价格取决于需求。但是,垄断价格是通过实际工资和其他资本家利润的扣除来支付的,垄断价格与非垄断价格的总额仍然等于价值总额,因而商品价格规定的界限并不会因此而消失。

4.复杂劳动是价值创造的重要源泉

由于19世纪处于物质产品生产时代,精神产品生产还微不足道,马克思论述劳动价值论以物质产品生产为主。但是,他对劳动力的界定则是活的人体中存在的、每当人生产某种使用价值时所运用的体力和智力的总和,并提出复杂的劳动只是自乘的或不如说多倍的简单劳动。今天,我们已经逐步认识到,作为复杂劳动,服务提供、科学技术和经营管理也是劳动的重要形式和价值创造的重要源泉。

三、劳动价值论作为马克思主义政治经济学基础,应当在新的历史条件下进行理论创新,从而不仅成为揭露资本主义的武器,也为发展社会主义服务

劳动价值论是对价值源泉的理论分析,实际上任何商品的社会必要劳动时间从未算出过,现代化迂回生产的社会必要劳动时间也难以计算。但是,正如谁也没有应用效用理论定过价,但效用理论仍不失其理论意义一样,人们也不能因为难以将社会必要劳动时间作为定价的依据而否定劳动价值论。以智力劳动为基础的知识经济不仅没有否定劳动价值论,反而为劳动价值论创造更加广阔的舞台,显示出它的生命力。劳动价值论并

没有终结人们对于价值源泉的认识，像各种生产要素在价值创造过程中都发挥着不可或缺的作用等等日益成为人们的共识。随着时代的发展，我们必须从市场化、知识化、全球化的大趋势出发，科学认识和阐释社会主义市场经济条件下的一系列经济范畴和规律，以更好地推动社会主义市场经济的发展。

比如，价格是价值规律在商品流通中发挥作用的实现形式，社会主义市场经济的宏观调控，要运用价值规律合理调节国民经济重大比例关系和价格总水平，并在客观核定成本的基础上对重要商品和服务价格实施管理；同时，必须充分发挥市场机制的作用，自觉运用供求竞争规律，实现价格杠杆对生产活动和商品流通的合理调节。

又如，工资是以价值规律为基础、体现劳动创造价值的分配工具，在必要的范围内以工资体现的劳动报酬应与由劳动时间和劳动强度决定的劳动创造成正比；同时，必须正视市场机制作用下地区之间、企业之间、城乡之间、不同所有制之间的工资差距，正确评价资本、土地、管理、知识、科技等非劳动要素在价值创造中的作用，形成与之相适应的分配机制。

再如，地租是土地所有者向使用者收取的利益，“是土地所有者在经济上借以实现即增值价值的形式”，必须认清地租依附于剩余价值和利润的本质属性，有序推进地租资本化，实现土地资源的有偿、节约、集约、可持续利用；同时，必须重视供求关系和地理位置等因素对土地价格的影响，运用级差地租规律，强化土地资源的优化配置和高效利用，促进城乡建设和地产市场的健康发展。

实施项目带动战略的哲学内涵

（二〇〇五年九月）

实施项目带动战略，把项目带动作为促进三个文明建设的载体，作为落实各项决策部署的抓手，作为推动政府职能转变和作风建设的途径，作为检验工作成效的鉴证，在各级各部门形成广泛共识，取得了积极成效。项目带动战略的成功实践，促使我们探寻这一工作方法所包含的哲学内涵和方法论根据。

一、项目工作具有鲜明的唯实特性

项目，狭义地理解，包括投资项目（就主体而言）、施工项目（就所处的工作阶段而言）、建设项目（就性质而言）、攻关项目（就管理而言）等专项任务；广义的项目是指针对特定的管理对象，通过有计划的人力物力财力投入，实现特定目标的一种组织管理形式。项目工作的重要特性是自始至终贯穿着一个“实”字，体现着求实、务实、实干的精神。

(1) 项目具有实际的目的性。每个项目都是为了实现战略目标的具体战役，都有明确的目标，发挥着特定的效能，使经济社会发展目标任务具体化。

(2) 项目具有实足的科学性。必须应用科学方法、专业手段、先进技术，运用项目管理的先进理念，按客观规律办事。项目工作来不得半点主观臆断和盲目蛮干。

(3) 项目具有实用的计划性。必须一切从实际出发，合理组织可支配的力量，制定周全的方案和计划步骤，有条不紊、按部就班地推进各项任务。

(4) 项目具有实行的协同性。通过要素聚合、协调配合、通力合作，有效整合各方面资源，围绕发展的关键环节、关键领域进行重点突破，集中力量办大事，形成全方位、多层面推进的合力。

(5) 项目具有实在的经济性。通过实实在在的量化概念和指标，显现投入产出，分出高低优劣，促进成本控制和效率效益的提高。

(6) 项目具有实施的控制性。通过质量监控、责任约束，更好地明确责权利，有效考核和评价工作，奖罚分明，及时发现和解决问题，使任务保质保量按期完成。

(7) 项目具有实例的激励性。可以典型示范、鼓舞士气，能够激发使命感、责任感，增强凝聚力、进取心，充分调动各方面积极性、创造性。

正是由于具有这些鲜明的特性，在项目实践中形成十分可贵的精神。①求实实干的精神。项目作为实际工作的载体，必然要求工作的各个环节都具体落实，在具体中落实，在具体中深入，在具体中突破。②严谨科学的精神。项目从策划提出、可行性研究、决策到组织实施、投入运行，所有环节都离不开科学知识、科学方法、科学论证、科学精神和严谨的工作态度、工作作风。③团结拼搏的精神。项目作为一个系统工程，需要系统内部各个环节、各个部门的紧密协作，还需要系统内外的密切配合，以发挥各方面优势，增强项目工作合力。④攻坚克难、只争朝夕的精神。项目工作总是在不断克服各种险阻、破解各种难题中向前推进，只有用咬定青山不放松的毅力，组织精兵强将攻关，明确目标倒排进度，才能实现项目目标。⑤顾大局、大协作、保重点的精神。项目工作素有集中力量保证重点项目、方方面面支援重点项目的优良传统，从而为重点项目创造有利的条件和外部环境。

二、实施项目带动战略体现唯物辩证思维

项目作为生产和社会实践的一种组织形式，其所具有的现代科学管理理念、要素载体功能、先进工作方法、协作联动机制，不仅在经济建设和科技研究等领域广泛应用，而且在上层建筑和意识形态领域具有积极的方法论意义。实施项目带动战略，就是把项目建设的积极效应、牵动作用传导到各行业各领域，把项目管理的理念、方法、机制引入各级各部门的工作中，达到创新机制、提高效率、督促落实、凝聚合力的目的，促进社会主义物质文明、政治文明和精神文明的协调发展。实施项目带动战略应当把握一系列蕴含其中的辩证统一关系。

(1) 战略思维与工作方法相统一。项目建设是坚持发展第一要务和以经济建设中心的有效载体，为项目服务是为发展服务的具体体现。实施项目带动战略，从全面建设小康社会的战略目标和任务出发，既注重项目的集聚生产要素、拉动投资增长、增强经济实力的作用；又把项目的目标管理、计划管理、组织管理、绩效管理等方法运用到各方面工作中，推动各项工作的落实。

（2）有形带动与无形带动相结合。既围绕经济建设的中长期规划，抓好产业项目、基础设施项目、科教文卫项目的建设，形成投产一批、建设一批、开工一批、储备一批的项目滚动发展格局，确保一批又一批项目的开发、生成、推介、交易、落地、见效；又要以项目建设带动发展活力动力的激发、社会事业的进步、城乡面貌的改变、人文和生态环境的改善。

（3）激活主体与增强合力相衔接。既充分调动各类经济细胞、基层组织和广大干部群众在实施项目带动中的主体作用；又用项目来展示导向、凝聚合力、营造氛围，形成方方面面关注发展、投身发展、促进发展的局面。

（4）重点带动与层级带动相协调。既要集中力量、把握关键，抓住牵动全局的重大任务，实施好一批带动性、示范性强的重点项目，推动发展；又分类指导，分解任务，分级负责，一级带一级，层层抓落实，形成上下联动的局面。

三、要从实际出发，不断深化实施项目带动战略的实践

在新一轮发展中，我们必须坚持唯物辩证法的原理，学会按唯物辩证法办事，紧密联系发展实际，不断探索和把握规律，既注重突出重点，又注重带动一般；既注重创新形式，又注重提升内容；既注重抓好当前，又注重兼顾长远，更好地发挥项目带动这个发展抓手的积极效应，促进全面小康社会的建设。

（1）要完整地理解项目带动战略的内涵，在“四位一体”这个项目带动的重点领域上有新开拓。项目带动的“项目”不单纯是工程建设项目，而是社会主义经济建设、政治建设、文

化建设、社会建设“四位一体”的项目，是物质文明、政治文明、精神文明与和谐社会建设全面协调发展的项目。“带动”，就是以项目集聚生产要素，促进投资增长，加快构建九大支撑体系，增强经济的综合实力和发展后劲；以项目带动促进四个专题的深化，集聚方方面面的力量；以项目带动转变政府职能，提高运作效率，改进管理服务，营造好的发展环境；以项目带动检验工作的落实和工作的成效，形成想干事、能干事、干成事的导向和氛围。

(2) 要着眼于扩大项目带动战略的实效，在“要素集聚”这个项目带动的功能发挥上有新突破。以项目集聚生产要素，调动一切积极因素，是实施项目带动战略最根本最核心的内容。实施项目带动战略，关键在“带动”，就是通过一个个项目，吸引外部资金、技术、管理和人才，促进人、财、物的流入，形成有效生产能力，不断增强物质基础和综合实力。要营造要素集聚的环境，重点加快中心城市这个要素集聚重要平台的建设，突出城市集聚要素的功能培育，加强引才引智引资载体建设，完善科技创新体系，培育区域性资本市场，营造商务成本低、服务设施好的投资创业环境，使中心城市成为人才高地，成为技术、资本等资源流入的“洼地”，成为投资兴业的“福地”。

(3) 要改进项目工作方法，在“管理水平”这个项目带动的关键环节上有新提升。要积极推行与国际惯例接轨的项目管理办法，完善项目法人责任制、资本金制、招投标制、合同管理制、工程管理制、国有资产出资人代表等制度，积极探索代建制、项目法人向社会招标选择等办法，增强项目法人的责任约束，提高项目管理法治化水平。要推进项目前期工作和科学论证，抓项目、作决策要顺应发展趋势、遵循客观规律，建立完善项目专家咨询、公众听证制度，杜绝盲目决策、劳民伤财、脱离实际的政绩工程、形象工程和“拍脑袋”项目，提高项目决策科学化水平。要推动各级政府部门转变职能、提高效率，树立“一盘棋”思想，形成保重点的合力，对重点项目全力以赴、一路绿灯。建立健全目标考核、绩效考评等相关制度，确保领导到位、计划到位、政策到位、资金到位、落实到位，提高项目运作效能化水平。

从人类未来发展理论思潮看科学发展

（二〇〇四年四月）

进入公元第三个千年，人类面临的全球性问题不仅影响了人们的现实生活，更重要的是影响人类社会的未来。面对纷繁复杂、变幻莫测的大千世界，自然科学、社会科学和经济学界展开了广泛深入的研究，自上个世纪后期以来出现了两种彼此对立的对于未来的看法。悲观主义者对未来极度失望，而乐观主义者则对未来充满希望，这两种观点各持己见、争论不休。了解他们的研究成果，借鉴其中的合理因素，对于我们树立科学发展观，推进以人为本、全面协调可持续发展是十分有益的。

一、悲观主义者对未来的看法

悲观主义者以罗马俱乐部为代表，他们在1972年发表了《增长的极限》一书，公开表达了他们的观点。他们主张以停止发展的方式达到和维护全球性平衡，因而被称之为悲观主义的观点。

《增长的极限》是以米都斯为首的美国麻省理工学院一个研究小组，为罗马俱乐部所做的人类困境研究提交的第一份报告。报告认为，对人类命运有决定意义的五个参数都按一定指数增长。这五个参数是：世界人口、工业生产、农业生产（粮食）、不可再生资源消耗和环境污染。由于增长是有极限的，这样的增长将使人和自然环境的关系趋于恶化，从而对社会引起灾难性的冲击，出现全球性危机，表现为非再生资源衰竭，可耕地面积下降，生产衰落，人均食品和人均工业产品大幅度下降，毁灭性的环境污染，人口死亡率急剧增长。他们对决定人类命运的五个参数的研究逻辑和观点是：

（1）如果在世界人口、工业化、污染、粮食生产和资源消耗方面以现在的趋势继续下去，地球上增长的极限将在一百年后的某一天出现。最可能的结果将是人口和生产力两者都出现相当突然和不可控制的衰退。

（2）改变这种增长趋势和建立稳定的生态和经济条件，以支撑遥远的未来是可能的。全球均衡状态可以这样来设计，使地球上每个人的基本物质需要得到满足，而且每个人有实现个人潜力的平等机会。

（3）如果世界人民决心追求上述的第二种结果，而不是第一种结果，他们为达到这种结果而开始工作得愈快，他们成功的可能性就愈大。但是，即便是尝试对技术产生的效益予以最乐观的估计，也不能防止人口和工业的最终下降，而且事实上无论如何不会把崩溃推迟到 2100 年以后。

二、乐观主义者对未来的看法

关于当今世界人口资源和环境的形势以及人类未来的发展的看法，与悲观主义者的观点相反，乐观主义者认为，眼下地球上的确出现这样或那样的困难，我们必须承认并接受这个现实，并认真面对它，可以治理好它。我们此时比以往任何时候都可以更快地将信息和物资送到全球，也可以用较少的财力和物力的投入生产出更多的粮食和商品。科学技术至少向我们提供了更深刻和更好地认识自然系统的潜力，我们有能力使人类事务同自然规律相协调。文化和精神遗产可以强化我们的经济利益和生存条件。我们已经看到出现一个经济发展新时代的可能性。这些乐观的观点以一种新的姿态出现，对人类的未来提出了新的希望。

乐观主义者认为，过去200年和今后200年，是人类社会的大过渡时期。这个时期是人类迅速发展的时期，虽然有许多困难令人不安，但是人类会摆脱各种困境。所有的国家都将进入超工业社会和后工业社会，从而使自然环境和社会环境都充满活力。他们强调科学技术的作用，认为只要技术和经济不断增长，世界虽然不会相安无事，但人类社会最终会取得进步。

他们对决定人类未来发展的五种基本要素作了如下预测：

(1) 世界人口和经济增长，现在正接近它的历史高峰，不久将开始放慢，今后100年至200年内将自然而轻松地趋于平稳。二百年后，世界人口约150亿，世界生产总值约为300万亿美元，人均产值2万美元，达到人类富裕的生活水平。地球上的资源绰绰有余，能在一个无定限的时期内按较高的生活水平，维持我们设想的人口和经济增长水平。世界经济中有10种力量有助于发展中国家的经济增长：①利用世界资本、市场和技术；②劳动力的输出，他们不仅有大量的资金收入，而且学到了先进技术，引进面向出口的工业；③发达国家在发展中国家设厂，雇用当地工人生产供出口的产品；④发展旅游业成为大规模的工业；⑤利用技术转移，如电子计算机和有高度生产率的农业技术向发展中国家转移；⑥具备对发展经济有用的榜样、体制和个人；⑦输入有污染的企业，第三世界国家最大的污染是贫穷，为了消除贫穷做出一点牺牲是值得的；⑧进口货的替代，用优惠政策引进外企的技术和资金，生产本国需要的产品；⑨外部世界的稳定；⑩国外援助。

这样，到21世纪初可能有1/4的人类生活在后工业社会，2/3以上人口的平均收入超过1 000美元；到21世纪末，世界人口的年均收入超过2 000美元，并将进入某种形式的后工业文化，那时比较贫穷的国家人均年产值500 ～ 2 000美元，“中等成功者”3 000 ～ 10 000美元。

（2）能源将从耗竭到不耗竭。石油价格上涨是短时期内的事，能源成本将无限期地继续下降，并在今后数十年内能源价格保持在合理范围内，能支持长期的能源供应。今后二百年，能源需求将增加15倍，五种主要矿物燃料——石油、天然气、煤、页岩油和含沥青砂岩，按探明储量估计，可在一百年内满足全球能量的需求，按测定的潜在资源量的1/5，就可供应200年以上。太阳能、地热、核裂变和聚变等新开发的能源将向永久性能源过渡，估计到2050年，总能源供给的主要部分，将由太阳能、地热、核裂变和聚变等永久能源供给，世界能源供应量充裕、丰富，无需为能源短缺或价格担忧。

（3）未来将有充分的原料。随经济和技术发展，供给全人类所需的原料也会增多。米都斯列举的现在使用的19种主要矿产，其耗竭的时间只有6 ～ 154年；而乐观主义者的看法与此相反。世界上许多矿产资源的探时储量在迅速扩大，随着技术的发展，人们可在更深的地层挖掘资源，并将开发海洋资源。我们应以乐观、进取的态度审视地球的矿物资源。

（4）除了自然灾害造成局部的偶然波动，以及政策失误或滥用资源会造成短缺外，从长期来看，粮食供应是充分的。200年内世界粮食消费可能达到现在发达国家的水平，每人每年约2 000磅（约907公斤）谷物，现在的发达国家的生活标准将成为一般的普通标准。

（5）虽然在今后1/4世纪里需要有庞大的经费来改善环境，但污染问题不是不可克服的。技术进步会使保护环境的成本降低，技术是控制污染的主要动力。

总之，这是一场世界性的争论，也是一场具有世界观意义的争论。在理论上，它开拓了一个崭新的全球学研究领域、人类未来发展研究的新方向，其学术成果和新的研究方法已载入世界科学史册。在实践上，它使人们认识世界人口、资源和环境问题上的严峻形势，唤醒人们对当代全球性问题的重视，并逐渐地使全球学研究从科学领域进入决策领域，即全球研究参与决策，将对寻求人类新的发展途径做出重要贡献。

三、立于悲观论和乐观论之上的科学发展观

随着时间的推移，悲观主义和乐观主义的观点是否科学可信，有的逐渐可见端倪，有的依然扑朔迷离。我们预测21世纪世界生态环境变化，虽然难以完全接受他们的各种观点，但仍然可以从中汲取有价值的部分，包括悲观论者的忧患意识、乐观论者对未来发展的信心等等，进而从外部世界的某种角度促

进我们加深对发展观问题的认识，以更宽广的视野、更理性的自觉树立和落实科学发展观。

悲观论者之所以悲观，是因为他们认为人类没有了更长远的未来。乐观论者之所以乐观，是由于他们对人类的能力和未来以及地球对于人类的包容和眷顾仍然抱有信心。这实际上构成了悲观论者与乐观论者在彼此对立之上的共同点，即人是万物之灵，是一切的核心。如果没有了人，一切都没有意义。我们讲以人为本，就是要突出人的全面发展是我们的终极目的。为此必须走出为发展而发展的“盲区”，改变重生产轻生活、重增长轻环境、重业绩轻安全的偏向，着力解决群众最关心、最直接、最现实的利益问题，使改革、建设、发展成果更好地体现在提高生活水平、满足物质文化需求、实现人的全面发展上，努力形成人民群众在科学发展中的最广泛融入和最充分共享。

即便是悲观论者也认为，改变旧的增长趋势，建立稳定的生态和经济条件，以支撑遥远的未来是可能的，人们为达到这种结果而开始工作得愈快，成功的可能性就愈大。这说明哪怕是看到了“世界末日”的悲观论者，也没有停止努力、放弃发展，更不用说乐观论者了。如果放弃发展、停滞发展，不仅无法解决现存的各种矛盾，而且将根本丧失未来，一切都将无从谈起。我们讲把发展作为第一要务，就是必须咬定发展不放松、任尔东西南北风。要发挥我们的制度优势，立足现实基础，面向长远未来，深化改革、扩大开放，科学规划目标、蓝图、路径和进程，不断激发发展活力、增进发展动力、集聚发展合力，努力实现持续、稳定、健康的经济发展，用发展来解决前进中的问题，在全面建成更高水平的小康社会后向现代化迈进。

悲观论者和乐观论者从不同的角度提到了通过转变增长方式，依靠科学技术和新经济摆脱发展困境的可能性，特别是乐观论者认为知识将替代资源，把技术转移作为发展中国家可以借助的重要条件，把先进技术作为解决能源和环境问题的重要依靠。这进一步印证了科学技术是经济系统的内生变量，传统产业经济向现代知识经济的转变是由科学技术与经济发展的深层次融合促成的，这种融合越有效对发展的驱动就越强劲。我们必须坚持科教兴国和人才强国战略，把知识创新、技术创新、制度创新作为最重要的发展引擎，加快提升由自主创新能力支撑的综合竞争力，实现创新发展、又好又快发展。

乐观论者不仅相信科学技术可以向我们提供更深刻和更好地认识自然系统的潜力，而且也强调文化和精神遗产可以强化我们的经济利益和生存条件。著名未来学家托夫勒指出，在第三次浪潮中，一大堆新宗教观、新科学观、新人性观、新的艺术形式将会兴起，这比工业时代更富有多样性，而贯穿第三次浪潮的第一件事就是社会生活朝着更高水平的多样性转移。他甚至预言，对于高度多样化社会，现在的立法制度简直不合适到了不可想象和无法应付的地步。由此给我们一个启示：我们讲坚持全面协调可持续发展，实际上不仅仅是对以往发展模式的反思和修正，也是对未来发展趋势的前瞻和顺应。在新的发展阶段必须以经济建设为中心，全面推进经济、政治、文化建设，统筹城乡发展、区域发展、经济社会发展、人与自然和谐发展、国内发展和对外开放；必须推进生产力和生产关系、经济基础和上层建筑相适应，推进经济、政治、文化建设各个环节各个方面相协调；必须走出为眼前发展而牺牲长远发展、为片面发展而影响全面发展的误区，正确处理目的与手段、过程与结果、战略与战术、规模与结构、速度与效益、数量与质量、发展与保护、短期利益与长期利益、局部利益与整体利益等重要关系，努力实现它们的平衡和统一。特别是要更加系统地认识人类与环境的关系，把“自然存在—人类活动—人地关系—社会发展”视为一个有机整体，不断调整人类自身的发展模式和建设行为，追求人与自然的和谐相处，实现人类社会的永续发展。

加强和改善"走向小康社会的宏观管理"

（一九九八年八月）

邓小平理论是党的指导思想，博大精深，充满科学精神、辩证哲理和时代特征。通过学习邓小平理论，使我们加深了对实行社会主义市场经济以及在市场经济条件下加强和改善宏观管理的认识。

搞社会主义市场经济，是经济发展规律的必然要求。我国经济体制以市场为取向的改革、市场经济发展的实践，正是在邓小平同志的直接推动和指引下走过来的，从"以计划经济为主，也结合市场经济"，到"计划调节和市场调节相结合"，到"计划经济与市场经济相结合"，到"社会主义也可以搞市场经济"，最终奠定了我国社会主义市场经济的总体框架，明确了经济体制改革的目标和方向。根据邓小平同志的思想，我们要搞的社会主义市场经济，是以公有制为主体，多种所有制经济共同发展；在平等竞争中发挥国有经济的主导作用；以按劳分配为主体，并与按其他生产要素分配方式相结合，效率优先，兼顾公平；以市场对资源配置起基础性作用，通过价格杠杆和竞争机制调节供求；同时，必须坚持国家对市场经济的宏观调控。这种宏观调控在目的、内容、方式上与传统的管理体制有着质的区别，就是邓小平同志说的："过去我们是'穷管'，现在不同了，是走向小康社会的宏观管理"。在建立社会主义市场经济体制和发展社会主义市场经济的整个过程中，我们要十分重视加强和改善政府对经济的宏观管理。

一、市场经济离不开政府的宏观管理

邓小平同志指出："我们必须从理论上搞懂，资本主义与社会主义的区分不在于是计划还是市场这样的问题。社会主义也有市场经济，资本主义也有计划控制。资本主义就没有控制，就那么自由？最惠国待遇也是控制嘛！"这揭示了一个道理，市场经济也离不开政府的宏观管理。市场经济具有促进公平竞争、增强经济活力、自发调节供求、提高经济效益的功效，但也具有其自身无法克服的功能性缺陷，包括市场只能进行事后调节，滞后调节不可避免地造成经济运行的波动和资源浪费；市场只能通过经济利益驱动调节供求关系，难以兼顾社会公平，失业、两极分化、环境污染、生态恶化等问题是市场机制本身无法解决的；市场调节只能调节即时性的、眼前的供求关系，不能调节增强国家实力、发展后劲，优化经济结构，实现可持续发展等长远性、战略性目标的实现。所有这些功能性缺陷，必须也只能依靠加强和改善政府对经济的宏观调控加以解决。

二、宏观管理必须管大的方面，管方向

邓小平同志在论述"宏观管理"时指出："不能再搬用过去困难时期那些方法了，现在中央说话，中央行使权力，是在大的问题上，在方向问题上"。因此，在社会主义市场经济条件下，宏观管理的目的是要保持经济总量平衡，经济稳定增长；管理的方式是建立以间接手段为主的宏观调控体系，包括调控的最终目标、中间目标、政策措施等一套体系；管理的内容也将从过去偏重于定指标、分投资、批项目、调物资，转变为确定战略目标，搞好发展预测和发展规划，调整经济结构，集中必要的财力进行重点建设。而对微观经济运行起基础性调节作用的是市场。

三、宏观管理必须维护中央的权威，并发挥好中央和地方两个积极性

邓小平同志十分强调中央要有权威，特别是有困难的时候，没有中央、国务院这个权威，不可能解决问题。有了这个权威，困难时也能做大事。当前，国际政治经济关系的发展面临更加动荡、更加错综复杂的形势，亚洲金融危机对我国经济造成深刻而持久的影响，今年夏季的特大洪涝灾害给我们造成了重大损失。我们更深切地感到，维护中央的权威，切实贯彻中央宏观调控的方针政策，扩大内需，增加投资，稳定币值，确保增速,具有特别重要的现实意义。只有全国上下都维护中央的权威，服从中央的宏观调节，我们就能克服困难，渡过难关，保持国民经济的持续、快速、健康发展。邓小平同志还十分强调赋予地方必要的自主权，发挥地方的积极性。他指出 :“权力要下放，解决中央和地方的关系”，并强调权力下放是宏观管理的条件，“如果不放，经济发展能搞出今天这样一个规模来吗？我们讲中央权威，宏观控制，深化综合改革，都是在这样的新的条件下提出来的。”福建省改革开放二十年来的实践充分说明，只有在大的问题上坚决服从中央的领导和宏观调控，才能保持社会经济健康发展的正确方向 ；只有结合福建省实际，解放思想，实事求是，突出特色，抓住机遇，能快则快，快中求好，才能走在全国现代化建设的前列，实现新一轮创业的宏伟目标，把一个繁荣、富强、文明的福建带入 21 世纪。

专题研究

城市污水处理业市场取向改革研究

（二〇〇六年三月）

一、绪论

（一）研究的背景

进入21世纪，作为世界上最大的发展中国家，我们在不断提高工业化、城市化、现代化水平的过程中，正面临着日趋严重的资源和环境约束问题。这一问题在城市建设和发展中的一个突出表现就是，城市污水处理率低，大量污水未经集中处理直接排入城市水系及相关流域，造成江河湖海水质恶化和地下水污染，破坏生态环境。因此，加快城市污水治理步伐，建立城市污水有序排放和集中处理的良性运行机制，直接关系到城市人居环境质量改善和经济社会的可持续发展，日益受到社会的广泛关注，成为各级政府的紧迫任务。

污水排放和水体污染的主要集中源头来自城市生活用水和工业废水，解决水污染问题必须实行城市污水集中处理、达标排放。城市污水处理是一项复杂的系统工程，包括城市规划区内接纳和输送污水的管网、泵站和污水处理厂等，其投资额巨大，运行费用很高。长期以来，国家对城市污水处理行业在投资、设计、建设施工和运行等方面一直实行的计划经济管理模式，存在建设资金短缺、政府负担过重等弊端。在现有污水处理行业发展历史欠债甚多的情况下，继续靠政府投入来发展既不能满足需要、也不适应发展的要求。

20 世纪 90 年代后期，我国城市污水处理业按照建立社会主义市场经济体制的方向，积极探索新的投融资和运行管理机制，致力于发挥市场在资源配置中的基础性作用，变单一的政府投入为合理征收污水处理费、向投资者提供较为稳定合理的回报，吸引各种经济成分参与污水处理的投资建设和经营，同时，改变事业性单位管理粗放、效益低下的状况。这种市场取向的改革，从少数地方率先摸索，到国家政策引导下的整体推进，总体上取得了初步的成效。但在改革中也面临一系列具体问题，有认识和理念上的问题，也有运作和实践上的问题。比如，城市污水处理业是否具有市场经营性，如何确定投资经营者的回报和收益水平；推进市场取向改革会不会削弱政府提供公共服务的职能，如何有效监管，保证公共服务质量；引入私人企业会不会产生新的寻租空间，如何合理确定居民和企业缴纳城市污水处理费的负担等等。对这些问题正确认识和合理解决，直接关系到改革和发展的进程。可以说，城市污水处理业的改革，已经对理论研究和理论指导提出了新的要求。

（二）研究的目的和方法

本课题研究的目的是，从分析我国推行城市污水处理业体制机制改革的具体实践入手，充分借鉴国外运作经验和管理模式，运用经济学理论特别是公共产品外部效益内部化原理，深入研究在社会主义市场经济条件下推进城市污水处理业市场取向改革具有哪些理论依据，应该如何设定改革的目标，必须采取哪些切实可行的途径，以及提供哪些配套政策和措施，使城市污水处理业改革成功推进，从而为改革提供比较科学可靠的理论支撑。

课题研究着眼于理论与实践的紧密结合，主要把握三个关键问题。

（1）就城市污水处理业这样一个传统的公用事业领域引入市场机制的理论根据，进行深入探究和科学论证。根据经济学的公共产品理论和公共产品外部效益内部化原理，从效用的可分性、服务的排他性、产权的确定性等方面论证了城市污水处理业所具有的经营特性，进而确认只要经过合理的制度安排，能够求得其盈利性与公益性的结合点，建立起外部效益内部化的途径，使城市污水处理业成为完全意义上的私人投资领域，既为其产权所有者带来直接经济效益，又为社会公众提供普遍受益的公共产品和服务。从而，从原理上确认城市污水处理业市场取向改革不是权宜之计，也非误入歧途，而是有科学根据、符合经济规律和发展方向的必由之路。这将有利于深化认识、达成共识，理性而坚定地推进改革。

（2）分析和总结了发达国家在城市污水处理业市场化实践中的先进经验。发达国家已经形成比较成熟的市场化运作模式，城市污水处理已经成为一种名副其实的服务业，出现了一批有实力、高水平的著名环境服务商和环境设施运营商。普遍采用以BOT（建设—运营—移交）为代表的特许经营、由政府与私人企业签约的合同外包、由公共部门与私人部门建立合作伙伴关系（Public-Private Partnership，PPP）的公私合作等方式经营管理。排污收费已经成为发达国家通行的一项制度，收费成为政府向运营商支付污水处理费的来源。发达国家实行的企业排污权交易制度，刺激企业主动消减污染物排放总量。政府依法监管，规范公司治理机制和竞争行为，促进了行业的发展。国外城市污水处理业，无论在投融资体制，还是在规划建设、技术进步、运营管理等方面都积累了许多先进的经验，这同样是我们在改革开放中必须学习借鉴的人类文明的优秀成果。

（3）在科学理论指导下，在实践经验的基础上，系统提出了推进城市污水处理业改革的目标和途径。研究认为，必须坚持改革的市场取向，彻底改变由政府直接承办城市污水处理事业的传统体制，建立符合社会主义市场经济体制要求、符合行业特性和发展规律的有竞争、有效率、有监管的投资、建设、运营体制，实现投资主体多元化、运营主体企业化、运行监管规范化。围绕这一目标模式，提出了“以费治污”的改革途径，即：①厂网分开，生产环节实行市场化。把城市污水处理生产环节推向市场，全面引入竞争机制，通过公开招标选择新建污水处理厂的投资者、经营者，采用国际上比较成熟的 BOT 或准 BOT、TOT 等模式进行经营管理；②征收污水处理费，提供合理的投资回报。要以补偿运行成本、偿还贷款本息、实现合理利润为目标，将污水处理费调整到适当水平。城市污水处理费的征收，必须结合国家产业导向，实行差别政策，体现鼓励节约用水、减少污染、节能降耗。城市污水处理费暂时达不到保本微利水平的城市，地方财政应安排资金以补偿；③培育成熟的运营商，形成城市污水处理经营市场。改造公有主体，把国有的污水处理事业单位改制为现代企业；扶持民营主体，使其具有进入污水处理行业的技术、管理素质；引入外资主体，利用其先进技术、管理经验和资本实力，提高我国污水处理业的发展水平；④管网维护运营也可以根据实际情况实行市场化运作，通过招标发包方式，采用 TOT 模式，选择日常养护作业单位或承包单位，节支增效；⑤加强城市污水处理业的监管，完善服务标准和规范，促进行业健康发展。课题研究还提出了推进污水处理业市场取向改革的具体配套政策措施，并以福建省为例进行了模拟测算和验证。这些改革途径和措施科学可行，有助于把握改革的关键环节和方法步骤，加快与国际惯例接轨，减小改革的成本，提高改革的成效。

（三）文献资料综述

根据课题研究的需要，有针对性地大量收集研究了三个方面的文献资料：

（1）行业发展资料。主要有国家和省、市政府部门在推进城市污水处理业改革方面的相关政策文件和发展规划，国内外城市污水处理业市场化运作的调研和考察报告，世界银行等国际经济组织的专题研究成果。对这些材料进行了分类整理、系统分析，从中梳理出城市污水处理业市场取向改革的基本出发点、具体措施、主要成效和存在问题，使课题研究具备了第一手材料。

（2）经济学理论工具。结合在学期间研修有关经济理论，进一步深入学习研究了微观经济学中关于外部性问题的理论，特别是P.萨缪尔森的现代福利经济学的公共产品理论和戈尔丁、德姆塞茨、科斯等经济学家关于公共产品私人供给的论著。以所掌握的经济学原理为工具，对城市污水处理业的行业特性进行深入的探究，论证其所具有的准公共产品的经营性，从而，奠定了在城市污水处理领域引入市场机制的立论基础。

(3) 相关研究成果。主要包括政府主管部门关于城市污水处理业发展的研究报告、清华大学等高校和科研机构的调研咨询报告以及行业、部门、企业的专家学者的相关论文等。这些文献资料表明，对城市污水处理业的改革问题，来自理论和实际工作部门的专家学者和专业人士做了大量深入、有价值的研究，形成丰富的研究成果。但是目前对于城市污水处理业的市场经营性论证、推进城市污水处理业生产环节市场化的途径和实施步骤、市场取向改革对社会的影响等主要问题还缺乏深入、具体、定量的分析。正由于此，本课题也把这方面问题作为研究重点，力求取得新的成果。

二、推进城市污水处理业市场取向改革的理论依据

城市污水处理业市场化，就是通过外部效益内部化的合理途径，寻找城市污水处理业盈利性和公益性的结合点，把市场经济中的经营意识、经营机制、经营主体、经营方式等多种要素引入城市污水处理领域，实现投资主体多元化、运营主体企业化、运行管理市场化，从而促进资源优化配置，维护社会公共利益。

（一）城市污水处理业的经营性论证

由于投资规模、建设周期、运营方式、受益方式等不同，城市公用事业所提供的产品和服务表现出各自不同的特性。根据是否具有排他性、竞争性及盈利性，从经济学角度，我们可以把城市公用事业提供的产品和服务分为公共产品、非公共产品、准公共产品三大类。其中，准公共产品是指介于非公共与公共之间，具有“混合产品”性质的城市公用事业所提供的产品。它既能为其产权所有者带来直接经济效益，可以由企业来提供；又能为社会公众提供普遍受益的公共产品和服务。正如著名经济学家戈尔丁所说的，在公共产品的消费上存在着“平等进入”（equal access）和“选择性进入”（selective access），“选择性进入”就是只有满足了一定的约束条件后(如付费)后才能进行的消费。[①]“选择性进入”为市场化经营开辟了道路。产权理论的奠基人美国经济学家科斯在 1974 年发表的《经济学上的灯塔》中，根据他对英国早期灯塔制度的研究证明即使是灯塔这样的公共物品也是可以实现市场化的，由私人来提供服务。

计划经济体制下的城市污水处理业通常作为纯公共产品。在传统的观念上，城市污水处理业由于初始投资巨大，必须通过规模化的网络运营；又由于其相当部分投资，包括管网建设与维护投资等都很难纳入计量范围，具有很强的专用性和沉淀性，通常需要政府以财政形式支付；还由于在作出必要的制度

---

① Goldin Kenneth D.: Equal access VS Selective Access:A Critigque of Public Goods Theory [J].Public Choice.29(spring), 1979.

安排之前，消费者（包括各类企事业单位、居民等）是免费享受城市污水处理业所提供的服务，表现出一定限度上的非独占性、非排他性和非竞争性，增加若干消费者给城市污水处理业运营带来的边际成本为零或接近于零。因此，城市污水处理通常作为公共服务部门和自然垄断行业，由政府全额投资、作为事业单位运营。

然而，城市污水处理业并不必然地具有像国防那样完全免费、平等地向全体国民提供服务的纯公共性，它提供的是准公共产品。

1. 城市污水处理业具有效用的可分性

在制度层面通过明晰产权、建立排污收费制度，在技术层面通过污水处理厂的排污管网与千家万户排污者连通或断开的方式，使每个消费者都可以按照“排污者付费”及“不付费者不得入网排污”的方式，在支付了规定的价格后，消费城市污水处理者提供的产品和服务。而未接入城市污水处理管网的排污者，只能以更高的代价建立自己的污水处理系统，并按规定达标排放，这种不经济性将促使排污者选择付费入网排放。因此城市污水处理业具有私人产品的属性——效用的可分割性。

2. 城市污水处理业具有服务的排他性

城市污水处理可以对所有人提供相同数量和质量的服务，但当消费者超过一定数量时，就会产生拥挤问题，污水处理效率就会下降，消费者所得到的利益将受到影响，其结果将是不得不扩建污水处理设施，增加设备购置费用和污水处理成本。

解决这一问题的办法就是限制未付费者的消费，使消费者的排污付费和污水处理者的运营成本都控制在一定范围内，让付费者和污水处理者的利益都得到合理满足。因此城市污水处理服务是可排他的，可以有效排除不付费者“搭便车”现象。

3. 城市污水处理业也具有产权及其收益的可分性和竞争性

城市污水处理系统的资产产权可以在投资者间进行分割享有或由投资者独立享有，具有清晰的排他性，同时能为产权拥有者和投资者带来直接、明显、长期、稳定的经济利益，并且这种产权和收益权是可以转让的。产权及其收益的确定性、可易性和竞争性，是城市污水处理成为准公共产品的关键。

城市污水处理业具有的提供准公共产品服务的性质，意味着它可以在一定程度上实现责任者与生产者的分离，即政府负责让市民享受到合格的城市公用事业服务，但不直接进行建设和运营，而是通过一定的制度安排交由市场机制来完成。这就是城市污水处理业实行市场取向改革的理论基础。

世界银行曾根据公用设施所提供服务的消费特点、公平性、环境外部性以及收益的潜力和潜在的市场竞争能力等各项指标，定量分析了城市污水和垃圾处理业相关环节的市场化能力指数。当指数为1时，表示市场化能力很差，不宜让私人部门参与；当指数为3时，市场化能力最好，完全可以由私人部门完成。分析结果表明，垃圾收集的市场化能力最好，为2.8；污水分散处理次之，为2.4；污水集中处理和垃圾卫生处理居中，为1.8 ～ 2.0。所以，只要建立适宜的政策环境，特别是在建立良好的污水收费体系后，污水处理业是可以走市场化之路的。2001 年，温家宝总理在太湖水污染防治第三次工作会议上指出，不能简单地把所有的环境污染治理项目都作为一种社会公益，应该把它看成既是社会公益，但又可以靠市场机制、靠价格机制来保证它的建设和运营。这代表了政府对城市污水处理业体制改革的市场取向。[①]

（二）外部效益内部化途径

外部效益是指某个经济主体对另一个经济主体产生一种外部影响，而这种外部影响没有或不能通过市场机制进行补偿。传统的微观经济理论都依赖于一个隐含的前提假定：单个经济单位从其经济行为中产生的私人成本和私人利益被看成为等于该行为所造成的社会成本和社会利益，即不存在外部效应。然而，在城市污水处理业中，这项假定并不成立。城市污水处理业具有重要的内部效益和外部效益。内部效益指城市污水处理厂投资经营者的直接经济效益；外部效益表现为由于城市污水处理业的正常运营，社会和市民将共享人居环境改善带来的效益，还包括使城市投资环境和发展条件得到改善带来的效益，城市政府可以在相对节省污染治理投入、由环境改善带来的土地增值等方面得到其外部收益等。因此，从某种意义上，城市污水处理业的外部效益大于所创造的内部效益，具有正的外部

① 2003 年国家环保总局《我国城市环境基础设施建设与运营市场化问题调研报告》。

效益，这意味着边际私人收益（MPB）小于边际社会收益（MSB），在这种情况下私人活动的水平通常低于社会所要求的最优水平。换言之，置于完全竞争条件下，其资源配置也将偏离“帕累托最优”状态，存在着改进的可能。也就是说，市场这只“看不见的手”在城市污水处理业所具有的外部效应下，难以自发达到帕累托最优的均衡状态。因此，城市污水处理业的投资和建设，在传统条件下不能直接通过市场机制的调节来满足，需要政府采取适当的调控手段，通过政策制定和制度安排予以矫正。

假定一个城市污水处理厂处理污水所获得的私人利益是 V_p，所产生的社会利益是 V_s。由于城市污水处理存在正的外部效应，故私人利益小于社会利益，即

$$V_p < V_s$$

城市污水处理厂承担污水处理的私人成本 C_p 大于私人利益而小于社会利益，即在 $V_p < C_p < V_s$ 的情况下，城市污水处理厂将不愿提供该项服务，尽管从社会的角度看，提供该项服务是有利的。此时，“帕累托最优”状态没有得到实现，但还存在着“帕累托改进”的余地。由于 $(V_s - V_p) > (C_p - V_p)$，因此可以从社会上其他经济主体所得到的好处 $(V_s - V_p)$ 中拿出一部分来弥补城市污水处理厂，以实现外部效应的内部化，使得 $V_p > C_p$，让城市污水处理厂愿意提供公益性污水处理服务。这种弥补的结果，使社会上各经济主体的状况都变好而没有使任何人的状况变坏。这就是外部效益内部化途径，它是政府为公共产品的私人供给提供的制度安排。按照这一原理，城市污水处理业的市场取向改革主要从两个方面进行制度创新。

1. 收费

由于城市污水处理业的受益方就是其需求方，因此，对城市污水处理要坚持“谁需求谁付费”的原则,明确界定付费主体、付费形式和付费对象，实行城市污水处理的收费政策。由政府向城市各类排污者征收治理污染源、消除环境污染、使用公用设施排污费等，并由政府按照一定的成本效益计费办法向公用事业运营商支付，从而使外部效应得以内部化，使污水处理业从纯公共性事业转变为具有公益性又具有营利性的产业。

2. 补偿

市场化总的格局是投资主体多元化、运营主体企业化、运行管理市场化，但是，城市污水处理业的公益性特征决定政府不可能从污水处理业市场化中退出，政府必须在污水处理业发展中发挥投资引导、运营监管、利益调节的作用。特别是在收费不能弥补运营成本和合理利润的情况下，要通过政府财政补贴、税收减免、低息贷款等措施和其他形式进行合理补偿，保证城市污水处理业外部效益内部化的稳定性和可盈利性，使社会资本愿意投资，并能够取得合理的投资回报。

（三）市场化对城市污水处理业发展的作用

1. 解决城市污水处理业建设的投入问题

城市污水处理需要投入的资金数量大，各城市政府的财政性资金都不宽裕，都面临着提供社会保障、教育卫生等社会事业、城市道路等纯公共性服务产品的巨大资金需要。而国内民间资金富足，国际资本市场也有大量的游资，需要寻求合适的项目。

通过城市污水处理业市场化改革，使它成为各类社会资本集聚和增值的有效载体，将能够解决城市污水处理业发展所需资金投入的燃眉之急。

2. 提高城市污水处理厂的运营效率

污水处理厂经营者之间的竞争是提高其运营效率的先决条件。无论公共企业还是私营企业，提高效率的普遍原则是引入激励机制和竞争机制，没有竞争的生产将严重缺乏效率。所以，推动污水处理业市场化，实行招投标确定运营商、按质计量付费等一系列竞争激励机制，将有利于推动污水处理厂运营管理体制改革，有效推动企业控制成本、节约开支，提高运营效率。

3. 扩大非公有经济发展领域

城市污水处理业市场化实行投资主体多元化，允许和鼓励非公有资本进入，开辟了民营企业进入城市公用事业领域的渠道。城市污水处理业虽然投资额高，但收益率合理，更主要的是回报长期稳定，颇受社会资本的青睐，为社会资本拓展了新的发展空间，将促进非公有制经济繁荣。

4. 增强全社会的节约意识

我国是一个水资源短缺的国家，随着工业及城市建设速度的加快以及水污染的加剧，水资源危机日趋严重，已制约了一些地区或城市的发展。征收污水处理费后，企业将费用打入产品成本，必然会考虑最大限度地降低包括水资源在内的成本消耗,强化节水措施。同样,水费的合理提高,也促使居民自觉节水，增强了全民节水意识，可以最大限度降低水资源消耗，减少污水处理量，进而使污水处理业步入良性循环的发展轨道，有利于经济可持续发展战略目标的实现。

三、国外污水处理业市场化可资借鉴的经验

国外城市污水处理业，无论在投融资体制，还是在规划建设、项目管理、技术设备、运营管理等方面都积累了成熟的经验。我们应当从国情、省情出发，借鉴国外的先进经验，学习他们的先进技术和管理，使之为我国的城市污水处理业市场化服务。国外污水处理业市场化的发展经验，对我们的启示可以概括为以下方面：

（一）污水处理业市场化已有比较成熟的运作模式

根据世界银行的《1997 年世界发展报告》，各国对城市污水处理等公用事业的管理有两种类型。一种是管理能力强的国家，对公用事业的管理一般采取限价的方法。如美国由管理机构根据年通货膨胀率减去调整系数为公用事业规定了一个总的价格上限；英国设计了一套价格制约和平衡机制，凡公用事业单位反对的决定都要由垄断和兼并委员会以及工商国务秘书予以澄清。一种是管理能力弱的国家，通常采取对公用事业私人投资者的管理承诺机制。如瑞典最大污水处理厂的运营，就是由政府与私人投资者签订承诺最低污水量的“照付不议”或“或取或付”法律协议。有的还增加了第三方（如世界银行）担保，以免除私人投资者和贷款人遭受非商业风险。在研究了各国的经验教训后，世行的结论是，不要在政府管理能力弱的地方轻率

地建立对管理水平要求很高的法规体系，最好把用政府调节作为市场的补充性措施，或者是一种最终的手段。英、美等西方国家通过先确定占有关系来进行公用事业产权改革，有些方法值得借鉴。

1. 特许经营

以法国为代表的一些国家在不断地摸索与改进过程中，发展了一套被世界称为“一种真正的法国模式”的特许经营制度模式。其特点是设施公有，以合同形式规定双方权益，企业拥有开发权，政府拥有监督权，政府保留对价格进行干预以及单方中止合同的权力。其基本表现形式就是BOT（建设—运营—移交）模式，即政府通过招标的方式，以特许权形式引入私人资本，由投资者直接投资建设污水处理厂（管网由政府负责建设），建成后负责运营管理，在完成了一定年限的经营期后，向政府移交资产。由此模式又引申出准BOT、BBO(购买 - 建设 - 运营)、BTO（建设—转让—运营）、LDO（租赁—开发—运营）、TOT（转让—运营—转让）和供排水“一体化”等多种模式。特许经营在第二次世界大战后法国的大规模城市建设进程中，被广泛应用于污水处理、垃圾处理、高速公路、供电、通讯、有线电报、城市供暖、停车场等设施的建设和经营，得到了实践的充分验证，并在不少国家得到推广。

2. 合同外包

政府与私人企业、个人或非营利组织签订关于城市污水处理等公用事业的服务合同，私人企业、个人或非营利组织是生产者，而政府是安排者并负责向生产者付费。合同外包的一种特殊形式是：政府保留供水系统、废水处理厂、资源回收站、垃圾填埋场、停车位等公用设施和资产的所有权，让私人经营。这与租赁不同之处是，私人不能将租赁物用于自己的业务，而只能代表政府经营并从政府获得相应报酬。合同外包的核心问题是政府采购协议的条款拟定，一方面，市民有权通过各种途径和机制参与城市公用事业产品和服务的数量、质量等需求的决定；另一方面，协议条款必须全面、明确地反映公众的要求，以减少制定和履行合同中的寻租空间。合同外包并没有豁免政府在城市公用事业提供上的责任，相反，政府应建立系统及时有效地监测供应行为、评估绩效，确保合同的全面履行。

3. 公私合作经营

指一种由公共部门与私人部门建立长期合作伙伴关系，共同提供公共服务的制度安排，它是国际上新近兴起一种新型的城市基础设施建设运营方式。伙伴关系的形式十分灵活，它涵盖了介于完全由政府供给与完全由私人供给之间的所有提供公共服务的体制形式，包括特许经营、设立合资企业、合同承包、管理者收购、管理合同、国有企业股权转让或对私人开发项目提供政府补贴等。不同形式下的私人部门参与程度、收益水平和承担的风险各不相同。公私合作经营的实质是，政府通过给予私营公司长期的特许经营权和收益权，来换取基础设施加快建设及有效运营。法国、英国和众多东南亚和拉丁美洲国家已经开展了这方面的工作。

（二）排污收费是国际通行的制度

“污染者付费”是国际上已证明合理可行并普遍通用的原则，即污染者应承担补偿使环境免于遭受污染损失的全部费用。政府实行水污染收费，根据污染物排放量的多少向污染者按比例收取排污费，用于支付私营集团的污水处理费和保护环境建设费用。1995 年，法国征收水污染排污费 94 亿法郎，征收标准为 3.5 法郎 / 吨，高于污水处理成本，法国所征收的税费全部用于污水处理设施建设。同时，国外许多发达国家对污水排放课以重税（或收费），其征收标准一般高于自来水价格，如日本污水处理费与自来水的价格比为 1 : 1，芬兰为 2 : 1。[①] 通过高税费使社会重视节水，减少污染，保证城市污水处理能实现建设运营的良性循环。

（三）企业排污权交易制度对控制排污总量起到了重要作用

按照“污染者付费”的原则，发达国家进一步确立企业排污权交易制度，即在实施排污许可证管理和排放总量控制的前提下，鼓励企业通过技术进步和污染治理节约污染排放指标，这种指标作为“有价资源”可以“储存”起来以备自身扩大发展之需，也可以在企业之间进行商业交换，有偿转让给需要排污指标的企业。排污权交易制度实际上是一种政府和市场相结合的污水处理管理制度，政府为排污权交易提供一个清晰、明确的法律框架和法律环境，制定污水处理市场交易规则，对排

---

① 2000 年福建省建设厅《推进本省城市污水、垃圾处理产业化构想》。

污权交易进行监督并实行申报制度和登记制度，而把提高污水处理效率和排污权配置效率留给市场解决。这套制度充分调动了企业主动消减污染物排放总量的积极性，发挥了市场和政府各自的优势，是一种比较成熟和可行的排污权制度。从目前美国、墨西哥、澳大利亚和智利等国的实践效果来看，确实起到了节约用水和减小污水排放的作用。

（四）城市污水处理已经成为一种服务业

欧洲一些国家在行业分类中，把污水处理业认定为服务业，打破了传统上把城市污水处理业统称为市政公用事业的概念，确立了城市污水处理业作为服务业的本质属性。像英国专门成立水务办公室，负责英格兰和威尔士地区的饮用水和污水处理行业管理，督促水务公司为消费者提供更合格有效的服务，维护市场正常的竞争环境。与其相应，英格兰和威尔士地区 23 家经营污水处理业务的水务公司都将自己明确定位为环境服务商或者是环境设施运营商，其投资是为了获得运营权，为了拓展其在服务业领域的市场份额。[①]

（五）政府监管是城市污水处理业市场化的必要保障

国外的经验表明，公用事业不论是政府提供还是私人提供，都涉及社会、企业、社区、所有市民的现实利益和长远利益，离不开政府的规制和监管。他们的做法是：[②]

---

① 中国驻英国使馆经商处《英国水业发展、监管及其启示》。

② 李海岩等，《德国和瑞典城市公用事业改革考察报告》；赵修春等，《德、匈、奥城市公用事业发展和监管考察报告》

（1）加快立法进程，完善监管机制。欧盟为推进垄断行业改革制定了一系列法律法规，规定基础设施市场开放的原则，并针对不同行业提出了开放市场的时间表。德国政府于2003年2月出台公司治理方针，规范公司治理机制和竞争行为。瑞典议会制定了《反垄断法》(1993年)、《竞争法》，从各个方面禁止或限制垄断行为，促进竞争。德国经济与劳动部的官员认为，建立有效的监管机制，具体可采取控制所有权比例、设定法定准入条件、调控网络和管道、合同约定、强化监事会职能等办法。

（2）加强合同与价格监管。1999年，柏林市政府出售柏林水务公司49.9%的股权时，曾规定了六项目标：①保障供应；②提高环保标准；③降低水价；④提高生产力和效率；⑤引入现代化管理机制；⑥确保公司可持续发展。瑞典斯德哥尔摩政府规定，水务公司为非营利机构。当2003年公司盈余较多时，政府决定水价下调3.6%。

（3）设立独立的监管机构。德国政府建立了向政府直接负责的跨部门的联邦卡特尔局等独立机构，专门负责反垄断，该局自成立以来对相关公司的行政性罚款已高达6.6亿欧元。瑞典也专门成立了独立于各部的竞争署，专司促进私营或公共部门的有效竞争。该署的主要任务：①执行欧盟和本国促进竞争的法律法规，包括查处垄断行为；②对法律法规实施情况进行研究，并提出修改建议；③宣传促进竞争的改革信息；④组织研究垄断行业包括公用事业的改革。

四、我国城市污水处理业市场取向改革的实践

长期以来，由于我们对水资源的重要性、水资源与水污染

防治的关系认识不足，加上受经济条件的限制，我国的城市污水处理业发展严重滞后。改革开放以来，随着经济的快速发展和城市规模的扩大，城市污水处理日益成为城市经济社会发展、人居环境改善的制约因素。因此，我国城市污水处理设施建设从 20 世纪 80 年代逐步展开，随着建设步伐的加快，90 年代中期城市污水处理业的市场取向改革也开始探索、逐步深化，有力地促进城市污水处理业的快速健康发展。据统计，到 2005 年底，全国城市污水日处理能力为 8 091 万立方米，比上年增长 9.5%；城市污水处理率达到 48.4%，提高 2.8 个百分点。①福建省城市污水处理率达 48.5%。②城市污水处理业的发展有效改善了城市人居环境和流域水环境质量，使经济社会可持续发展的能力有了一个新的提高。

（一）传统城市污水处理业发展中存在的问题

1. 靠政府包揽投资建设和管理，财政负担沉重

目前一个污水处理厂投资一般要几千万到数亿元人民币，以福州祥坂污水处理厂（建设期为 1994—1995 年）为例，建设内容包括日处理 5 万吨污水处理厂 1 座、污水主干网 8 公里以及泵站 1 座，总投资达 22 456 万元。③按照“十一五”发展规划，要实现到 2010 年全国所有设市城市的污水处理率不低于 70%的目

---

① 国家统计局《中华人民共和国 2005 年国民经济和社会发展统计公报》。

② 福建省统计局《2005 年福建省国民经济和社会发展统计公报》。

③ 2000 年福建省建设厅《推进福建省城市污水、垃圾处理产业化构想》。

标，全国需要新建 1 200 多座污水处理厂，新增处理能力 3 000 万吨／日，总投资将逾千亿元。如果污水处理厂建设都由城市政府全额投资，资金缺口很大，将无法保证规划目标的实现。同时，政府财政还要背负起污水处理厂运行费用补贴的沉重包袱。

2. 设施建设滞后，污水处理率偏低

伴随着我国城市数量与规模的迅速增加与扩张，近 10 年来，我国城市污水排放量以年均 5%的速度递增。而我国城市污水处理设施仍严重滞后。按目前我国城市污水处理率不到 50%的水平，与发达国家大部分城市污水处理率达到 90% 相比，差距较大。同时由于资金短缺，管网建设不同步、不配套，不少污水处理厂建成后，污水收集达不到设计生产能力，污水处理厂难以满负荷运行。据统计，多年来城市污水处理厂运行负荷率一直徘徊在 65%左右，甚至还有相当一部分污水处理厂运行负荷率低于 30%。[①]如贵州省六盘水市钟山区的污水处理厂，因管网不配套，建成后整整闲置了两年。[②]

3. 事业化管理模式效率不高

我国一直把城市污水处理等各项市政公用事业作为公益性事业，目前全国 80%的污水处理及配套系统还是事业单位或准事业单位的运营方式，也就是由政府财政对污水处理厂按事业单位拨款，导致污水处理厂政事不分、政企不分，企业自主经营缺位，

① 建设部《关于全国城市污水处理情况的通报》（建城 [2005]149 号）。
② 2005 年 7 月 13 日新华网《新华视点：我国城市污水处理“打折”调查》。

缺乏经济约束机制和优胜劣汰的竞争压力。由于实行独家运营、事业管理，无法形成由多家企业的平均成本决定的社会成本，独家企业的实际成本就是“社会成本”并成为定价的基础，企业增加的成本可以轻易地转嫁出去。企业的政策性亏损掩盖经营性亏损，掩盖管理薄弱和经营不善。因此，相当一部分城市污水处理厂经营粗放、冗员众多、浪费严重、服务不周。

（二）城市污水处理业市场取向改革取得了阶段性成效

以1997年6月财政部、国家计委、建设部和国家环保总局联合发布《关于淮河流域城市污水处理收费试点有关问题的通知》为标志，城市污水处理业的市场取向改革全面启动。在收费政策的推动下，特别是为了解决城市污水处理设施建设资金严重不足的矛盾，包括福建在内的东部沿海一些省份和城市开始探索城市污水处理设施建设与运营管理体制改革问题。污水处理业市场取向改革，既是一次全方位的产业转型，又是城市公用事业传统体制的根本变革，还是人们对公共产品消费观念的全面更新。主要从三个方面推进。

1. 坚持市场取向，放开市场准入，降低投资门槛

国家有关部门在总结各地实践经验的基础上，推出一系列政策措施，开辟了各种所有制经济成分进入城市污水处理业的渠道。如2001年12月国家计委《关于印发促进和引导民间投资的若干意见的通知》提出，“鼓励和引导民间投资以独资、合作、联营、参股、特许经营等方式，参与经营性的基础设施和公益事业项目建设”，开放了投资领域。2002年9月国家计委、财政部、

建设部、国家环保总局《关于推进城市污水、垃圾处理产业化发展的意见》(计投资[2002]1591号)、建设部《关于加快市政公用行业市场化进程的意见》(建城[2002]272号)等，明确了城市污水处理业改革的方向是："改革价格机制和管理体制，鼓励各类所有制经济积极参与投资和运营，逐步建立与社会主义市场经济体制相适应的投融资及运营管理体制，实现投资主体多元化、运营主体企业化、运行管理市场化，形成开放式、竞争性的建设运营格局"，从而统一了地方政府和公众对城市污水处理业改革方向的认识。各地方政府和有关行政管理部门根据国家宏观政策框架，相继出台了一些实施细则和指导意见。如福建、辽宁、山东及海南等省出台了关于推进城市污水处理业市场化发展的意见和规定，江苏、河北省政府提出了关于进一步推进城市市政公用事业改革的意见，北京、深圳等地颁布市政公用事业特许经营办法。相关政策措施的逐步到位，为城市污水处理业市场取向改革创造了有利条件。

2. 污水处理收费体系初步建立，形成排他性消费的制度环境

有效的收费体系是采用市场化方式建设和运营污水处理设施的前提条件，它既是企业向银行或通过其他渠道融资的抵押，又是企业盈利的保障。据国家发改委、建设部委托清华大学等单位进行调研①，2002年，全国除西藏自治区外的30个省(区、市)全部实行了污水处理收费制度。征收污水处理费的城市共325个，

① 2003年清华大学《城市污水处理产业化发展，市场化进程调研报告》。

占全国660个城市的49.2%。收费城市主要集中在地级以上城市，实行污水处理收费制度的地级以上城市189个，占收费城市总数的58.2%；实行污水处理收费制度的县级市增长较快，已达到136个，占收费城市总数的41.8%。到2002年，以建立和实施污水处理收费制度为基本条件，全国325个实行污水处理收费制度的城市，近三分之一的污水处理单位由单纯的事业向企业化管理过渡，有7%实现了完全意义上的企业化改革。

3. 各种资本踊跃进入，投资经营主体多元化的格局初见雏形

由于城市污水处理提供的产品和服务需求相对稳定，受经济周期的波动影响很小，整个产业具有良好的流动性和回报稳定的特点，受到了以首创股份为代表的上市公司和各种投资基金的青睐和追逐。以深圳水务集团和北京排水集团为代表的传统污水处理国有企业，积极进行了产权结构的改制，提高了市场竞争力也带动了产业结构的优化调整。以威望迪、威利雅、苏伊士和泰晤士为代表的国际水务和环境工程集团均已不同程度地投资中国污水处理行业。

（三）改革中面临的问题

对城市污水处理业传统体制实行市场取向改革，是一个牵动面广、利益关系复杂、需要多方面协同推进的过程。改革中主要面临着以下问题。

1. 在企业主体方面

全国708座污水处理厂分布于661个城市，产业分散、规模不足，无论是企业还是行业整体都缺乏规模效应，产业集中度

不高。[1]目前城市污水处理业缺乏有力的市场主体，现有污水处理企业改制滞后，缺乏独立运营的经验和市场运作理念；新生的民营企业主体经验和规模都不足、竞争力较弱；外来投资主体还处于试探阶段，要真正进入中国污水处理市场尚需要一个磨合的过程。

2. 在政府推动方面

处于转型初期，政府的角色定位仍不清晰，国有资产所有者和公共服务监管者两方面职能都不到位。目前开征城市污水处理费的城市不到全国城市总数的一半，已开征的城市征缴率还不高，收费标准偏低，收费政策可操作性不强。政府对于污水处理市场的监督管理不够完备，公开、公平、公正的市场竞争秩序尚未完全形成。政府对污水处理、垃圾处理、供水等城市公用事业管理体制，缺乏统筹规划，没有形成综合改革的整体方案，不利于产业整合与企业成长壮大。

3. 在行业组织方面

我国城市污水处理行业协会不健全，行业技术交流、标准制定、行业自律、权益维护等重要工作难以展开，企业之间以及企业与政府、公众之间缺乏有效的桥梁纽带，这是市场化一个重要环节的缺失。

4. 在法律法规方面

目前关于城市污水处理业市场化的各项运作，所依据的还仅有政府有关部门的政策性文件，缺乏相应的法律依据，法律

① 建设部《关于全国城市污水处理情况的通报》（建城 [2005]149 号）。

效力和权威性不够。特别是对污水处理企业税收优惠、特许经营、收费手段等方面问题，没有在法律、法规中得到确认、规范与保障，造成一些地方政府及其主管部门有畏难情绪，企业也存在“怕变”心理，影响市场化进程。即便是政策规定，也存在太原则、太宽泛的问题，对于像企业改制、投资回报等一些关键问题缺乏可供操作的实施办法，地方政府在实施中面临较大困难。

五、城市污水处理业市场取向改革的目标和途径

我国是一个水资源极度紧缺的国家，正处在工业化、城市化加快推进时期。在全面贯彻落实科学发展观、把经济社会转入全面协调可持续发展轨道的新阶段，提高城市污水处理率已经成为城市建设和环境保护的紧迫任务，而推进城市污水处理业的市场取向改革是实现这一任务的必由之路。党的十六届三中全会通过的《中共中央关于完善社会主义市场经济体制若干问题的决定》明确提出，大力发展和积极引导非公有制经济，允许非公有资本进入法律法规未禁入的基础设施、公用事业及其他行业和领域。党的十六届五中全会通过的《中共中央关于制定国民经济和社会发展第十一个五年规划的建议》提出，鼓励和支持非公有制经济参与国有企业改革，进入金融服务、公用事业、基础设施等领域。应该说，城市污水处理业的市场取向改革自上而下已经形成共识。同时，改革开放以来城市污水处理业的蓬勃发展，已经为改革创造了必需的条件，推动城市污水处理业市场取向改革正当其时。

（一）城市污水处理业改革的目标

1. 形成市场导向的体制机制

彻底改变由政府直接承办城市污水处理事业的传统体制，建立符合社会主义市场经济体制要求、符合行业特性和发展规律的有竞争、有效率、有监管的投资、建设、运营体制。新的体制的主要特点是：

（1）投资主体多元化。改变以往国有投资独家包办的模式，国有企业、民营企业、外资企业都可以成为城市污水处理业的投资主体，一视同仁，公平竞争，谁投资、谁拥有产权和经营权、谁收益、谁承担风险。

（2）运营主体企业化。改变以往事业单位的管理形式，明确污水处理企业的企业法人地位，清晰界定政府与企业的责权利关系，完善经营机制、价格机制、污水处理费的结算和支付机制。

（3）运行监管规范化。改变以往污水处理厂直属城建部门，同体监督不到位的弊端，强化城建、环保、价格、财政等政府部门的监督管理职能，确保污水处理业的正常运转。

2. 形成基本适应的污水处理能力

通过城市污水处理业市场取向改革，使城市污水处理设施不断完善、污水处理厂运营管理不断改善、城市污水处理率也不断提高。国务院 2005 年 12 月 3 日作出《关于落实科学发展观加强环境保护的决定》，确定到 2010 年全国设市城市的污水处理率不低于 70%。福建省十届人大四次会议批准的《福建省“十一五”规划纲要》提出，“十一五”期间要大力推进城市污水处理产业化，全面开征污水处理费，逐步提高污水处理费标准和征缴率，加快城市污水处理设施建设，到2010年每个设市城市和主要流域的县都要建成一座以上污水处理厂，福州、厦门、泉州三大中心城市的污水处理率要达到80%以上。

3.形成各得其所的社会分工和利益格局

（1）政府，将实现角色与职能转变，从原来的所有者、管理者和供给者三位一体的角色，转为公共服务消费者与供给者利益的协调者和仲裁者、公共服务供给的监督者和管理者，并且把主要精力放在营造环境、制定规则、调整利益、监督管理上，更好地为民服务、为民负责。

（2）城市市民和各类用户，将接受污水处理业提供的良好服务，享有环境改善给生产生活带来的种种益处，同时履行依法依规排放和缴纳污水处理费的义务。

（3）城市污水处理企业，按合同规定确保提供合格的污水处理服务，同时自身经济利益获得满足，实现资本的增值。

这种格局有利于公众利益、环境效益、企业效益的统筹兼顾，有利于社会公共利益的最大化。

（二）城市污水处理业改革的途径

1.厂网分开，生产环节实行市场化

厂网分开是解开城市污水处理业市场取向改革难题的钥匙。这是因为，从理论上说，作为准公共产品，城市污水处理业由于巨额管网设施投资产生的沉淀成本削弱了利用市场竞争机制提高投入产出绩效的能力。据调查，为确保污水的收集，目前管网投资与污水处理厂投资比例约为5∶5或6∶4。另据安徽省提供的资料，世行对安徽省几座污水处理厂的详细测算，厂管共同投资的，污水处理成本达 2.1 元 / 吨；仅投资厂区部分的，污水处理成本为 0.68 元 / 吨。[①]如果管网的投资建设也推向市场，由征收的污水处理费支撑其运行，势必要提高收费标准，造成消费者负担过重。此外，集污管网及厂外泵站受所在城市地理、地质、城市布局等多因素影响，具有很强的不确定性，而且其建设和运行在很大程度上取决于城市和经济发展的需要，必须有不断的延展变化能力，这些都造成其建设与运行成本费用的动态不确定性，无法形成较为准确的财务核算和投资收益预期，造成投资者的难以决策。再者，建设运行集污管网及厂外泵站，涉及城市管理许多行政性的行为，如规划、破路、入户、赔偿等，这些都是企业行业难以完成的。即使这些能够做到，其成本也将是非常高昂的。况且，城市集污管网及泵站作为城市基础设施，政府有责任、有手段承担其规划、建设及运行维护工作，在税收中也提供了相应的资金来源和渠道，如城建税、基础设施建设费附加、城市基础设施配套费、超标排污费等。因此，一方面，消费者要求低廉的价格、良好的服务；另一方面，城市污水处理业的运营者要维护它们的资产并取得尽可能高的利润。寻求两者之间平衡点的途径就在于厂网分开，把城市污水处理生产环节推向市场，实行民营化，城市污水管网的投资仍主要由政府承担。厂网分开的好处还在于，多数城市不只建设一个城市污水处理厂，但要共用一个城市污水排放管网，厂、网分开有利于各个厂的分别民营化。

---

① 福建省建设厅《赴上海等四省市调研城市污水处理厂情况汇报》（闽建城〔2001〕18号）。

城市污水处理厂的投资、建设和运营市场化、民营化的核心是，全面引入竞争机制。即采取公开招标方式，选择新建污水处理厂的投资者，同时对已建的国有污水处理厂也通过公开招标向民营投资者转让所有权或经营权。作为配套的保障机制，政府在项目建设和运营条件方面赋予投资商和企业相应的优惠政策，以保持企业合理盈利的能力。同时，政府采取各种监管和调控手段，以督促企业按合同和规程正常运转，努力促使整个系统的社会经济效益最大化。

城市污水处理项目的市场化营运，主要采用国际上比较成熟的 BOT、准 BOT、TOT 和供排水“一体化”等经营模式。特别是 BOT 模式，是一种长期的、稳健的投资方式，可以有效地缓解我国环保领域投资不足的问题，提高我国城市污水处理厂的管理和技术水平。我国应用该模式取得比较成功的例子也不少，如上海竹园第一污水处理厂、北京肖家河污水处理厂等项目，即由以民间资本为主的投资联合体以 BOT 形式投资建设并专营 20 年。法国苏伊士水务公司、美国金源集团在国内也都以 BOT 模式积极投资于城市污水处理领域。

实施 BOT 项目的关键环节和最大难点在于对三大风险的控制。①市场风险。BOT 方式运作的污水处理厂在特许经营期限内，实际收集到的污水量与设计和合同约定的规模是否吻合，污水规模直接决定企业的负荷率，负荷率决定了政府与企业约定的污水处理价格能否实现企业投资的合理回报和收益。因此，政府必须对项目的选址、规模、服务半径（污水收集范围）等作出科学规划，投资商要进行充分的调研论证，对项目的市场前景和必要性进行确认。比如，福州市将在 2005—2007 年间规划建设5座市区污水处理厂，采用BOT方式运作，因此，必须按照市区产业和居民增长情况核实污水处理厂的规模，并参考其他可类比的城市的经验，既要防止污水处理厂建设滞后，又要防止过度超前、造成闲置；②技术风险。污水处理厂采用的技术是否先进、适用、可靠、经济，直接关系到企业的运行效率、投资成本、维护费用，影响项目的投资效益和社会效益。因此，项目的技术工艺和设备，必须由投资商审慎比选抉择，并获得政府的批准；③履约风险。政府应防范投资商在经济实力、专业经验、技术力量不足的情况下承揽项目，无法按合理工期建设，无法按规程和标准运行；投资商也要注意城市政府是否能够同步建设污水管网，提供数量足够、水质合约的污水量，及时支付污水处理费用等。因此，投资商和政府要合理确定合同的边界条件和补救条款，包括BOT投资商只承担污水处理厂内部的建设和运营，政府负责外部排污管网建设，政府对企业支付污水处理费的办法，政府应负责提供最低污水量及保证进水水质的范围，在水量不足和水质不合时提供补偿办法等。

2.征收污水处理费，提供合理的投资回报

这是城市污水处理业市场取向改革的关键。目前，我国城市开征污水处理费的城市不到全国城市总数的一半[①]，违背了“污染者付费”原则，减轻了污水排放者应承担的经济责任；且征收标准低，连污水处理设施日常运行与维护都难以维持，使污水处理厂陷入“亏损—补贴—再亏损”的恶性循环中。因此，推行

① 苏建龙《我国城市污水处理产业化市场化探讨》。

城市污水处理业市场化，首先要尽快全面征收污水处理费，相应提高城市污水处理费标准和征缴率。城市污水处理费暂时达不到保本微利水平的城市，地方财政应安排资金以补偿运营成本，保障污水处理设施正常运行、切实发挥效益。

要加快形成城市污水处理业公平交易的价格环境。污水处理业不同于一般产业，一方面，其提供服务方具有一般市场主体追求利润的行为与目标特征；另一方面，其接受服务方却不是通常具体的自然人或法人，而是社会公众，他们的利益是由国家或各级地方人民政府来代表的，效益则表现为水体污染的防治和环境的改善。因此，要达成双方愿意接受的交易，就必须让提供污水处理服务方能有预期的投资收益，同时，服务的接受方又能在可承受的前提下付出代价，其价格的形成机制与管理体制就要在兼顾市场与政府行为的条件下加以确立。因此，污水处理收费应实行政府定价，并实行听证会制度和公告制度。在价格形成过程，要着重研究解决四个问题。

（1）能够启动污水处理市场。对各种经济主体进入污水处理业给予价格政策上的一视同仁，吸引内资和外资、国有资本和民间资本，按相同条件参加污水处理设施的建设和经营。根据环境经济学的理论，必须使污水处理企业在其直接运营成本和还本付息成本得到补偿的基础上，还能够取得适当的利润，其行业平均利润率和投资回报率才有可能趋向合理，该领域的资源配置才能有效得到满足。据世界银行有关机构测算，[①]供、排

① 世界银行《1997 年世界发展报告》。

水企业的净资产利润率只有达到 6% 以上，才能吸引投资者介入。2002 年 4 月国家计委、财政部、建设部、水利部、国家环保总局颁布的《关于进一步推进城市供水价格改革工作的通知》（计价格 [2002]515 号）明确 ："在目前已开征污水处理费的基础上，以补偿运行成本、偿还贷款本息、实现微利及合理利润为目标，尽快将污水处理费调整到适当水平"，这为城市污水处理业市场取向改革的推进提供了政策保障。

（2）能够顺利实现征收。污水处理费征收标准的确定，要考虑到现阶段经济发展水平和人民群众的经济承受能力，并以此为约束条件，这是改革平稳推进的重要环节。污水处理费可以作为水价的重要组成部分，纳入水价一并征收，既节约成本又简便易行。要掌握好开征的时间，城市污水处理费的征收，应与污水处理设施建设基本同步、适当超前，既满足污水处理管网建设和向运营商支付的需要，又使市民在支付了改革成本的情况下尽可能快地享受到改革成果。

（3）结合国家产业导向，实行差别政策。工业、建筑业、服务业、行政事业单位的排污浓度、成分差别很大，直接影响污水处理的时间长短、复杂程度、设备的腐蚀损耗和成本费用，因此，不能单纯按排出的污水量多少来计收污水处理费。一方面，要按各行各业的排污程度细分收费价格。工业、商业应高于居民和行政事业单位，对排放污水量大且污染浓度高、腐蚀性强、污染成分复杂的化工、皮革、电镀、餐饮等行业的企业收费价格相对要更高些 ；另一方面，要按供排水量细分收费价格。采用阶梯式计费的办法制定不同用水量的污水处理费征收标准，如设定各城市居民的户均用水量，对低于户均用水量者，吨水污水处理费可按低于污水处理费用的 5% ～ 10% 征收；对高于户均用水量者，污水处理费（吨价）可按高于污水处理费用的 10% ～ 20% 征收，这样既能照顾到低收入居民的负担，同时有利于促进节约用水、减少排污。此外，对自建污水处理系统，其处理后的水质经环保监测部门检验达到国家一级水排放标准的城市供水用户，应免征污水处理费。2002 年福建省政府办公厅出台的《关于印发推进城市污水处理产业化补充意见的通知》（闽政办 [2002]96 号）就明确规定，企业排入城市污水处理管网的污水达到国家《污水综合排放标准》规定的一级或二级标准的，污水处理费减半征收，超过三级标准的按规定缴纳超标排污费和污水处理费。城市污水处理费征收政策，发挥了鼓励节约、支持环保的导向和杠杆作用。

（4）建立严格的收支管理制度。要严格污水处理费的征收制度，确保做到足额征收。同时，加强污水处理费的使用管理制度，严格限定费款收入只能用于城市污水处理厂的建设与运行开支，切实做到专款专用、滚动使用，防止坐收坐支和挪作他用，从而保障城市污水处理厂建设投资的合理回报及其设施的正常运营。

3. 培育成熟的运营商，实行经营主体公开招标制

开放投资运营市场只是提供了市场化的前提和基础，引入和培育一批高效成熟的运营商，形成一个多元主体、有效竞争的市场结构是推进城市污水处理业市场化的关键。①改造公有主体。目前，我国城市污水处理等公用事业行业基本上是城市

建设部门的直属事业单位负责投资、建设、经营。由于政企不分等体制性因素制约，我国公用事业单位缺乏激励机制、约束机制，不是真正的市场竞争主体，无法真正有效地参与到市场化项目运作中来。而民营企业目前要大规模参与基础设施建设，在资金实力、管理方式等方面还有待于进一步提升。因此，要成功实现城市污水处理业的市场化项目运作，必须对现有公用事业单位进行企业化改造，并实行股份制改革，以资本为纽带实现公用事业经营主体的产权多元化，将从体制和机制上激活现有的公用事业“主力军”，使其成为公用事业市场化竞争主体；②扶持民营主体。必须扶持和培育民营基础设施企业，发挥其机制灵活的优势，使其成为合格的公用事业市场化竞争主体。民营企业可以通过公开竞标和资本运营进入污水处理市场，也可以与国有（股份制）企业合资合作成为联营主体；③引入外资主体。采取有效的投资导向和政策措施，吸引国际知名运营商带资本、技术和先进管理经验参与中国城市污水处理业的投资、建设、运营，使其成为城市污水处理业市场化一个重要主体，进而带动城市污水处理业在理念、技术、设备、管理等方面的进步；④以企业为载体推进产业整合。城市供水、污水以及垃圾处理在技术和产业模式上存在诸多共性与关联，且有业务融合趋势。以供水的市场化带动污水和垃圾处理的市场化、资源化和产业化，已经成为一种比较成功的产业组合模式。国际著名的几大环境集团，像威立雅、苏伊士、泰晤士等都是兼做供水、污水与垃圾处理的。应积极引导适应市场需要的产业整合，提高产业主体的规模、产业集中度、品牌和国际竞争力；⑤注意防止利用特许经营权进行转手套利。随着公用事业的开放，各种资本纷至沓来，其中不乏一些需要资产进行增资扩股的上市公司、一些主要开展投资银行业务的公司，他们取得特许经营权、收购污水处理厂资产后，不在经营管理、项目资源和业务的整合上下工夫，而是想随时转让股权，从转让收益中套利，这就使城市污水处理特许经营面临很大的风险。因此，在公开招标、选择项目主体的时候，应充分考虑经营主体的专业经验、经营业绩和规模实力，选择有经验、有实力、有品牌、有信誉的企业。不仅要看谁的报价低，还要看投资人是否有能力在较长的合约期内持续有效地提供资金、技术、人员和管理的支持，确保污水处理厂的正常运营。因此，在老厂转让时，要注重资产评估的真实性，按法规规范操作，防止“化公为私”和国有股权“私相授受”，维护国有资产安全。在公开招标中，要明确招标主体、招标范围、招标程序、开标、评标和中标规则，综合考虑成本、价格、经营方案、质量和服务承诺、特殊情况的应急措施等因素，择优选择中标者。

4.管网维护运营也可以根据实际情况实行市场化运作

由于城市污水排水管网系统的规模经济性和范围经济性，决定其具有典型的自然垄断性。因此，排水管网系统通常是由政府负责规划布局，由财政负责出资建设。但管网的维护由于具备计划性较强、标准化较高、作业量较大、费用额较多和便于交易、便于管理等特点，所以既有市场化的必要，也有市场化的可能。政府可以通过公开竞标，选定专业的管网维护运营公司，授予城市污水处理管网维护运营权。污水处理管网维护运营公司应保证管网的正常安全运行和维护更新，同时与污水处理企业签订管网有偿使用合同，按维护运营成本和合理利润收取使用费。管网维护运营公司同样是一个在政府监管下的污水处理业市场化主体。

根据管网建设的特殊性，管网维护运营的招标发包、市场运作可以采用 TOT 模式（移交—运营—移交），即将政府投资建设好的城市公共设施，移交给外商企业或私营企业进行一定期限的运营管理，该企业组织利用获取的经营权，在一定期限内获得收入。在合约期满之后，再交回给所建部门或单位的一种市场化方式。在这种模式下，投资者需一次性支付一定金额资金给政府，以获得已建城市污水处理设施的运营收益权，政府则可将获得的资金用于建设新的污水处理设施。从本质上看，这种模式是一种政府将污水处理设施出租给私人的形式，一次性支付的金额是私人交纳的租金。这种模式，对投资者来说，由于受让的是已建成且正常运营的项目，不需承担建设期的巨额投资和政策风险，因此愿意采用它；对政府来说，由于转让的只是特许经营期内的经营权，不涉及产权、股权这一敏感问题，保证了政府对基础设施的控制权，易于满足我国特殊的经济及法律环境的要求，同时还有利于盘活国有资产存量，为新建基础设施筹集资金。目前，这一方式在一些地方已经进入实施，如深圳的城市排水管网。2002 年建设部出台《关于加快市政公用行业市场化进程的意见》（建城 [2002]272 号）从行业管理上允许通过招标发包方式选择市政设施、园林绿化、环境卫生等非经营性设施日常养护作业单位或承包单位。

5. 加强城市污水处理业的监管

城市污水处理业市场化程度越高，监管越重要。不能简单依靠市场运作，不能光给政策，还必须有专门机构对企业投资、建设、运营、服务等运作过程加强监督和管理，以有效规避市场化模式给政府、企业、市民带来的环境风险和经济风险，防止“市场失灵”，确保社会公共利益最大化。①规范市场准入。市场准入是市政公用事业监管的首要环节，必须科学制定标准，严格操作程序，把好市场准入关。要按照有关法律法规和《市政公用事业特许经营管理办法》（建设部令第 126 号）的要求，结合本地实际情况和各行业的特点，明确市场准入条件，规定市场准入程序，坚持公开、公正、公平的竞争原则，完善招投标制度，并负责对实施情况进行监督检查；②加强污水处理质量的环保监控。要将污水处理厂设施列为重点污染源，加大污染物排放情况的监管监测频率；安装水量自动计量装置和 PH、COD 等主要水质指标在线监测监控仪器，规范排污口设置；严格执行《城镇污水处理厂污染物排放标准》（GB 18918—2002），控制污水处理厂出水水质；加强污泥处置的管理，进行综合利用和无害化处理,避免二次污染。环保部门要对有偷排偷放行为、服务质量不达标和违反特许经营协议的污水处理企业加大处罚力度，督促企业环保设施的正常运转，促进环保设施运营市场的形成；③健全污水处理行业监督。鉴于城市污水处理相对垄断经营的行业特征，和污水处理成本、服务、水质、价格监管的专业性，借鉴国际行业监管的经验，国家主管部门应加强对相关技术经济参数和标准的研究制定，为各级监管部门进行成本监控提供依据。同时，建立起比较完善的公众监督渠道和机制，对城市污水处理的成本考核、价格听证、服务质量等内容，依法进行监督。

六、推进污水处理业市场取向改革的配套政策措施

由于当前城市污水处理业市场取向改革正处于不断完善和推广阶段，同时它作为提供“准公共产品”的服务行业，牵涉面比较广，因此，迫切需要加强宏观引导和政策扶持，充分发挥“看得见的手”的作用，保证城市污水处理业健康发展。

（一）投资政策

十六届三中全会《关于完善社会主义市场经济体制若干问题的决定》，在深化投资体制改革方面提出“进一步确立企业的投资主体地位，实行谁投资、谁决策、谁收益、谁承担风险”，要求“加快推进铁道、邮政和城市公用事业等改革，实行政企分开、政资分开、政事分开”。为此，应按照“多元化的投资主体、多渠道的资金来源、多样化的融资方式和多方式的经营模式”的要求，加大城市污水处理业投资体制的市场化、多元化的改革力度。

1.放宽市场准入

在更广范围和更深层次上开放投资领域，努力消除阻碍非公有企业进入市场的各种政策与体制歧视，提供完备的市场准入、资金融通、质量管理、权益保护的配套政策，依法保障各类投资者权益和公众利益，真正创造一个公平、公开、公正的投资环境。

2. 开辟投资渠道

鼓励各种社会资本和境外资本以收购传统污水处理企业产权形式进入城市污水处理领域，采取独资、合资、合作、股份制等形式投资建设污水处理设施。

3. 提供融资条件

充分发挥市场对投融资活动的调节作用，利用金融工具的组合与创新，允许以项目的特许经营权和产权，扩大污水处理设施建设项目融资。

（二）价格政策

城市污水处理业的市场取向改革，要建立市场化的环境，形成市场经济的行为模式。价格机制以其对企业和市民的普遍影响，既塑造环境，又调节经济行为，因此，城市污水处理业的价格政策应兼顾效率和公平、支持改革和发展。

1. 应该让企业运转得开

要建立一个公平交易的价格环境，使投资运营商的要素投入能够获得合理回报，吸引各类投资主体包括内资和外资、国有资本和民间资本，参加城市污水处理设施的建设和经营。

2. 应该让市民承受得起

要充分考虑各地的经济社会发展水平和人民群众的经济承受能力，制定现实可行的污水处理费征收标准，对困难群体在收费上要适当减免。

3. 应该体现鼓励节约用水、减少污染、节能降耗

要发挥价格的杠杆作用，通过对收费对象进行细分，实行

合理的负担调控，使多用水多污染者多付费、节约用水少污染者少付费，促进污水处理企业降低投资与运行成本，提高效率。

4. 应该保持价格政策的稳定性、连贯性和适当的灵活性

由于污水处理业市场化尚未完全定形，要不断跟踪实际情况，解决好污水处理费征收、使用过程中出现的各种具体问题，及时对价格收费政策加以调整和完善。

（三）**财政政策**

科学的公共财政政策应当遵循“公正原则”。城市污水处理提供的是准公共产品，不可避免地具有较强的公益性和正外部效应，是以社会环境效益和城市可持续发展为目标的特殊产业，国家应该在财政政策上给予倾斜。政府对于城市污水处理业的财政政策必须立足于三个方面。

1. 应该提供必要的直接补贴

这是政府履行公共服务职能的一种重要形式，它是政府为弥补市场缺陷而采取的必要措施。政府对城市污水处理厂的财政补贴是企业亏损补贴，是国家财政在征收的污水处理费尚不足以支撑污水处理厂的建设运营，导致企业发生政策性亏损等情况时，为了维持企业生存和污水处理设施的正常运营，在科学核算、严格管理、制度约束等条件下给予的财政补贴。这种补贴不同于计划经济时政府的大包大揽，是以维持企业运营并保障其获得微利，最终实现环境利益的持续产出为目的的。

2. 应该保留必要的直接投入

在城市污水处理业市场化初期，要统筹安排中央和地方各

级政府的财政资金，加大对城市污水处理设施尤其是管网系统建设的投入，确保管网与污水处理厂不同主体、同步建设、同时发挥效益。

3. 应该建立财政资金投入的规范制度

各级财政资金对城市污水处理业的投入，要形成科学安排、自我制衡的长效机制，按照城市建设规划分期投入，支持城市污水处理设施分期建设和管网系统的不断完善，防止不切实际地扩大规模，过分超前，造成新的浪费。同时，积极探索财政性投入和市场化运作有机结合的方式，通过机制创新，提高财政资金的使用效率和效益。

（四）产业政策

随着国家实施可持续发展战略的不断深入、建设资源节约型和环境友好型社会的不断推进，我国环保产业正在逐步发展成为新兴的支柱产业。但与国外环保产业相比，规模小，水平低，自主创新能力弱。推行污水处理业市场化，与环保产业的发展相辅相成、互相促进。

1. 加快污水处理设备国产化进程

鼓励采用国产技术、工艺和设备，既可以降低成本，又便于维修保养，更能提升国内环保产业市场，推动环保产业发展。

2. 制定扶持政策

政府对制造污水处理设备的企业，应在贷款、税收、折旧等方面实行优惠政策，使环保产业的企业能顺利进入成长期，发展壮大。

3. 引导加强科技研发

借鉴和吸收发达国家的先进技术，充分利用高等院校、科研设计院所和环保产业的资源，以市场需求为导向，积极组织产、学、研相结合的科技攻关，研究开发适合中国经济现状和发展水平的安全、可靠、高效、低能耗、低投资的工艺技术和配套设备，创造更多的环保产业自主品牌。

（五）法律保障

法制环境关系到投资者能否积极、平等和顺利地进入环境基础设施市场，并持续稳定地发展。在发达国家，该领域就一直以其投资回报稳定、风险小而备受大企业大机构青睐。在我国污水处理业市场化还是个新生事物，没有多少实际运作的经验，更缺乏相关法律法规体系进行规范。

1. 健全法规

在现行的相关法律和国家标准的基础上，有条不紊地推进城市污水处理设施建设规划、设计、技术、招商、投资、收费、监督、管理等方面的法规和规范的制定工作，尽快建立和完善有关城市污水处理等市政公用行业建设和管理的法律、法规保障体系。

2. 依法办事

严格市政公用设施的特许经营管理，依法管理市场，统一市场准入，整顿市场秩序，建立与市场化改革相适应的政府监管机制。各地政府也要根据具体情况制订符合当地发展状况的地方法规和实施细则。

3. 转变职能

深化行政审批制度改革，把政府经济管理职能转到主要为市场主体服务和创造良好发展环境上来。要通过公正严明的执法和管理，规范城市污水处理等市政公用行业的管理和经营行为，努力创造一个规范、有序的市场经营环境和秩序。

七、以福建省为例进行城市污水处理业市场取向改革的模拟分析评价

根据本课题研究提出的城市污水处理业市场取向改革的目标、途径、方法，按照厂网分开、生产环节市场化、引入社会资本的改革方案，对福建省“十五”时期发展城市污水处理业进行模拟测算，主要分析“以费治污”在具体运作中资金流能否平衡、运营商的收益是否合理、市民缴纳污水处理费的负担是否适当等问题。需要说明的是，污水处理业的改革和发展主要是由各个城市政府根据自身实际进行决策和推动，各个城市及具体项目的投资、运行费用、价格及征费等各不相同。本章仅是根据平均水平确定统一的参数，进行模拟测算和验证。

（一）对“十五”期间全省城市污水处理业投资、运行费用和收费情况的模拟测算[①]

按福建省“十五”规划，到2005年，全省23个设市城市都应建成一座污水处理厂，污水处理率达到45%以上，其中福州、

① 有关数据引自福建省物价局《关于促进福建省污水处理事业产业化发展价格政策的调研报告》，本人在工作中参与了该报告的调研。

厦门、泉州、漳州市污水处理率达到 60% 以上，按“十五”末福建省设市城市污水量约 138 282 万吨计算，要建成投产总规模为 189.4 万吨 / 日的污水处理厂(二级处理深度)。若将厂网分离，不计管网及厂外泵站的建设和运行费用，按福建现已建成污水处理厂建设平均成本 1 850 元 / 吨日计算，约需投资 350 390 万元，同时设定资本收益率为 13% (含投入资本金回报率 7% 和资产折旧率 6%)，计算年投资收益费用需要 45 550.7 万元，加上污水处理的平均运行成本 0.50 元 / 吨，合计年污水处理费用应为 73 207.1 万元。按全省 23 个设市城市预计供水总量 153 647 万吨分摊，吨水征收污水处理费 0.476 元。若分解“十五”期间年度的建设进度，各年的投资、运行费用和收费的测算如表 1。

表 1　“十五”期间福建省全省污水处理业务测算

年度	供水总量（万吨）	污水总量（万吨）	污水处理率（%）	污水处理量（万吨）	需建设的污水处理能力（万吨 / 日）	需投入的建设资金（万元）	投入资本金年回报额（万元）	年污水处理成本费用（万元）	年污水处理费用（万元）	平均吨水应附加污水处理费（元）
序号	(1)	(2)	(3)	(4)	(5)	(6)	(7)	(8)	(9)	(10)
1999	128 678	115 810	20	23 162	63.5	117 475	15 271.8	9 265	24 536.6	0.191
2000	132 538	119 285	25	29 821	81.7	151 145	19 648.9	11 928	31 577.3	0.238
2001	136 514	122 863	30	36 858	101	186 850	24 290.5	14 743	39 033.7	0.286
2002	140 609	126 548	35	44 292	121.3	224 405	29 172.7	17 717	46 889.5	0.333
2003	144 827	130 345	40	52 138	142.8	264 180	34 343.4	20 855	55 198.6	0.381
2004	149 172	134 255	45	60 415	165.5	306 175	39 802.8	24 166	63 969.1	0.429
2005	153 647	138 282	50	69 141	189.4	350 390	45 550.7	27 656	73 207.1	0.476

说明：①供水总量中 1999 年按实际供水量，其余年份按上年总量的 3% 递增；

②排放污水总量按供水量的 90% 估计；

③污水处理率按“十五”规划的最终目标逐年到位；

④需投入的建设资金按吨日处理能力需投入 1 850 元计算，不含管网。该数据略高于全省已建成污水处理厂吨日处理能力投入建设资金的平均数；

⑤投入资本金年回报率按 13% 计算，包括年投资回报率 7% 和年资产折旧率 6%；

⑥吨污水处理成本按 0.50 元计算；

⑦年污水处理成本费用，考虑用水与排污有高峰低谷变化，污水处理厂不可能每天都达到设计处理能力满负荷处理运行，因此按污水处理能力的 80% 的预估实际处理量计算；

⑧表 1 中各栏计算关系为：

第（1）栏各年度数据为上年度数据 X 103%；
第（2）=（1）X 90%；
第（4）=（2）X（3）；
第（6）=（5）X 1 850 元 / 吨日；
第（7）=（6）X 13%；
第（8）=（4）X 80% X 0.50 元 / 吨；
第（9）=（7）+（8）；
第（10）=（9）÷（1）；

⑨表 2 的计算参数同表 1，其中各栏计算关系也类同表 1。

（二）投资效益预期分析

在资金与费用测算中有一个重要指标是投入资本金年回报率，在计算中其设定值是 13%，它包含了年投资回报率 7%（高于目前银行五年期以上 6.21% 的长期贷款利率）和年资产折旧率6%（按投资的资产形成率95%、综合折旧年限16年和残值率4%计算），这样的设定值是否合理，能否吸引投资者，是决定收费标准计算和产业化能否推行的关键因素。为此，必须从投资者的角度作一个投资内部收益率的计算和分析。

投资内部收益率，是指投资评价中能够使未来现金流入量现值等于总现金流出量现值的贴现率，或者说是使投资方案净现值为零的贴现率。通过内部收益率的计算，可以使投资者根据资金成本或要求的最低投资内部收益率对投资项目的盈利能力作出判断，根据其的资金成本或要求的最低投资报酬率对方案进行取舍，若内部收益率大，方案可行，反之方案不可行，从而为投资决策提供依据。

根据资金与费用测算中设定的投入资本金年回报率13%和建设期2年，计算出污水处理厂的内部收益率可达到12.3%，已接近银行长期贷款利率的2倍，而且投资回收期约为投产后的7.5年。在此种条件下，投资者应该会有积极性。

（三）对社会负担和承受能力的评价

1.居民负担与承受能力评价

（1）人口与用水量。根据《福建省一九九九年城市建设统计年报》和《福建统计年鉴》（2000）统计，1999年全省23个设市城市约有206.6万户家庭，人口654.9万人，户均3.17人。当年23个设市城市总供水量为12 8678万吨，其中生活用水53 275万吨，占总供水量的41.4%，平均每户年用水量为257.9吨，月用水量21.6吨，平均每人年用水量为81.35吨，月用水量为6.8吨。2000年全省城市总供水量按比1999年增长3%计算，应为132 538万吨，其中生活用水量按上年同比例计算，应为 54 341 万吨，以福建省 1998、1999 两年平均人口自然增长率 5.27% 计，全省城市约有 217.5 万个家庭，人口 689.4 万人，平均每户年用水量为 250 吨，月用水量 21 吨，平均每人年用水量为 79 吨，月用水量 6.6 吨。

（2）费用负担测算。2000 年全省共有除宁德外的 8 个设区市所在城市开征污水处理费。按理论测算，8 个市年应征收污水处理费 19 273 万元，分摊到 23 个城市的总供水量，福建省城市单位用水负担污水处理费为 0.145 元 / 吨。若以 2000 年为基数，并延用上述人口与用水量计算参数，可测算“十五”福建省居民生活因推行污水处理业改革、提高污水处理费而导致的用水负担变化情况如表 2。

表 2　“十五”期间福建省全省污水处理业务测算

年度	居民生活水量（万吨）	污水处理费征收标准（元 / 吨）	污水处理费总额（万元）	城市家庭户数（万户）	城市人口数（万人）	户均用水量（吨）		人均用水量（吨）		年户均污水处理费用负担金额（元）	年人均污水处理费用负担金额（元）	户均或人均费用负担较上年增长（%）
						年均	月均	年均	月均			
序号	(1)	(2)	(3)	(4)	(5)	(6)	(7)	(8)	(9)	(10)	(11)	(12)
2000	54 341	0.145	7 880	217.5	689.4	249.8	20.8	78.8	6.57	36.22	11.43	/
2001	55 971	0.286	16 008	229.0	725.3	244.4	20.4	77.2	6.43	69.90	22.08	93
2002	57 650	0.333	19 198	241.0	763.5	239.2	19.9	75.5	6.29	79.65	25.14	14
2003	59 380	0.381	22 624	253.7	803.8	234.1	19.5	73.9	6.16	89.19	28.16	12
2004	61 161	0.429	26 238	267.1	846.1	229.0	19.1	72.3	6.02	98.24	31.02	10
2005	62 996	0.476	29986	281.2	890.7	224.0	18.7	70.7	5.89	106.62	33.65	8.5

(3) 居民承受能力的评价。从表 2 中可以看出，从 2001 年到 2005 年，污水处理费的年户均负担金额大约在 36 元到 106 元之间，相当于每户每月交费不到 10 元，收费额并不显得特别大。如果通过广泛宣传，让群众认识到防治水污染和改善环境是全社会的责任，加之有政府承担污水处理系统中管网及厂外泵站的投资和运行工作，群众应该较容易接受。

2. 居民以外的其他社会成分负担与承受能力评价

居民以外的其他社会成分主要包括工业、建筑业、商业、服务业、行政机关、事业单位等。从用水量统计数据看，生产性用水占了总水量近 50%。由于污水处理费提高标准，生产性企业 2001 年约增加成本费用 1.5 亿元左右，到 2005 年约增加成本费用 3.5 亿元左右。而 2005 年全省规模以上工业企业实现利润为 377.03 亿元，由此推算可知，企业缴纳的污水处理费不到企业利润的 1%。如果企业能及时改进生产工艺、节约用水，在很大程度上可以加以消化。

八、结论

根据本课题研究结果，推进城市污水处理业市场取向改革，理论依据充分可靠，改革方向正确明晰，改革前景是积极肯定的。进一步推进改革，要以科学发展观为指导，按照建设资源节约型和环境友好型社会的要求，促使城市污水处理业的市场取向改革向深度和广度推进。为此，要深刻认识城市污水处理业提供准公共产品服务的行业属性，坚定市场取向改革的信心。要深入了解国外城市污水处理业市场化运作的经验和规律，结合国情学习借鉴其行之有效的办法。要坚持改革的市场取向，推进投资主体多元化、运营主体企业化、运行监管规范化。要精心策划“以费治污”的改革实施方案，科学制定城市污水处理设施的建设规划，合理确定投资运营商的污水处理成本和收益，有效引入各类经济主体参与城市污水处理业投资建设和运营，做到满负荷、达标准、有回报、低赢利、可持续；同时又充分兼顾城市居民的环境质量要求和经济承受能力，让群众共享改革发展的成果，拥有蓝天、绿地、碧水、青山。要保持公共财政对城市公用事业的合理支出，有计划地完善城市基础设施，加强城市环境综合整治，提高城市的承载能力。要积极扶持包括城市污水处理业在内的公共服务和环保产业的发展，不断提高社会公共服务的能力和水平。

（本文为硕士学位论文，指导老师：陈征教授、郭铁民教授）

后记

从多年来所写的经济类文章中进行选编，首先考虑的是资料性，涉及对既往发展历程、细节、数字、案例等的叙述，虽然琐碎片面，或可提供一种记录；其次考虑的是探讨性，涉及认知模式、运作路径、工作方法等的思考，虽然肤浅粗放，或可提供一种视角；再者考虑的是现实性，涉及与正在做的事情具有某种源流、交集、共性、因果等的关联，虽然隐约绵薄，或可提供一种参考。由此便抱着“写实唯实”“编旧如旧”的态度，除了进行个别文字的订正外，不再作更多的加工修改，写于不同时期的文稿基本保持了它们的本来面目。当然，之所以可以这样做，实际上得益于过去这三十多年来我们所投身事业的路线一以贯之、认识持续深化、实践不断拓展，因而在不同年份写出来的东西才得以保持相同的取向和逻辑，这不得不说是写文章的人的历史幸运。

詹志洁

二零一四年三月于福州

图书在版编目（CIP）数据

中观笔记 / 詹志洁著 . -- 上海 : 同济大学出版社，2014.6

ISBN 978-7-5608-5426-7

Ⅰ . ①中　Ⅱ . ①詹　Ⅲ . ①城市建设－福建省－文集 Ⅳ . ① F299.275.7-53

中国版本图书馆 CIP 数据核字 (2014) 第 027998 号

中观笔记

詹志洁　著

责任编辑　江　岱
责任校对　徐春莲
装帧设计　孙晓悦
出版发行　同济大学出版社 www.tongjipress.com.cn
（地址：上海市四平路 1239 号　邮编 200092
电话 021-65985622）
经　　销　全国各地新华书店
印　　刷　上海市印刷七厂有限公司
开　　本　787mm×960mm　1/16
印　　张　22.5
字　　数　450 000
版　　次　2014 年 6 月第 1 版 1 次
印　　次　2014 年 6 月第 1 次印刷
书　　号　ISBN 978-7-5608-5426-7
定　　价　68.00 元